超验主义对儒家思想的接受研究

谢志超　著

北京大学出版社
PEKING UNIVERSITY PRESS

图书在版编目(CIP)数据

超验主义对儒家思想的接受研究/谢志超著.—北京：北京大学出版社,2012.6
(文学论丛)
ISBN 978-7-301-20738-3

Ⅰ.①超… Ⅱ.①谢… Ⅲ.①爱默生,R.W.(1803～1882)—儒家—哲学思想—研究②梭罗,H.D.(1817～1862)—儒家—哲学思想—研究 Ⅳ.①B712.41②I712.064③B222.05

中国版本图书馆 CIP 数据核字(2012)第 118278 号

书　　名：超验主义对儒家思想的接受研究
著作责任者：谢志超　著
责 任 编 辑：郝妮娜
标 准 书 号：ISBN 978-7-301-20738-3/I·2466
出 版 发 行：北京大学出版社
地　　址：北京市海淀区成府路 205 号　100871
网　　址：http：//www.pup.cn　电子信箱：zbing@pup.pku.edu.cn
电　　话：邮购部 62752015　发行部 62750672　编辑部 62759634
出版部 62754962
印 刷 者：三河市博文印刷厂
经 销 者：新华书店
650 毫米×980 毫米　16 开本　12.5 印张　186 千字
2012 年 6 月第 1 版　2012 年 6 月第 1 次印刷
定　　价：33.00 元

本书获得以下项目资助：

教育部人文社会科学研究一般项目青年基金(10YJCZH185)
上海市教委科研创新重点项目(12ZS057)
东华大学中央高校基金“高端人才培育计划”

特此致谢

目　　录

绪　论

19世纪30年代，超验主义在美国新英格兰地区蓬勃发展。作为一场极富宗教色彩的思想文化解放运动，超验主义涵盖了宗教、哲学、文学、艺术等领域，深刻影响了美国的文学文化和思想领域，其所处的阶段被称为美国浪漫主义文学的"文艺复兴"。从超验主义产生至今，对超验主义的研究方兴未艾。这些研究主要包括超验主义文学作品的诠释研究、超验主义的宗教文化思想研究以及跨学科跨文化的超验主义比较研究等。它们不断地从全新的视角解读超验主义，为超验主义思想注入了新的思想，更赋予了超验主义时代的活力。《四书》，包括《大学》、《中庸》、《论语》、《孟子》，是中国儒家思想的经典论著。两千多年来，以《四书》为代表的儒家思想渗透到中华民族的各个思想和文化领域，影响了中国乃至世界的文化。超验主义和儒家思想，一个起源于西方文化，一个起源于东方文化，属于截然不同的文化体系。以爱默生和梭罗为代表的超验主义运动者接触、认识了《四书》，并接受了儒家思想，有选择地将儒家思想的一些重要观念有机地融入到了超验主义思想，发展了美国文学和文化。

当下，世界文化多元化和文化交流日趋加强。在比较文学视域下研究爱默生和梭罗对《四书》的接受，从新的视角解读超验主义的多元文化因子，论证中国儒家文化的魅力，为中西比较文学领域的文学研究提供一个新的科学可行的研究个案，有助于推动中西文化的交流和互动。在比较文学视域下研究超验主义对儒家思想的接受，本书主要从两个层面展开研究。在第一个层面上，考证爱默生和梭罗阅读《四书》，为我所用地接受儒家思想的社会文化背景。在这个基础上探微索幽，以史为证，探讨二人对《四书》的具体的接受方式以及具体的接受内容，纠正以往超验主义研究中存在的一些不严谨与不科学的价值判断，廓清爱默生和梭罗真实而客观地认识儒家思想的进程。第二个层面，通过分析和研究爱默生和梭罗对《四书》的接受这个具体个案，概括自19世纪以来中西文化的交往状况，梳理儒家思想对整个美国文学和文化发展的贡献，为20世纪50年代美国"垮掉一代"文学接受中国禅宗文化提供科学的研究模式。

第一节 选题缘起与宗旨

本书选题的最终确定，是基于作者长时间从事美国文学、比较文学和文艺理论的学习和研究，并对当前中西文化交流和超验主义的研究现状反思的结果。

从19世纪30年代到60年代，超验主义运动在美国经历的时间不长，但超验主义运动者所倡导的宗教观、哲学观、文学艺术观等思想深入美国普通民众，渗入美国文化，成为美国文学文化重要的组成部分，其所振兴的浪漫主义文学被称为美国文学的"文艺复兴"。后来的很多美国文学家和思想家都不同程度地接受了超验主义思想。

拉尔夫·沃尔多·爱默生是超验主义运动的主要代表人物。他大胆揭露加尔文主义的欺骗性、唯一神教僵硬且不合时宜的教条主义等，号召美国民众要有自己的主见和信仰，主张从传统的加尔文主义的束缚中解放出来，成为真正独立、自由的个体。超验主义的另一个代表人物亨利·戴维·梭罗，一生多居住在新英格兰的康科德地区。他深居简出，与世无争。他追随爱默生，在瓦尔登湖畔体验着人与自然的最简单最质朴的对话和交流关系，是超验主义思想的杰出实践者。美国的超验主义运动并没有形成完全统一的思想和理论体系。爱默生和梭罗也很少专门著书立说来表达自己的理论思想。他们热衷作品创作，以书写演讲词、散文、游记和日记等见长，他们点点滴滴的超验主义思想在作品中随处可见。爱默生和梭罗热爱东方文化，阅读了包括波斯诗歌、印度的《吠陀经》、《奥义书》、《曼奴经》、中国儒家思想经典论著《四书》在内的东方文化典籍，触动很大。研究爱默生和梭罗接触、认识《四书》，以及二者多方位、多模式地接受儒家思想，将儒家思想和西方的基督教精神有机结合，最终融入美国文学和文化，是本书的研究重点。

多年前，爱默生和梭罗以及他们的论著《论自然》、《论自助》、《在康科德和梅里马克河上一周》、《瓦尔登湖》等逐步进入了我的研究视野。《瓦尔登湖》是"一本寂寞、恬静、智慧的书"。[①] 梭罗清新的文笔、恬淡的生活方式、遗世独立的气质，总能让浮躁的心灵立即沉静下来。爱默生富有激情的演说、睿智而独特的思维，读来总令人那么肃然起敬。

---

① 亨利·戴维·梭罗：《瓦尔登湖》，徐迟译，长春：吉林人民出版社，2003，第15页。

我后来在沪上从事比较文学学习。比较文学是一门新兴的学科，19世纪初兴起于欧洲。二战后，世界经济文化的交流和发展促进了该学科的发展，整个学科表现出强大的生命力，被称为20世纪的"显学"。早期的比较文学研究范围和研究对象局限在欧美文化圈，"欧洲中心论"占据着主导地位。20世纪初，英国哲学家罗素曾在《中西文化之比较》一文中说："不同文化之间的交流过去已被多次证明是人类文明发展的里程碑，希腊学习埃及，罗马借鉴希腊，阿拉伯参照罗马帝国，中世纪的欧洲又模仿阿拉伯，而文艺复兴的欧洲则仿效拜占庭帝国。"[①]罗素早已预见有朝一日，中西文化一定能在同一个平台上对话。上世纪70年代以来，一些西方学者高瞻远瞩，看到了东方文学的价值，认为开展东西方文学的比较研究，能更全面、更理性地研究、解决文学中的各种问题。尤其是伴随西方社会经济的进一步发展随之而来的文化危机也"迫使西方学者以东方作为'他者'，在比照中更深刻地认识和反省自己，并向东方寻求新的生机；东方则需要在世界文化语境中得到新的发展，参与解决人类文化遭遇的各种问题，并在这一过程中完成自身的现代化"[②]。美国学者纪廉认为东西方比较文学研究是比较文学发展的一个新阶段，是这一学科历史发展过程的真正高潮。国际比较文学研究者对东方学者，尤其是中国、印度和日本学者寄予了很大的希望。[③] 东西方文学研究的互动促进了中国比较文学的发展和进步，许多学者积极投入到中西比较文学研究领域，为世界比较文学的发展作出了极大的贡献。20世纪后半叶以来，文学研究和文化研究相辅相成。以跨语言、跨文化、跨学科为特征的比较文学研究以其丰富的文学文本为比较文化研究提供了大量的素材。

通过梳理和分析超验主义研究的课题史，不难发现有关爱默生和梭罗的研究基本立足本土文化，以文本赏析和主题解读为主，这与上世纪中叶以来以结构主义、新批评为主流的文学批评潮流紧密相关。随着异质文学比较研究的发展，超验主义研究呈现了新的局面。上世纪70年代，有学者探讨了爱默生和梭罗文本中的印度哲学、波斯诗歌、中国儒家思想等，做出了一些前瞻性的研究成果。钱满素先生的《爱默生和中国——对个人主义的反思》是首部大陆学者运用跨文化的研究方法所做的爱默生

① 罗素："中西文化之比较"，《一个自由人的崇拜》，北京：时代文艺出版社，1988，第8页。

② 乐黛云、陈跃红、王宇根、张辉：《比较文学原理新编》，北京：北京大学出版社，2002，第19页。

③ 参看陈惇、孙景尧、谢天振主编：《比较文学》，北京：高等教育出版社，1997，第40—41页。

研究专著，是对爱默生研究的一个补充。2003年，“纪念爱默生诞辰二百周年文学研讨会”在中国圆满举行。一个西方文学家在两百年后仍然能够得到东西方学者的重视和认可，足以说明以爱默生等为代表的超验主义运动在东西方文化研究领域中的生命力和研究空间。在比较文学视域下从一个中国比较文学研究爱好者的视角出发，以爱默生和梭罗对《四书》的认识为切入点，论证二人对《四书》多方位多模式的接受，探讨中国儒家思想的魅力和文化价值以及中西文化的对话现状，为中西文学文化研究展现一个科学的研究个案。

在以往学者研究超验主义的成果上研究超验主义和中国儒家思想的碰撞与对话，是一个很大的挑战。超验主义对儒家思想的接受主要集中在对《四书》的接受上。爱默生和梭罗在何种社会文化背景下接触、认识《四书》，如何在作品中借鉴、引用《四书》的语录，如何有选择地将儒家思想为我所用、有机地融入超验主义思想中来，给超验主义和《四书》的比较研究留下了广阔的空间。

18世纪，西方资本主义在本土萌芽发展。到了20世纪，西方文化凭借其强大的经济实力在世界范围内占据了主导地位。伴随着高速的经济发展，现代文明导致的精神问题和信仰危机日益明显。20世纪后半叶，人类文化进入新的转型时期，经济文化全球化成为不可避免的发展趋势，人类对自身、对社会、对自然都有了全新的认识，开始面临着很多共同的话题：人自身的复调性，人与社会、与自然的和谐性等问题促使人类要在全球范围内，乃至整个人类文明的长河中寻求共同的解决方案。不少西方学者将目光转向东方，汲取东方文化的精髓弥补自身文化的不足。上世纪60年代以来，西方社会的精神问题和信仰危机加剧，西方现代主义文学在质疑“现代性”和人的关系过程中，认识到自身的文化资源远远不能满足他们认识和发展的需要，这迫使西方学者不得不寻求包括中国文化在内的异质文化的互补。以儒家思想为代表的中国文化是一个重视传统继承的文化，也充满了对革新的要求。“苟日新，日日新，又日新”①是对这一创新要求的最确切的表达。

超验主义作为一场发生在西方的思想解放运动，在保持西方思想文化精髓的同时，借鉴了东方文化，弥补了自身不足，这是超验主义得以生存和发展的一个重要原因。当今超验主义研究从单纯的文本分析发展到深层次的思想文化比较研究，西方学者从文化的视角解读超验主义中的

① 《大学章句》。

东方文化因素，赋予了超验主义更多的含义。尤其是随着人类回归自然意识的加深，爱默生和梭罗自然主义思想研究将为全球的环境运动提供有力的模本，为人类和自然的和谐共处与发展提供可能的对话方式。构建人类共同的文化基础，改变东方文化中心论或西方文化中心论这种非此即彼的思维方式，客观地认识自我与他者文化的价值和地位，最大限度地继承和发扬本民族的优秀文化传统，是本书所期待的现实意义。

第二节　学术回顾与评述

作为一场带有宗教色彩的思想文化解放运动，超验主义（Transcendentalism）不仅影响了新英格兰地区，还波及到美国其他地区，对整个美国文学和文化的发展产生了极大影响。从最初的反驳传统宗教到最终成为美国文学史上的一个里程碑，超验主义对美国文学所作出的贡献举足轻重。

美国的超验主义起源复杂，“超验”（transcendence）一词最早为德国哲学家伊曼努尔·康德提出。他在《纯粹理性批判》中说：“凡一切知识不与对象有关，而唯与吾人认知对象之方法相关，且此种认知方法又限于其先天的可能者，我名此种知识为先验的。此一类概念之体系，可以名为先验哲学。”[①]康德的思想通过德国和英国的思想家、哲学家传播到美国，在以波士顿为中心的新英格兰地区形成超验主义思潮。超验主义的代表人物包括威廉·埃勒里·钱宁（William Ellery Channing）、拉尔夫·沃尔多·爱默生（Ralph Waldo Emerson）、亨利·戴维·梭罗（Henry David Thoreau）、纳撒尼尔·霍桑（Nathaniel Hawthorne）、玛格丽特·富勒（Margaret Fuller）、埃默斯·布朗森·阿尔考特（Amos Bronson Alcott）、西奥多·帕克（Theodore Parker）等。爱默生接受了康德的超验主义哲学，坚信“有一类非常重要的思想和绝对必要的形式并不来自经验，相反，人们则是通过它们获得了经验，它们是心灵本身的直觉，康德称之为‘超验的形式’”。[②] 这种知识不是直接来源于经验，亦不能完全独立于经验或者绝对地远离经验。换言之，它们只是相对地独立于经验。1842 年，爱默生在波士顿发表了题为《超验主义者》的演讲，他说：“如今我们普遍

① 康德：《纯粹理性批判》，蓝公武译，北京：商务印书馆，2005，第 44 页。

② 拉尔夫·沃尔多·爱默生：“超验主义者”，《美国的文明》，孙宜学译，桂林：广西师范大学出版社，2002，第 142 页。

称为'超验主义'的理论，实际上是唯心主义，自它在1842年诞生就是一种唯心主义。……唯心主义者强调的是思想、意志的力量，强调的是灵感、奇迹以及个人文化。"[①]在其传播过程中，美国的超验主义又糅合了洛克的经验主义哲学、英国的浪漫主义思想、古希腊的柏拉图思想、甚至印度哲学、中国儒家思想等。超验主义在美国不仅是一种哲学思潮，还涉及宗教、文学、社会学等，最终发展成一场深刻的集宗教、哲学和文学文化为一体的思想解放运动。

爱默生一直坚信宇宙间存在着一种理想的精神实体，超越于经验和科学之外，可以通过直觉把握，人能凭直觉认识真理，人在一定范围内就是上帝。他们鼓励人们摒弃加尔文主义派"以神为中心"的思想，反对新英格兰唯一神教冷酷的理性。以爱默生为代表的超验主义运动者们反对权威，崇尚直觉，提倡人文精神，主张个性解放，强调个人价值，打破了长久以来欧洲神学和教条的束缚，对美国思想文化的独立起了积极的推动作用。超验主义没有形成一个系统、完整的思想体系，它努力寻求一种新的信仰方式和生活理想，并成为美国文学文化一个重要的组成部分。

本书以爱默生和梭罗对儒家思想的接受为切入点，系统研究超验主义对儒家思想的接受状况。实际上，超验主义的很多代表人物在一定程度上或多或少接触了儒家思想，但是没有一位能像爱默生和梭罗那样深刻地认识和接受儒家思想。爱默生毕生致力于超验主义的思考，游历演说，处处宣讲超验主义和他对儒家思想的个人感悟。梭罗身体力行，居住在林中生活，直接感受着人与上帝、人与自然以及人与自我内心的对话。爱默生的一生著述丰富，以散文、诗歌、演讲词见长；梭罗一生完成了脍炙人口的《在康科德河和梅里马克河上一周》、《瓦尔登湖》等著作，并留下了200多万字的日记。两人谈古论今，旁征博引，借鉴了东西方优秀的思想和文化，中国儒家思想经典《四书》的语录多次出现在他们的作品之中。爱默生和梭罗还利用编辑超验主义的喉舌杂志《日晷》(*The Dial*)之便，宣扬儒家思想，鼓励广大民众要学习优秀的东方文化思想，尤其是儒家思想。在《日晷》的编辑过程中，爱默生和梭罗共同编辑了《道德经典》系列，节选世界主要的宗教经典做简单介绍，这其中包括孔子语录的摘录和《四书》选段的摘录。

《四书》包括《大学》、《中庸》、《论语》、《孟子》，后由南宋著名理学家朱熹编定做注。《大学》记录了儒家思想的代表人物孔子、孟子、荀子的言论

① 拉尔夫·沃尔多·爱默生："超验主义者"，《美国的文明》，孙宜学译，桂林：广西师范大学出版社，2002，第135页。

和思想，是一篇关于如何治理国家天下的政治论文；《中庸》是一篇关于如何处世的哲学论文；《论语》是一部记录了孔子及其弟子言行的语录，是研究孔子思想的宝贵资料；《孟子》则是研究孔子思想的继承者孟子思想的重要资料。

《四书》产生于两千多年前的中国，超验主义于19世纪初在美国萌芽发展，两者属于完全不同的思想文化体系。超验主义在发展过程中认识并接受了《四书》，《四书》的一些思想和精髓融入了超验主义代表人物的思想和作品，超验主义作为一场发生在西方的思想文化解放运动也因此成为建构东西文化对话桥梁的一个范例。

超验主义研究经历了一个多世纪的发展，硕果累累。超验主义运动在美国本土发展，形式多样，超验主义研究角度各异，相关的专论、专著达五百部之多。归纳起来大致可分为三类：人物传记研究，超验主义综合评介，跨学科、跨文化的超验主义研究。

一、人物传记研究。这类研究以研究超验主义的代表人物爱默生和梭罗为主。有关爱默生研究，超验主义研究专家小罗伯特·D. 理查森写下了《爱默生：充满激情的思想家》，鲍斯科和梅尔森（Ronald A. Bosco & Joel Myerson）合编了《爱默生在他的时代》（*Emerson in His Own Time: a Biographical Chronicle of His Life, Drawn from Recollections, Interviews, and Memoirs by Family, Friends, and Associates*），莫特和博克霍德（Wesley T. Mott & Robert E. Burkholder）编著了《爱默生式的王国》（*Emersonian Circles: Essays in Honor of Joel Myerson*），凯梅伦（Walter Kenneth Cameron）著有《爱默生这个散文家》（*Emerson the Essayist: an Outline of His Philosophical Development through 1836, with Special Emphasis on the Sources and Interpretation of Nature, also Bibliographical Appendices of General and Special Interest to Students of American Literature, Emphasizing Thoreau, Emerson, the Boston Library Society and Selected Documents of New England Transcendentalism*），以及格雷（Henry David Gray）写了《爱默生和新英格兰超验主义》（*Emerson: a Statement of New England Transcendentalism as Expressed in the Philosophy of Its Chief Exponent*）等。上述专著专论多以爱默生的思想历程的变化为主线，从不同角度详细阐述了爱默生宗教观、哲学观、自然观、文学观的形成、发展，评述了爱默生对超验主义以及美国文学文化发展的贡献。近些年，爱默生研究专家罗宾逊（David Robinson）放弃传统的面面俱到式的人物传记研究法，

另辟新的研究领域，着重探索了爱默生的多元思想，先后完成并出版专著《政治人物爱默生》(*The Political Emerson: Essential Writings on Politics and Social Reform*)，《精神领袖爱默生》(*The Spiritual Emerson: essential writings*)，《文化使徒——作为布道者和演说家的爱默生》(*Apostle of Culture: Emerson as Preacher and Lecturer*)以及《爱默生和他的生活行为》(*Emerson and the Conduct of Life: Pragmatism and Ethical Purpose in the Later Work*)。这些论著为爱默生的专题研究提供了可贵的一手资料和客观的评述。

有关梭罗研究，从数量上而言少于爱默生研究。归结起来，原因有二。一是相对于爱默生，梭罗不是超验主义的领袖人物。他一生深居简出，极少出现在公众的视野里。他不像爱默生那样游历演说，其思想主要体现在他的作品中。梭罗在世的时候不太为世人所知，逝世后才慢慢为世人知晓。二是梭罗在世的时间比较短，他的超验主义思想主要体现在他的不多的专著里。梭罗生前出版了《在康科德河和梅里马克河上一周》和《瓦尔登湖》，在他逝世后爱默生和梭罗的侄女整理出版了梭罗的其他作品。梭罗研究多与他的作品联系在一起，尤其是那部不朽的名著《瓦尔登湖》，是他本人生活经历的真实写照。史密斯(David C. Smith)的专著《超验主义漫步者：梭罗和自我的寻找》(*The Transcendental Saunterer: Thoreau and the Search for Self*)，比克曼的(Martin Bickman)的《瓦尔登湖：易变的真理》(*Walden: Volatile Truths*)和史奈德(Richard J. Schneider)编辑的《如何阅读〈瓦尔登湖及其他作品〉》(*Approaches to Teaching Thoreau's Walden and Other Works*)等都以解读作品为切入点，将作品赏析与作家思想分析紧密结合，讲述了梭罗的生活轨迹，论证了梭罗思想的形成和发展。

超验主义其他代表人物的研究包括罗宾逊(David Robinson)的《钱宁作品集》(*William Ellery Channing: Selected Writings*)，综合论述了钱宁的思想和作品。科林斯(Robert E. Collins)的专著《西奥多·帕克：美国超验主义者以及评论集》(*Theodore Parker: American Transcendentalist; a Critical Essay and a Collection of His Writings*)。玛格丽特·富勒研究以科恩费德(Eve Cornfeld)的《玛格丽特·富勒传记》(*Margaret Fuller: a Brief Biography with Documents*)和布莱查德(Paula Blanchard)的《玛格丽特·富勒：从超验主义到革命》(*Margaret Fuller: from Transcendentalism to Revolution*)为主。爱默生的姑妈玛丽·穆迪不是超验主义者，科利(Phyllis Cole)在《玛丽·穆迪和超验主

义起源：一部家庭历史》(*Mary Moody Emerson and the Origins of Transcendentalism: a Family History*)里记录了唯一神教信仰者玛丽·穆迪的生活，为爱默生家族研究提供了宝贵资料。

二、超验主义的综合研究。爱默生和梭罗是超验主义的代表人物，但他们并不能代表整场超验主义运动。在过去一百多年的超验主义研究过程中，很多超验主义研究者倾向于对超验主义做宏观的研究和整体的把握，哈毕希(Robert D. Habich)编著了《超验主义和西方的使者》(*Transcendentalism and the Western Messenger: a History of the Magazine and Its Contributor*)，梅尔森(Joel Myerson)先后完成了《美国超验主义者》(*American Transcendentalists*)和《超验主义者论：研究与批评纵览》(*The Transcendentalist: a Review of Research and Criticism*)，凯梅诺(Kenneth Walter Cameron)还编著了《超验主义后记》(*Transcendental Epilogue: Primary Materials for Research in Emerson, Thoreau, Literary New England, the Influence of German Theology, and Higher Biblical Criticism*)。这些论著收集和整理了有关超验主义运动发展的第一手资料和图片，综述了超验主义在美国的发展历史和各代表人物的思想进程。随着文化研究的兴起，科斯特(Donald N. Koster)执笔了《超验主义在美国》(*Transcendentalism in America*)，弗罗森汉姆(Octavius Brooks Frothingham)也完成了《超验主义在新英格兰》(*Transcendentalism in New England*)。他们将超验主义置于宏大的文化背景下，深刻具体地探讨了作为文化运动的超验主义的发生和发展。与此同时，有关超验主义研究的辞典应运而生，莫特(Wesley T. Mott)编写的《超验主义人名辞典》(*Biographical Dictionary of Transcendentalism*)和《超验主义百科全书》(*Encyclopedia of Transcendentalism*)是这类研究成果代表。

三、跨学科、跨文化的超验主义研究。超验主义运动涉及宗教、哲学、文学、艺术、政治、经济等领域，为比较文学视野中的跨学科、跨文化研究提供了颇具学术价值和现实意义的研究模式。探讨超验主义的自然观、政治观、经济观等，解读超验主义的文学、文化内涵，是超验主义研究的又一个课题。库利(Charles Horton Cooley)的《自我与社会组织》(*On Self and Social Organization*)、罗斯(Anne C. Rose)的《作为社会运动的超验主义》(*Transcendentalism as a Social Movement*)以及梅茨格(Charles Reid Metzger)的《美国的超验主义美学观》(*The Transcendental Esthetics in America: Essays on Emerson, Thoreau, and Whitman*)从不同角度探讨了超验主义思想中的异质因素及其对超验主义的影响。

超验主义研究专家布依尔(Lawrence Buell)早年的专著《文学的超验主义》(*Literary Transcendentalism: Style and Vision in the American Renaissance*)和桑伯恩(Franklin Benjamin Sanborn)的《康科德地区六十年,1855—1915》(*Sixty Years of Concord, 1855—1915: Life, People, Institutions, and Transcendental Philosophy in Massachusetts, with Memories of Emerson, Thoreau, Alcott, Channing, and Others*)、《超验主义和文学中的新英格兰》(*Transcendental and Literary New England: Emerson, Thoreau, Alcott, Bryant, Whittier, Lowell, Longfellow, and Others*)深刻解读了超验主义的文学性和对美国文学的影响和发展。另外,拉雅帕蒂(J. P. Rao Rayapati)在《早期美国对印度吠陀哲学的兴趣》(*Early American Interest in Vedanta: pre-Emersonian Interest in Vedic Literature and Vedantic Philosophy*)探讨了美国文学对印度吠陀哲学的接受。克里斯蒂(Arthur Christy)的专著《美国超验主义中的东方主义》(*The Orient in American Transcendentalism: a Study of Emerson, Thoreau, and Alcott*)从文本出发,阐释了爱默生、梭罗对印度哲学、佛学和中国儒家思想的接受,以及东方文化对超验主义和美国精神的影响,该著作成为研究超验主义与东方思想关系的里程碑。后来的威斯路易斯(Arthur James Versluis)在《美国的超验主义和东方》(*American Transcendentalism and the Orient*)中,从比较宗教的视角出发,系统地探讨了超验主义各个代表人物与东方思想的关系。

国内的超验主义研究开始于上世纪中期。徐迟1949年首先翻译出版了梭罗的《瓦尔登湖》,当时并未引起关注,直到80年代修订再版,《瓦尔登湖》才逐渐进入国人的视线。此后,梭罗和爱默生的作品相继被译成中文。上世纪90年代以来,国内的超验主义研究已成果初现。检索1995年至2010年的相关学术学位论文,中国期刊网收录达400篇之多,大致可分为三类:1.文本分析型,通过解读文本来阐释一个或多个主题,如《泛舟河上,驰思万里——评梭罗〈在康科德和梅里马克河上一周〉》(陈凯,《福建师范大学学报》,1999年4月)、《论爱默生〈论自助〉中的超验主义》(赵纬,《北京科技大学学报》,2000年5月)、《崇尚自然:梭罗〈瓦尔登湖〉的审美价值》(卢凌,《安徽大学学报》,2003年3月);2.作家评介型,分析作家的自然观、宗教观或政治观等,如《爱默生自然观的重新认识》(魏燕,《淮阴师范学院学报》,2001年4月)、《梭罗的自然思想及其生态意蕴》(苏贤贵,《北京大学学报》,2002年3月);3.跨文化比较型,如《肖邦的〈觉醒〉和爱默生的超验主义》(李晋,《国外文学》,1998年第4期),

《爱默生与孔子》(李鑫华,《湖北师范学院学报》,1998 年第 5 期)、《从孔孟和梭罗看中美文化中的人文精神》(舒奇志,《湖湘论坛》,2000 年第 3 期)、《特立独行: 在中国现代语境中接受梭罗》(曹亚军,《深圳大学学报》,2003 年 9 月)等。

综上所述,短短的 30 年间,中国学者在借鉴西方研究成果的同时,还注重以中国学者的独特视角观察西方文化,对两种思想和两种文化做综合与交叉研究。1996 年,钱满素先生出版了爱默生研究专著《爱默生和中国——对个人主义的反思》。该论著以个人主义为切入点,系统论证了爱默生思想的形成及其与儒家思想的关系,观点明确,材料充实,是中国大陆首部超验主义研究力作。台湾学者陈长房先生的专著《梭罗与中国》是作者多年研究梭罗的成果,该论文集包括梭罗和中国道家思想的比较、梭罗作品中的孔子形象、《瓦尔登湖》与儒家思想的关系、梭罗与东方文明的关系等,富有见地,很有启发性。

第三节　研究方法和思路

世界范围比较文学的发展影响了超验主义研究。超验主义包含两种甚至多种文学文化因素。有关超验主义的研究由单纯的文本分析到东西文化语境下的比较研究,研究空间在不断扩大,研究主题也日趋多样化。在比较文学视野中研究爱默生、梭罗对《四书》的接受,运用比较文学的理论和方法指导超验主义研究,解读超验主义,为东西方文化对话提供一个范例。

为了系统全面地研究超验主义,本书在研究方法上,拟运用四种方法:

一、影响研究的方法。影响研究是建立在各国、各民族之间存在文学交流与影响这一事实基础上的,事实联系是影响研究的前提。所谓"事实联系",就是指影响接受者与影响放送者之间的联系,即国家民族之间存在文化交流和作家接受外来干涉文化影响的客观事实。[①]

二、平行研究的方法。平行研究是对那些没有事实联系的不同民族的作家、作品和文学现象进行研究,比较其异同,并在此基础上引出有价值的结论。其特点如下: 不像影响研究那样注重历史的考据和文学现象

① 刘献彪、刘介民主编:《比较文学教程》,北京: 中国青年出版社,2002,第 48 页。

之间所谓的“事实联系”，着重研究文学现象之间的异同，以期探究文学的内在规律。平行研究强调“比较”，就不再受所谓“事实联系”的束缚而打破了时间、空间、质量和强度方面的限制。①

三、跨学科研究的方法，又称“交叉研究”、“科际整合”、“跨类研究”。它从文学的外围入手，并通过对这些外围领域和文学关系的研究来研讨文学本身。因此，它又是沟通文学与自然科学、人文社会科学以及其他门类艺术联系的良好途径。② 跨学科研究重心仍在文学，起码是文学与其他学科或其他艺术的对等比较。与文学相关的诸方面因素，都可以拿来加以比较与综合论述，以此进入到各个层面去探讨文学与其他学科、艺术门类之间的孕育、媒介、渗透、融合、影响、启发等多方面、多角度、多变化的复杂关系。

四、跨文化研究。跨文化研究是世纪之交和跨世纪比较文学研究的主导性方法和视野。跨文化的文学研究及文化传播、交流、嬗变等始终成为不同议题共同的中心。跨文化研究作为比较文学的一种理论和方法，为多元文化之间的交流、沟通和平等对话提供了空前广阔的发展空间。

超验主义是美国浪漫主义文学的重要组成部分，《四书》是中国儒家思想的经典论著。研究超验主义对《四书》的接受，前提是两种文化曾经发生接触或碰撞，有过单向或双向影响，然后进行影响研究。比较文学所说的“影响”，“主要是指一个民族文学的演变过程，或一个作家、一个作品中所显示出来的外来因素，这种因素是从本民族的传统和作家本人发展的过去中无法做出解释的；这些外来的因素经过吸收、消化，已经渗透到民族文学之中，参与了艺术创造和民族文学发展的过程，并成为它的一个有机的组成部分。这种外来的影响可以是直接的，也可以是间接的。有时可以被明显地发现，有时则已被消融而不着痕迹。

影响研究就是要用充分的可靠的材料来阐明各民族文学之间相互联系相互影响的事实，探讨其中的规律，获取文学交流中可资借鉴的经验教训。③ 乌尔利希·韦斯坦因在《比较文学与文学理论》一书中也说：“影响……把两个有所区别的，因而也是可以比较的实体放在一起：发生影响的作品和影响所及的作品。这里，有一点无须强调就可以明白，正如韦勒克指出的，在一个民族文学范围内的影响研究和超越语言界限的两种

① 参看刘献彪、刘介民主编：《比较文学教程》，北京：中国青年出版社，2002，第66—67页。

② 刘献彪、刘介民主编：《比较文学教程》，北京：中国青年出版社，2002，第98页。

③ 陈惇、孙景尧、谢天振主编：《比较文学》，北京：高等教育出版社，1997，第64页。

文学之间的影响研究，并没有本质和方法上的不同。”[1]本文所说的影响研究亦指跨文化的影响，在多数情况下，既包括直接的借出与借入，也指在某种程度上的创造性的转变。研究“超验主义对儒家思想的接受”，要研究解决比较文学研究中有关影响和接受的几个共同的基本问题：

> 接受者对放送者是怎样认识的？即通过作品与作者的评介等去查寻二者的接触与反应事实。
>
> 接受者曾受了哪些放送者的影响？即查明放送影响的作家、作品、文艺思潮等事实。
>
> 接受者是直接读了哪些作品，还是读了有关作品的评介？即查明接受影响是直接还是间接的事实。
>
> 接受者、出版者与读者是如何接受这些作品的？有些什么特殊的感情与反应被记了下来？即掌握影响接受的联系依据。
>
> 影响是通过文字、口头还是什么途径产生的？即阐明影响与接受的具体途径。
>
> 接受者在受到影响后的变化和受影响前的状况是怎样的？即弄清接受影响的结果及其变异等事实。
>
> 接受影响的文化背景是什么？它们起了什么作用？又是如何产生作用的？某过程又怎样？即查清接受影响的文化、时代背景等等。[2]

从接受的角度来研究爱默生、梭罗对儒家思想的认识和接受，探讨儒家思想在超验主义的个体观、社会观、自然观中的体现以及超验主义在接受儒家思想过程中所做的有意无意的文化选择和过滤，这是本书主要的方法论。

比较文学研究包括文学范围内的比较研究和跨学科的文学研究两类。跨学科的文学研究又细分为文学与艺术、文学与宗教、文学与人文科学、社会科学、自然科学等研究。这决定了文学本身和人类其他知识、其他学科之间有着不可分割的关系。超验主义跨越文学本身，涉及宗教、哲学、政治、经济、艺术等各方面的因素，彼此形成这样或那样的联系。在这种情况下，单纯地从爱默生和梭罗的文本内部研究超验主义的文学性将表现出很大的局限性，很难全面准确地认识超验主义。文学与宗教、文学

---

① 乌尔利希·韦斯坦因：《比较文学与文学理论》，刘象愚译，沈阳：辽宁人民出版社，1987，第 27 页。

② 孙景尧：《简明比较文学》，北京：中国青年出版社，2003，第 108 页。

与历史、与哲学等关系的研究，既要追溯彼此的影响联系，还要运用宗教学、历史学、哲学和其他相关学科的理论，作跨学科的研究。用跨学科研究的方法研究超验主义，着眼于超验主义本身和外部的联系，探索爱默生、梭罗哲学思想的起源、宗教观念的形成、生态伦理思想等，具有深刻的学术价值和现实意义。

“比较文学研究不是为比较而比较。比较不是目的，只是手段和途径，目的是加深对作家作品与文学规律的认识，加强文学交流，因此当比较文学深入发展，超越事实联系的考证和异同的比较，进一步向深层开拓，探讨种种文学关系的内涵和根源的时候，它当然不能停留在文学本身的比较研究而必须引进文化研究。即使以异同的比较而言，我们也不能停留在异同现象的罗列，必须进一步探讨这种异同关系的内在意蕴以及产生这种异同的原因，而研究这样的问题，我们不可能停留在文学自身的范围，必须深入到文化的层面，才能找到答案。所以，比较文学的深化必然要引进比较文化，除非我们愿意停留在原地而不求进取。”[①]

超验主义和《四书》来源于两种截然不同的文化体系，在很多方面都有着极大的差异。爱默生和梭罗对《四书》的接受研究是在异质异源的文化体系之间进行，二者具有可比的共同性，更有因不同文化背景而形成的差异性。研究爱默生和梭罗与《四书》的碰撞与对话，不是单纯的求同，还要求异。求同，“必须要看到它们由于文化背景的差异是否貌同而神异”，求异，“需追寻其不同的内涵和根源，更需诉诸文化背景的研究”。[②] 注重文化背景的研究，不是只停留在肤浅的、形似的比较，而是将二者置于宏大的中西文化背景下既做类比，又做对比，从求同出发，进而辩异，探讨爱默生、梭罗接受《四书》的深层原因，发掘两种文化的独特价值，寻求相互了解，寻求文化的沟通和融合。

本书在以影响研究为主、平行研究、跨学科研究和文化研究并行的方法论基础上，运用包括新批评、接受批评，结构主义等理论指导，从超验主义对加尔文主义、唯一神教的反驳出发，研究爱默生和梭罗对《四书》的接受。

本书由绪论、主体(共计五章)以及结论部分组成。

绪论部分论述本课题的选题缘起、宗旨以及课题的研究史，在此基础上阐释本书的研究方法和思路。论著首先着重介绍了超验主义在美国的发展。这有两点用意，一是考虑到一般中国学者对超验主义本身仍然所

① 陈惇、孙景尧、谢天振主编：《比较文学》，北京：高等教育出版社，1997，第 51 页。

② 同上。

知甚少,国内目前还没有专门系统介绍超验主义的专著。其二,笔者认为,在漫长的历史长河中,爱默生、梭罗与中国《四书》的关系不是一个没有新意的文化现象,人们对超验主义的兴趣将持续下去,爱默生和梭罗对《四书》的接受研究还将产生一些深远的影响。本书第二章至第四章考察了爱默生和梭罗超验主义思想里的个人主义思想、社会观和自然观,结合了超验主义产生的宗教文化背景、《四书》在美国的传播情况以及爱默生和梭罗对《四书》的认知状态,探讨他们在上述三方面对儒家思想的吸收继承和借鉴引用。第五章在总结前四章的基础上综合论述了爱默生和梭罗对《四书》的接受模式,包括他们对《四书》的吸收继承、借鉴佐证和误读改造。论著的结论部分回顾了超验主义对《四书》的接受,论述了儒家思想在世界其他国家和地区的传播状况,证明了儒家思想的价值和魅力,展望了中西文化的发展前景。

综上所述,通过研究爱默生和梭罗对《四书》的接受,本论著得出如下结论:第一,应系统地从宗教、哲学、文学、文化等角度综合解读超验主义对儒家思想的多元接受状况。第二,应客观地从个体观、社会观和自然观等方面具体探讨超验主义思想对儒家思想的多方位接受。第三,比较文学视域下的超验主义对儒家思想的接受研究再次论证了儒家文化的魅力和中西文化对话的可能。

第一章　超验主义的发展及其与《四书》的碰撞

超验主义产生的宗教背景是反对加尔文主义和唯一神教。同时，受康德先验论思想的影响，爱默生和梭罗接受了康德的超验主义思想，从理论上进一步驳斥了加尔文主义和唯一神教的偏激、呆板以及后者对美国思想文化发展的阻碍作用，对美国文学文化的发展起了很大的推动作用。《四书》产生于两千多年前的中国，是儒家思想的经典论著，代表着中国优秀的传统文化。超验主义是西方文化的产物，《四书》是中国传统文化的代表，二者属于完全不同的文化体系。表面上看，这两种思想既没有交流的可能性，也没有跨文化对话的可行性。从19世纪30年代起，爱默生和梭罗在偶然的情况下接触、阅读了由传教士翻译成英文的儒家思想典籍《四书》，认识了儒家思想，并逐渐为儒家思想所吸引。他们根据自身思想和超验主义发展的需要，有选择、有目的地接受了儒家思想。他们在其编辑的杂志《日晷》上大量摘录《四书》语录，将儒家思想介绍给广大的美国民众。他们在日记和作品里引用和借鉴儒家思想的经典语录，进一步论证自己的超验主义思想，为超验主义的最终发展和中西文化交流作出了积极的贡献。

第一节　从加尔文主义到超验主义的自由之路

（一）对加尔文主义和唯一神教的反驳和批判

17世纪，北美新英格兰地区的移民始祖主要是信奉加尔文主义的清教徒和其他宗派的新教徒。他们坚信自己是“上帝的选民”，充满激情地为上帝的传教事业四处奔走。他们希望有一天能让生活在北美这块尚未完全开发的土地上的印第安人全部归顺为上帝的子民。加尔文主义坚持以救赎为中心，主张“因信称义”的原则，宣扬“预定论”以及上帝对人和万物的绝对支配权。“至高无上、完美无缺的上帝总在监视着堕落的个人；

选择生活的正确目标以再造生命；创造服从的生活；建立神圣的共同体。”[①]因此，人必须遵循上帝的意旨，依靠上帝赐予的理性来决定什么该做什么不该做。从上述这些方面而言，加尔文主义在反对传统的基督教教义教规上确实表现出了很大的颠覆性和进步性，给早期的北美移民开创新的生活和事业带来了新的生活气息和宗教气息，因而得到了很多教民的支持和崇拜。但同时，加尔文主义的一些思想又为后来的宗教专制统治提供了借口，这对年轻而又充满希望的北美新移民而言，如当头一棒，让他们无法接受。随着时间的流逝，加尔文主义的弊端日益明显，愈发不能为广大民众所接受，唯一神教的出现正好迎合了教民们的需求并逐渐取代了加尔文主义的宗教地位。

唯一神教是18世纪末从加尔文教中分离出来的一个自由派系，因信仰上帝一位，以取代圣父圣子圣灵“三位一体”而得名，也称“一位论”。唯一神教的特点表现为反对加尔文主义关于上帝、人以及任何关系的概念。它直接否定了加尔文主义所主张的“原罪论”、“预定论”、“上帝选民论”等教义，充分肯定了人的自由、理性和尊严。唯一神教的代表人物钱宁博士在《唯一神教的基督教》中说过，《圣经》是一部用人的语言、为人而写的书，寻求其中的意义的方式应与人们寻求别的书的意义的方式一样。对《圣经》和上帝的理性思考的结果是唯一神教推翻了加尔文主义的信仰，至高无上的上帝在唯一神教那里变成了可敬可亲的上帝。唯一神教从本源上提高了人的地位，提供了人本主义的雏形，对加尔文主义作了本质上的修改。它批评加尔文主义所宣称的愤怒的上帝的不道德和非理性；否认了“三位一体”的概念，不承认耶稣是上帝和救世主，反对把耶稣神化；摒弃了关于人类堕落的学说，认为虽然人类由于亚当的堕落而受罪，但是作为上帝的造物，毕竟保留了某种神圣性，尤其表现在人的理智和良心上，他们对理性的信念尤为强烈。[②]

唯一神教的崛起标志着加尔文主义在新英格兰地位的逐渐消退，为超验主义运动奠定了思想基础。但是，唯一神教过于重视理性的可靠性，拒绝人的想象和个人激情的表达，用托马斯·卡莱尔的话说是“一群温驯的没多大发展潜力的人们，满足于自己一知半解的体系，从未取得过伟大的成就——达不到感情的深度”，“单调的理性，冷得像条

① 卢风：《启蒙之后——近代以来西方人价值追求的得与失》，长沙：湖南大学出版社，2003，第54页。

② 参看钱满素：《爱默生和中国——对个人主义的反思》，北京：生活·读书·新知三联书店，1996，第12页。

黄瓜”。[1] 这与当时渴望打破旧的思想束缚、寻求新的思想格局的美国社会文化格格不入，超验主义的顺势发展迎合了这个时代的需要。

（二）爱默生对超验主义的贡献

爱默生 1803 年 5 月出生于马萨诸塞州波士顿附近的康科德村，是美国著名的思想家、诗人、散文家。他的主要作品包括《论自然》、《论美国学者》、《论超灵》、《超验主义者》、《改革者与其他人》以及大量的诗歌、散文、日记和讲演词。爱默生出生于一个唯一神教的家庭，早年的家庭和学校教育影响了年轻的爱默生。他的父亲是一位牧师，母亲是虔诚的唯一神教徒。爱默生的母亲阅读了大量有关个人宗教体验的书籍，重视个人虔诚的自明和自教，“随时记下上帝对我的旨意”，[2]这直接影响了年幼的爱默生的思想。爱默生的姑妈穆迪·爱默生对爱默生的思想和教育同样影响深刻。成年后，爱默生在哈佛学院学习。他阅读了《圣经》、雨果·格劳秀斯的《基督教教义》、巴特勒的《宗教的类比》等有关宗教体验的书籍，逐渐对巴特勒产生了浓厚的兴趣，因为“巴特勒的书不是加尔文主义，不是哀史，更不是凭感情的或反叛性的投合。它们引起怨恨，同时却也包含了对宗教新的探讨的种子”。[3] 巴特勒的思想对爱默生的宗教思想的形成和发展也起了一定的促进作用，使他更加注重宗教的个人体验，这为他后来致力于推动超验主义的发展奠定了牢固的思想基础。

爱默生提倡超验主义，在不受加尔文主义和唯一神教思想约束的情况下重新阐释人、上帝和自然的关系。他在康科德地区创办了由作家和知识分子组成的超验主义俱乐部，公然反对当时统治一切思想领域的加尔文主义和唯一神教，主张要将人与上帝的关系由被动变为主动。在不断了解加尔文主义、唯一神教的过程中，爱默生开始反思他之前的宗教体验，继续表现出反叛的精神。“加尔文的弊病在于把来世说得完全不同于现世，乃至为了来世而丧失了对现世的准备。”[4]“加尔文主义是建立在骄傲和无知之上的，唯一神教作为一个教派，正好建立在相反的基础上。它寒气逼人，全无欢乐，是纯粹理解力的产物。一直要等到争议爆发，从下

---

① 钱满素：《爱默生和中国——对个人主义的反思》，北京：生活·读书·新知三联书店，1996，第 16 页。

② 小罗伯特·D. 理查森：《爱默生：充满激情的思想家》，石坚、李竹渝译，成都：四川人民出版社，2001，第 28 页。

③ 同上书，第 10 页。

④ 钱满素：《爱默生和中国——对个人主义的反思》，北京：生活·读书·新知三联书店，1996，第 6 页。

层往上冒的火焰才能使它温暖。”[①]至于唯一神教，它虽然强调人性本善，但在谈及人与上帝的关系问题上，除了钱宁这样具有自由主义倾向的人，更多的唯一神教者坚持机械的、被动的甚至极为僵硬的态度和思想，过于“理性”，缺乏宗教激情。在《对神学院毕业班的演讲》中，爱默生直接抨击加尔文主义和唯一神教，号召神学院的毕业生以及广大民众摒弃教会中一度盛行的形式的、过时的信仰，呼吁更换牧师、创立新的教义。他反对宗教“以神为中心”的思想，提出宇宙间存在一种惩恶扬善的“超灵”。超灵是宇宙中最为重要、无处不在、无所不能的精神，他存在于自然和人本身，人可以通过超灵认识真理，认识上帝，甚至一定范围内就是上帝。

爱默生反对加尔文主义和唯一神教的步伐一直都没有停下。1832年6月爱默生在日记中写道：“为了成为一个好牧师，有必要放弃神职。”同年7月，他继续自己的思想：“宗教在心灵中不是指轻信，在实践中不是形式。它是生活本身，是人的条理和公正。它并不是别的什么可以去获得或者添加的，而是你所拥有的那些才能的新的生命。”[②]他反对圣餐，认为圣餐仪式完全无意义，他自己也“不准备过宗教般的虔诚生活”，这直接导致了他与教会的最终决裂。1841年12月他在波士顿共济会上宣读了《关于时事的报告》。他说道：

> “我们的祖先从降生到死亡，一直被原罪的恐惧折磨着，战战兢兢地等待末日审判。这些恐惧已经失掉它们的威力。如今我们所受的折磨是信仰虚无，即不知道自己应该做什么，怀疑自己所做的事情的价值，并且不相信事情的必要性是合理有益的。我们的宗教采取了排斥性的否定形式，出于对真理的热爱，我们批驳虚伪——而宗教却是一种连根铲除的批判。焦虑不安的疑云悬挂在所有有识之士的眉宇之间，在最优秀的知识分子中间竟然出现了某种白痴般的蒙昧。这正是当前时代的一个特点。……我们发现这个时代最糟糕的事情，就是我们不知道如何去对付它。我们是如此的目光敏锐，以致我们既不能工作，又不能静心思考；既不能阅读柏拉图的著作，又不能不去读它。”[③]

---

① 转引自钱满素：《爱默生和中国——对个人主义的反思》，北京：生活·读书·新知三联书店，1996，第16页。

② 转引自小罗伯特·D.理查森：《爱默生：充满激情的思想家》，石坚、李竹渝译，成都：四川人民出版社，2001，第177页。

③ 拉尔夫·沃尔多·爱默生：“关于时事的报告”，吉欧·波尔泰编：《爱默生集》，赵一凡、蒲隆、任晓晋、冯建文译，北京：生活·读书·新知三联书店，1993，第180页。

1867年5月底，在"宗教信仰自由协会"成立大会上的演讲里，爱默生重申"那种严格的宗教神学已不再适用了"，热情是"历史上一切美好事物之源"。爱默生想寻求一种更广阔的途径，引导美国公民走出清教主义的影响，建立一个有着纯粹的思想和宗教信仰的美国社会。爱默生的思想一石激起千层浪，几乎颠覆了美国传统的宗教、文学和文化观。

爱默生思想中的上帝是真理、生命、良心、道德理想的代言人，是自我的"必然"，"心灵深处的精神悟性"。他抛弃了统治美国多年的传统的加尔文主义和唯一神教思想，否认传统基督教理念中上帝的权威存在，承认个体的自主性与权威性。他说："一个人如果有一颗正义之心，他便因而是上帝。上帝的平安，上帝的不朽，上帝的权威随着正义进入他的身体。"[①]在爱默生的眼中，上帝的位置不再高不可攀，人自身就是上帝。上帝是道德、伦理和正义的化身，因此人和上帝的关系不再是完全对立，而是统一的，和谐共处的对等关系。爱默生思想的转变在美国，尤其在新英格兰地区代表着美国社会从传统的宗教社会向世俗社会的转变。

爱默生对传统基督教的批判并不意味着他对宗教本身的摒弃。他抨击基督教，因为他认为"历史上的基督教已蜕变成一种祸害，它使我们传达所有宗教情感的企图都归于失败"。[②] 他坚持认为人人都需要宗教感情，但必须将人的独立性与依靠上帝巧妙地结合在一起。人在寻求自立的时候，就是在寻求自己心中的上帝。爱默生思想中的上帝服务于人类，帮助人类超越自身。因此这个上帝将与人类共存，他永远对活着的人说话，他的启示是永恒的，不是通过神迹，而是通过大自然和人的直觉来实现。"最简单的人在他一心崇拜上帝之时，他也就成了上帝。"[③]爱默生对上帝和人的理解完全超越了加尔文主义和唯一神教。

爱默生的超验主义思想还接受了欧洲浪漫主义思潮的影响。在游历欧洲期间，爱默生会见了英国浪漫主义诗人柯勒律治、华兹华斯和卡莱尔，他接受了一些新的浪漫主义思想，不断发展自己的超验主义理论。他反对洛克把所有的知识归于感观经验，认为单纯地依靠个人感观知识只能认识事物的表象，不能深入发掘事物的本质。若要认识事物的更高本质，人必须依靠个人直觉。"直觉"一词出自3至6世纪神秘哲学新柏拉

---

① Bode, Carl & Malcolm Cowley (eds.). 1981. *The Portable Emerson*. New York: Penguin Books USA Inc., p. 74.

② 拉尔夫·沃尔多·爱默生：《自然沉思录》，博凡译，上海：上海社会科学出版社，1997，第104页。

③ 钱满素：《爱默生和中国——对个人主义的反思》，北京：生活·读书·新知三联书店，1996，第20页。

图主义。新柏拉图主义者认为,人的精神来自上帝;上帝赋予理性;理性给予灵魂,灵魂改变物质世界。也就是说,上帝存在于物质世界,人可以通过直觉感受世界的存在和灵魂,从而实现与上帝同在。爱默生接受了神秘主义的这一观点,认为人能通过直觉认识上帝,为他的超验主义思想寻得了哲学上的理论支持。

作为美国浪漫主义文学重要的组成部分,超验主义坚持人性的自我表达是一种内在的必然,文学要为满足人性的需要服务。19 世纪以前,历史短暂的美国一直没有自己独立的文化和文学。当时的加尔文主义还在不断地宣扬人性的堕落和上帝的恩典。在这些思想和观念的影响下,要建立一种独立的,能准确反映美国文化和历史的美国文学确实非常困难。受欧洲文学的影响,美国文学无论在主题、风格还是思想上都接受了欧洲文学的传统。美国知识分子成为欧洲文学的传声筒,他们模仿欧洲文学描绘的充满历史感的自然和风土人情。超验主义的发展为美国文学脱离欧洲母体文学和最终独立提供了契机。爱默生的欧洲之行在一定程度上为美国浪漫主义文学的发展起了推波助澜的作用。在《英国特色》游记中,爱默生反复强调选择欧洲旅行,因为欧洲的作家吸引了他。他与柯勒律治交换了对唯一神教的观点,深刻认识了卡莱尔的浪漫主义思想和后者的文学观。他也开始理解华兹华斯对诗歌的热爱和对真理的追求。“通过他对真理的单纯执着,为自己赢得了荣誉,很不愿意炫耀自己。”① 通过拜访这些伟大的浪漫主义文学家,爱默生领悟到美国文学真正需要的东西。他呼唤美国不要再依靠旁人,要有自己独立的文学和思想,要有富有美国特色的文化。爱默生极富挑战性的呼吁,唤醒了美国知识分子,为美国文学和文化带来了新的观念和新的思想。

爱默生的主张与 19 世纪美国资本主义上升时期的思想文化的要求相一致,对解放思想和建立美国本土文学起了积极的推动作用。他的思想对同时代的梭罗、惠特曼、麦尔维尔、霍桑以及后来的作家埃米莉·迪金森、罗伯特·弗罗斯特都产生了巨大的影响,正是这些作家掀起了美国的文艺复兴。19 世纪至 20 世纪的思想家和哲学家,如尼采、梅特林格等都承认自己从爱默生那里受益匪浅。

(三)梭罗对超验主义的贡献

梭罗,著名文学家、哲学家和思想家,1817 年 7 月出生于马萨诸塞州

① 拉尔夫·沃尔多·爱默生:“英国特色”,吉欧·波尔泰编:《爱默生集》,赵一凡、蒲隆、任晓晋、冯建文译,北京:生活·读书·新知三联书店,1993,第 857 页。

康科德镇的一个小店主家庭。梭罗生活的时代是美国超验主义盛行的时代。年轻的梭罗曾就读于哈佛大学,学习了希腊语、拉丁语、数学、物理、自然哲学、神学等课程。读书期间,梭罗喜欢在田野、河畔闲逛,观察野生动植物,掌握了相当丰富的动植物学知识。1837年,梭罗从哈佛大学毕业。毕业典礼上,梭罗作为一名普通的听众听取了爱默生在ΦBK联谊会上的演讲,与爱默生一见如故。毕业后,为了更加深刻地认识和学习超验主义,梭罗放弃了教师的职业,搬到爱默生家中,与爱默生开始了长达数年的亦师亦友的合作关系。梭罗饱览群书,时常与爱默生交流,逐渐了解了爱默生的超验主义思想。受爱默生的启发,梭罗爱上了康科德,爱上了纯净的大自然。他在大自然中漫步,随时记录下身边的一草一木以及他的个人感悟,为世人留下了长达200万字的日记。对于梭罗这些特质,爱默生分外赏识。他赞赏梭罗敏锐的思维,正直的品质以及独立的个性,并不失时机地把梭罗介绍给身边的朋友们,以期扩展梭罗的视野和社交范围。作为超验主义的一位重要的代表人物,梭罗的超验主义思想确实在一定程度上受到了爱默生的影响。但是,梭罗又不是简单的模仿和继承,他在某些方面另辟新路,甚至超越了爱默生。

梭罗的一生,是孤独的一生,是个人与自我、自然对话的一生,是在自然中沉静与冥思的一生。除去到缅因州、科德角的几次短途旅行和到加拿大的一次长途旅行,梭罗大部分的时间都在康科德镇附近漫步与思考,他的大部分作品也都以他生活的康科德镇为原型创作而成。梭罗的超验主义思想正是在这看似平淡无奇的日常生活中点点滴滴地逐渐成熟起来的。他一直坚持要将哲学思想运用到生活中去解决具体的问题,"要做一个哲学家的话,不但要有精美的思想,不但要建立起一个学派来,而且要这样地爱智慧,从而按照了智慧的指示,过着一种简单、独立、大度、信任的生活。解决生命中的一些问题,不但要在理论上,而且要在实践中"。[①] 梭罗正是这样一位既热衷理论,又身体力行、注重实践的超验主义运动者。

梭罗一生崇尚个体自由与独立。在梭罗的时代,爱默生倡导的个体自助、自立的观念已经深入人心,梭罗思想中的个体也已从传统基督教上帝手中的选民中解脱出来,是真正独立的个体。他向往个体的精神独立,渴望个人能挣脱物质文明的束缚,放弃物质利益的追求,享受高尚的精神生活。19世纪的美国工业文明日益发展,造成了很多美国人的物质主义

① 亨利·戴维·梭罗:《瓦尔登湖》,徐迟译,长春:吉林人民出版社,2003,第12—13页。

和拜金主义。梭罗反对这种思想，认为这样的生活是浪费时间、虚度生活、耗费生命。人活着的目的是享受生活，享受生活中一切美好的事物，而不能简单地理解为无限度的物质享受。因此，个人一周只需要工作一天就足以养活自己，余下的时间可以用来安静地思考和亲近自然。梭罗在瓦尔登湖畔独居，体验自然、体验生活、实践他理想化的超验主义思想。

梭罗不断反思个人与政府的关系。他对政治毫无兴趣，但又不主张完全脱离政治，因为他非常清楚没有人能彻底地逃避政治的浪潮。虽然极力地试图从政治的漩涡中挣脱出来，梭罗还是经常有意无意地主动卷入了一场场政治运动。他严厉谴责蓄奴制，反对政府颁布的逃亡奴隶法案，拒绝交人头税。他曾长期活跃于诸如“地下铁路”之类的废奴运动中，不顾风险帮助黑人奴隶逃亡到加拿大。1854 年逃亡奴隶安东尼・伯恩斯被捕，梭罗愤怒地写下《马萨诸塞州奴隶制》。1857 年他认识了激进的废奴主义者、革命党人约翰・布朗。1859 年布朗在哈帕斯渡口起义失败后遭迫害，梭罗蔑视政府，四处发表《为约翰・布朗队长请命》的演说，称他为废奴运动的烈士。梭罗在美国对墨西哥宣战的时候，强烈谴责政府的自私和罪恶，写下了著名的政论文《论公民的不服从》。梭罗将超验主义倡导的民主、平等、自由的政治思想向前推了一步。梭罗对政府的批判和抵抗有其独特的时代背景和历史意义，他的思想也经受了时间的考验，影响了后来的革命者马丁・路德・金，他领导了美国历史上著名的黑人民权运动。英国工党也借鉴了梭罗的思想，俄国作家列夫・托尔斯泰极为推崇梭罗的政治观。印度圣雄甘地直接将梭罗的思想进一步发展为非暴力不合作运动，为世界民族解放运动作出了巨大贡献。在赞扬梭罗以个体与政府抗衡，主张个人英雄主义的同时，梭罗思想中的消极因素也随之表现出来。梭罗强调个体绝对的完整独立、提倡有良知的人组成一个自律的政府。梭罗的这种乌托邦式的理想政府在任何时代恐怕都无法实现，他对政府的消极抵抗行为也无法改变社会现状。爱默生很肯定他的思想，但对他这种极端的行为却不太赞赏，甚至反对他的行为。爱默生在日记中委婉地批评梭罗，希望梭罗不要太胡作非为。只要国家对他尚存一点点的好，就不要拒绝付人头税，不要四处抗议。但是，超验主义的另一位活跃人物阿尔考特则对梭罗的言行赞赏有加，认为他很有勇气，能保持自尊，敢拒绝服从政府的命令。梭罗的是非功过，时间证明了一切。

爱默生在《论自然》中倡导人与自然的和谐关系，梭罗同样喜欢在自然界感悟自然的伟大，探索人与自然的多重关系。受其母亲的影响，梭罗从小对自然产生了浓厚的兴趣。梭罗孩童时期，其母经常在阳光明媚的下午带他和其他孩子出门远足，聆听鸟儿的歌唱，培养他们对自然的感情。梭罗观察人们日常的生活，希望通过自然审视人的内心世界，揭开人的精神的奥秘。对梭罗而言，自然是宇宙万物的总结，是一个确确实实的存在，他必须尽量与自然保持最原始的接触方式，实践合乎超验主义思想的理想的生活方式。在思考和体悟自然的过程中梭罗将超验主义思想向前推进了一步。

1836年梭罗与好友查尔斯·斯蒂尔斯·惠勒在弗灵特湖畔居住了一段日子，感受了自然的神秘与静谧。回来后，他开始寻找类似的机会，希望能重回湖边。熟读了爱默生的《论自然》后，梭罗更坚定信念，决定追求真实而简朴的生活。爱默生在《论自然》中表达的对自然的热爱、向往以及"人应当和自然融为一体"的思想很快被梭罗在瓦尔登湖畔用具体的行动得以证实。1845年，梭罗提着斧头走进了森林。梭罗在瓦尔登湖畔原属爱默生的一块林间空地上建起了小屋，于美国独立日那天搬了进去，这一住就是两年又两个月。梭罗坚持在日记中记录下他在瓦尔登湖畔观察到的动植物的生长规律和各种妙不可言的自然现象。在瓦尔登湖畔居住期间，梭罗几乎处于一种原始的生态环境中——一个四面透风而又没有抹泥灰的小屋。他放弃了过多的物质享受，回归荒野，回归自然，回到生命的本初。他在自然中沉思、冥想，感悟人生，体验最高境界的超验主义思想。正如他走进林中留给朋友们的话那样："我到林中去，因为我希望谨慎地生活，只面对生活的基本事实，看看我是否学得到生活要教育我的东西，免得到了临死的时候，才发现我根本就没有生活过。"[①]作为一个超验主义运动者，梭罗认为人生若要有意义，必须和自然零距离接触，必须在原始的环境下聆听自然界的启示。这样的人生才算真正活过，否则就是白到世界上转了一回。梭罗根据自身的旅行经历和对自然独特的感悟先后完成了《在康科德和梅里马克河上一周》（简称《河上一周》）和《瓦尔登湖》等记录自然的伟大以及人与自然和谐共处的散文式小说。其中，《河上一周》取材于梭罗和他的兄长约翰泛舟梅里马克河上的两周旅行，以优美的文字记录了他们的漂流经历和途中的所见所闻。《瓦尔登湖》完整地体现了梭罗的超验主义自然观。通过两年两个月的瓦尔登湖的生活体验，梭罗表达了自己对物质需求的简单化，对精神追求的高度向往。他认为个体并不需要借助前人的经验和力量，而只需要凭借自身伟大的力量，凭着与大自然的亲密接触，真实地感悟自然，就能够直接领会到来自

① 亨利·戴维·梭罗：《瓦尔登湖》，徐迟译，长春：吉林人民出版社，2003，第84页。

大自然的启示。梭罗亲身感悟自然，领略了自然的无穷魅力，也深刻地明白自然总是远远超出个人的感观所能把握的范围，不是去简单地居住、体会就能穷尽其魅力。梭罗对自然的深层理解正是爱默生在《论自然》中所倡导的超验主义思想的自然观的真实的反映。他用这种特立独行的的思维方式，一面宣扬自然的神秘与伟大，一面否定了圣父、圣子、圣灵“三位一体”说，对祈祷、教堂、安息日等传统基督教的教义教规不屑一顾，将超验主义思想的发展推向了另一个顶峰。

梭罗的思想在他的时代似乎并没有得到人们的理解和支持，他的行为也招来了社会各界猛烈的抨击。霍姆斯讽刺梭罗是否定文明、否定社会的人，惠蒂埃批评《瓦尔登湖》是一部邪恶的作品。甚至梭罗的良师益友爱默生都批评梭罗抛弃一切在林中遗世独立地接近自然实为疯狂，简直就是在寂寞地悲惨地浪费他的天才。梭罗的邻居也不喜欢他，认为他成天在康科德的树林和田野中漫无目的地四处游荡，既浪费了时间也浪费了他在哈佛大学所受的教育。不过，无论外界怎样的批评，梭罗置若罔闻，依然我行我素，依照他特有的方式实践着和自然的对话。

爱默生从理论出发，反对宗教蒙昧，提倡发扬个性，推崇精神万能，阐述超验主义精神，先后写下了《论自然》、《论自助》、《论超灵》、《在神学院的演讲》等理论色彩颇强的演说词，发展了自己的超验主义思想。爱默生的超验主义思想以理论开始，也终止于理论。爱默生一度赞成梭罗的思想，却反对他的行为。虽然爱默生一贯倡导个人要认识自己的思想，要学会独自前行，“要像拥抱新娘一样拥抱孤寂”，但他并不主张隐居或与世隔绝，“最重要的不是孤立的空间，而是要有独立的思想”。[①] 但是梭罗毅然搬到了湖边，身体力行，投身自然，在自然中成为超验主义的实践家。梭罗在林中居住的时候，除了简单的生活必需品，大部分时间都投入到思考和体验自然中来。梭罗逝世后，他的其他几部作品相继面世：《缅因森林》(1864)、《科德角》(1865)、《梭罗通信集》(1865)、《美国佬在加拿大》(1866)、《反奴隶制和改革论文集》(1866)以及《远足》(1883)。如果说爱默生是美国超验主义运动的理论家和奠基人，梭罗则是这一运动的实践者和推动者。

超验主义是伴随着美国资本主义和商业文明的发展而出现的思想解放运动。它倡导个性解放、个体独立，要求人们抛弃长久以来占据在人们

---

① 小罗伯特·D. 理查森：《爱默生：充满激情的思想家》，石坚、李竹渝译，成都：四川人民出版社，2001，第 414 页。

头脑中的愚昧、偏见和守旧的思想，实现彻底的个性解放。爱默生和梭罗所处的时代是美国物质文明发展的阶段，在这种社会文化背景下，他们的思想无疑具有积极的现实意义，为当时美国社会的民主制度和资本主义的发展提供了一定的理论指导。梭罗的一生默默无闻，甚至不太为世人所知。他在某种程度上虽然不如爱默生那样光芒四射，但是，梭罗一直以纯粹的实践行为体验着自我的超验主义思想和观念，将毕生的精力和心血都投入到对自然的思考与实践当中，写下了大量歌颂自然，反思人和自然关系的论著。梭罗的思想超越了他的时代。其著作《瓦尔登湖》以其优美的文笔和对自然的深刻思考后来被认为是美国文学的经典之一，梭罗曾经居住过的瓦尔登湖畔也成为很多自然主义者探访的地方。

20 世纪初，梭罗的书籍在英国大量出版，英国人对梭罗的兴趣远远超过美国人。1917 年，梭罗百年诞辰之际，美国学者专门举行了大型纪念活动，并于 30 年代成立了梭罗学会，为广大学者提供了研究梭罗的学术平台。梭罗的政论文《论公民的不服从》凭借其锋利的文笔和敏锐的洞察力对美国社会和其他国家的政治和文学都产生了极大的影响，被认为是世界上改变历史的 16 本书之一。20 世纪 70 年代以来，随着环境保护运动的兴起，梭罗的作品逐渐获得新的生态意蕴的解读。人们开始关注梭罗中有关人与自然和谐相处的生存理念，梭罗的作品成为绿色生态研究的范本，他本人也被称为美国文学史上第一位重要的自然阐释者和美国环境保护者先驱。

（四）小结

超验主义运动在美国持续的时间并不长，但其现实意义非常重大，影响深远。超验主义“以其自己的方式试图解决那个世纪的最尖锐、最让人忧郁的问题。就像 19 世纪其他伟大、但同样要消失的体系一样，超验主义的目的是要为那个世纪正在快速走向分崩离析的思想找到一个整合的方法。在‘理智’这个概念里，他们相信已经找到了整合的钥匙。超验主义弥合了科学和宗教，以一种新的、可行的方式复活基督教，并使其成为可能；它弥合了思想和物质间的裂口，在行动的世界中恢复了思想的地位；它为一种新的社会秩序提供了基础，在这种秩序里，人的尊严和自由将战胜金钱和机器”。①

---

① 转引自金衡山：“自由的意义——超验主义思想探析”，《国外文学》，2002 年第 1 期。

第二节 和超验主义相关的《四书》主题研究

(一)《大学》和“三纲八目”

儒家思想,又称儒学、儒家学说,或称为儒教但并非指宗教,是中国古代的主流意识,对整个中国传统思想和文化,东亚乃至全世界文化都产生过深远的影响,至今不衰。儒家思想注重考察个人修养、个人和家庭、社会、天下的伦理关系以及个人和宇宙的关系等,凝聚了中华民族的智慧和力量,代表着中国文化的人文精神。《四书》包括《大学》、《中庸》、《论语》、《孟子》,是我国第一部全面解释儒家思想的经典。《四书》是先秦儒家留下来的重要历史文本,南宋时期理学家朱熹推崇《大学》、《中庸》、《论语》、《孟子》,把它们合并为《四书》,并倾其毕生精力编著《四书章句集注》,重新注释儒家经书。从此,《四书》取代《五经》的地位,成为儒学经典之权威。本书所涉及的《四书》内容主要包括爱默生和梭罗阅读的英文版和法文版的《四书》及其相对应的中文版本,即《大学》、《中庸》、《论语》、《孟子》的部分章节,后人所作的注解不在本研究范围之内。

《四书》作为儒家思想的重要经典,承袭了从孔子、孟子、荀子到朱熹的儒家道统,教导后人如何穷理、正心、修己、安人,内容博大精深。本书以爱默生和梭罗所阅读过的《四书》内容为切入点,探讨儒家思想对超验主义发展的贡献。

《大学》是先秦、秦汉儒家学说的总括性著作,是维护封建宗法制度的政治纲领,也是儒家个人教育的道德纲领。《大学》原为《礼记》的第四十二篇,分为“经”和“传”两个部分。“经”仅包括一章,是孔子原话的记录,由孔子的学生曾子整理完成。“传”包括十章,是曾子个人对“经”的理解和阐述,由曾子的学生记录完成。后北宋司马光撰写《大学广义》以后,《大学》开始独立于《礼记》。程颐、程颢兄弟又将原来的《大学》修订为《大学定本》。南宋朱熹在韩愈、李翱和二程的学术基础上,将其与《中庸》、《论语》、《孟子》合编作注成一书,借以阐述和演绎自己的唯心主义理学思想,是称《四书集注》。

朱熹在《大学》的开篇引用程子的话说:“‘大学,孔氏之遗书,而初学入德之门也。’于今可见古人为学次第者,独赖此篇之存,而论、孟次之。

学者必由是而学焉，则庶乎其不差矣。”[1]“大学”指的是有关政治、哲理等高深而广博的学问，融哲学、伦理、政治为一体，着重阐述了个人修养和社会政治的关系，其基本的理论思想是“三纲八目”。所谓“三纲领”，是指“明德”、“亲民”、“止于至善”。《大学》第一句话为“大学之道，在明德，在亲民，在止于至善。”“明德”指大学的宗旨是弘扬高尚的德行，要通过教化使德行焕发光彩。“亲”即“新”，革新之意，“亲民”是要用崇高的德行去教化和更新民众，使民众的品德不断提高。“止于至善”是指德行教化的目的在于达到道德完善的境界。“八条目”是“格物、致知、诚意、正心、修身、齐家、治国、平天下”。《大学》说：“物格而后知至，知至而后意诚，意诚而后心正，心正而后身修，身修而后家齐，家齐而后国治，国治而后天下平。自天子以至于庶人，壹是皆以修身为本。”这八条目中，“修身”是根本。“格物、致知、诚意、正心”是“修身”的基础和方法，“齐家、治国、平天下”是“修身”的目的。《大学》详细论述了“修身”的方法和顺序：“物有本末，事有终始，知所先后，则近道矣。古之欲明明德于天下者，先治其国，欲治其国者，先齐其家；欲齐其家者，先修其身；欲修其身者，先正其心；欲正其心者，先诚其意；欲诚其意者，先致其知，致知在格物。”

《大学》提出了“三纲领”和“八条目”，强调修己是治人的前提，修己的目的是为了治国平天下，说明治国平天下和个人道德修养的一致性。自朱熹为之作注，宋以后历代儒家、理学家、教育家都接受其哲学、伦理、政治思想，造就了后来的儒家注重自身修养的提高和对社会政治的关心和参与，对后世影响深远。

(二)《中庸》和“中庸之道”

《中庸》是《礼记》的第三十一篇，一般认为它出于孔子的孙子子思之手。“中庸”作为儒家的最高道德标准，是儒家的处世哲学。朱熹认为《中庸》是“孔门传授心法”，阐明先圣之道，提挈纲维，开示蕴奥，没有一本书如它这样明白而详尽。朱熹作《中庸章句》，与《大学》、《论语》、《孟子》并称《四书》。朱熹把《中庸》分成三十三章，是关于中庸之道、治国之理及治学方法的论述。

《中庸》不仅是儒家的伦理学说，更是他们处理事物的基本原则和方法，“中庸”的思想贯穿了儒家思想的道德修养、政治教化等各个领域。“不偏之为中，不易之为庸。中者，天下之正道也，庸者，天下之定理。”[2]

---

①② 《中庸章句》。

儒家认为不偏不倚是衡量一切道德行为的最高准则，对人对事都应该本着这样的原则去做，掌握最佳的状态，才能最终实现公正和正义。《中庸》还指出“君子中庸，小人反中庸。君子之中庸也，君子而时中。小人之中庸也，小人而无忌惮也”①。因此，君子要实现中庸之道，必须努力做到“戒慎乎其所不睹，恐惧乎其所不闻”，“慎其独也”，才能达到中庸之道的最终目标“致中和”。“中也者，天下之本也；和也者，天下之达道也。致中和，天地位焉，万物育焉。”②儒家还认为实现中庸之道的最根本条件是诚，“诚者，天之道也；诚之者，人之道也。”“诚者，不勉而中，不思而得，从容中道圣人也。”“唯天下至诚，为能经纶天下之大经，立天下之大本，知天地之化育。”关于治国九经，《中庸》认为“凡为天下国家有九经。曰修身也，尊贤也，亲亲也，敬大臣也，体群臣也，子庶民也，来百工也，柔远人也，怀诸侯也”③。它认为修身、尊贤、亲亲、敬大臣、子庶民、来百工、柔远人、怀诸侯是治理国家的九种方法，只有遵循这九种方法，才能做到“修身则道立，尊贤则不惑，子庶民则百姓劝，来百工则财用足，柔远人则四方归之，怀诸侯则天下畏之”，也才能实现德礼之治、养民富民的治国治民的政策。中庸还提出了治学的方法，认为学习过程中要“博学之，审问之，慎思之，明辨之，笃行之”。“有弗学，学之弗能弗措也；有弗问，问之弗知弗措也；有弗思，思之弗得弗措也；有弗辨，辨之弗明弗措也；有弗行，行之弗笃弗措也。人一能之，己百之；人十能之，己千之。果能此道矣，虽愚必明，虽柔必强。”④《中庸》提倡的处事、修身以及治学等方法对于我们今天的个人道德修养、治学和研究都有非常积极的指导作用。

（三）孔子和“君子”之说

《论语》是一部记录孔子以及孔子的弟子和再传弟子言行的语录体散文集，由孔子的学生们所记录整理。它涉及哲学、政治、经济、教育、文艺等诸多方面，内容非常丰富，是儒家思想和中国文化最重要的典籍之一。《论语》作为研究孔子的重要资料，共二十篇，每篇取篇首二三字为名，每篇分若干段，每段为一章，共四百九十二章。其二十篇分别为《学而》、《为政》、《八佾》、《里仁》、《公冶长》、《雍也》、《述而》、《泰伯》、《子罕》、《乡党》、《先进》、《颜渊》、《子路》、《宪问》、《卫灵公》、《季氏》、《阳货》、《微子》、《子张》和《尧曰》。《论语》以问答的形式表达了孔门师徒对于各类社会现象

①②③④　《中庸章句》。

的看法和观点，融道德、教育与政治为一体，成为指导中国两千多年的道德行为规范，是中国世代文人修身、齐家、治国、平天下的行动纲领，被西方学者称为“东方的圣经”。朱熹在《四书章句集注》中引用程子的话：“读《论语》，有读了全然无事者；有读了后其中得一两句喜者；有读了后好知者；有读了后不知手之舞足之蹈之者。今人不会读书。如读《论语》，未读时是此等人，读了后又只是此等人，便是不曾读。”[①]因此，“学者当以《论语》、《孟子》为本。《论语》、《孟子》既治，则《六经》可不治而明矣。读书者当观圣人所以作经之意，与圣人所以用心，圣人之所以至于圣人而吾之所以未至者，所以得者。句句而求之，书诵而味之，中夜而思之，平其心，易其气，阙其疑，则圣人之意可见矣”[②]。《论语》的篇幅不长，但蕴涵的思想内容却相当广泛，涉及孔子的道德、伦理、政治、哲学、教育、文学、艺术等方面的言论。

孔子是我国先秦时期著名的思想家、教育家、政治家，他的核心思想是“仁”，也是人生道德修养的最高境界。“仁”字在《论语》中出现一百零九次之多，含义宽泛多变，孔子根据不同的提问给予不同的回答。例如：“樊迟问仁。子曰：‘爱人’。”[③]“颜渊问仁。子曰：‘克己复礼为仁。一日克己复礼，天下归仁焉。为仁由己，而由人乎哉？’”[④]“仲弓问仁。子曰：‘出门如见大宾，使民如承大祭。己所不欲，勿施于人。在邦无怨，在家无怨。’”[⑤]“司马牛问仁。子曰：‘仁者，其言也讱。’”[⑥]“子张问仁于孔子。孔子曰：‘能行五者于天下为仁矣。’”[④]等等。孔子有关“仁”的解说多种多样，为当今学者阐释、发展“仁”的意蕴提供了更多的研究角度研究领域，本文不一一论述。

《论语》中有关“君子”的论述达一百零七次之多。“君子”是孔子推崇的理想人格，君子要学会“修己”和“安人”，将“内圣”与“外王”有机结合，实现“内圣外王”之道。“内圣外王”一词，最早见于《庄子》：“是故内圣外王之道，暗而不明，郁而不发。”[⑤]“内圣”是对个人心性修养的要求，以达致仁、圣的境界为极限；“外王”是个人对社会政治伦理方面的要求，以实现仁政、王道为最高目标。孔子解释了“内圣外王”之说，提倡“为己之学”：“古之学者为己，今之学者为人。”[⑥]“为己之学”包括“修己”和“安人”

① 朱熹：《四书章句集注》，北京：中华书局，2003，第43页。

② 朱熹：《四书章句集注》，北京：中华书局，2003，第44页

③④⑤⑥ 《论语·颜渊》。

④ 《论语·阳货》。

⑤ 《庄子·天下篇》。

⑥ 《论语·宪问》。

两方面："修己"即加强自身的道德修养，属于"内圣"；"安人"即治国安民，属于"外王"。《大学》以"内圣"为"外王"之本，把君子内心的道德修养与外在的治国平天下融为一体，对儒家"内圣外王"思想作了一个总结性的说明："大学之道，在明明德，在亲民，在止于至善。知止而后有定，定而后能静，静而后能安，安而后能虑，虑而后能得。物有本末，事有始终，知所先后，则近道矣。古之欲明明德于天下者，先治其国，欲治其国者，先齐其家；欲齐其家者，先修其身；欲修其身者，先正其心；欲正其心者，先诚其意；欲诚其意者，先致其知；致知在格物。"①

君子首先要"修己"，做一个有道德的人，要在思想、品性、精神风貌各方面提高自己。孔子认为君子要安贫乐道。"饭疏食，饮水，曲肱而枕之，乐亦在其中矣。不义而富且贵，于我如浮云。"②"君子食无求饱，居无求安。敏于事而慎于言，就有道而正焉。"③"衣敝缊袍，与衣狐貉者立，而不耻者，其由也与？"④"君子谋道不谋食。……君子忧道不忧贫。"⑤孔子对他的弟子颜回赞不绝口："贤哉回也！一箪食，一瓢饮，在陋巷，人不堪其忧，回也不改其乐。贤哉回也！"⑥君子要重义轻利。"君子义以为尚。君子有勇而无义为乱，小人有勇而无义为盗。"⑦"君子喻于义，小人喻于利。"⑧"君子上达，小人下达。"⑨君子要德行并重。"君子不忧不惧。"⑩"君子不器。"⑪"君子坦荡荡，小人常戚戚。"⑫"君子周而不比，小人比而不周。"⑬"君子耻其言而过其行。"⑭"质胜文则野，文胜质则史。文质彬彬，然后君子。"⑮故君子"见利思义，见危授命，久要不忘生平之言，亦可以为成人矣。"⑯

① 《大学章句》。
② 《论语·述而》。
③ 《论语·学而》。
④ 《论语·子罕》。
⑤ 《论语·卫灵公》。
⑥ 《论语·雍也》。
⑦ 《论语·阳货》。
⑧ 《论语·里仁》。
⑨ 《论语·宪问》。
⑩ 《论语·颜渊》。
⑪ 《论语·为政》。
⑫ 《论语·述而》。
⑬ 《论语·为政》。
⑭ 《论语·宪问》。
⑮ 《论语·雍也》。
⑯ 《论语·宪问》。

君子“修己”，孔子认为最根本的方式是接受教育。孔子是中国历史上著名的教育家，他的教育思想、教学理论至今为人们重视。孔子强调“学”。他认为人有“生而知之”，而他自己乃“学而知之”。他认为学生要端正自己的学习态度。“古之学者为己，今之学者为人。”“知之为知之，不知为不知，是知也。”[①]“吾尝终日不食，终夜不寝，以思，无益，不如学也。”[②]要虚心请教。“三人行，必有我师焉。择其善者而从之，其不善者而改之。”[③]“敏而好学，不耻下问。”[④]“朝闻道，夕可死也。”[⑤]要掌握科学的学习方法，要“温故而知新。”[⑥]“学而时习之，不亦说乎？”[⑦]孔子门下弟子来自社会各个阶层，受教育程度不一，有贵族、平民，有汉人、蛮夷子弟，有资质一般者、有聪明过人者。孔子对待学生一视同仁，尊重学生的差别，主张教学相长、因材施教，创立宽松的教学环境，与学生保持平等的教学关系，“望之俨然”、“听其言也厉”、“即之也温”，“有教无类”。孔子的教育理论和方法对中国的教育和文化的发展影响深远。孔子还将个人的教育和社会改造，并最终实现伟大的政治理想紧密联系，认为教育可以培养人才，传播文化，影响国家政治生活，“学以致其道”。《中庸》也发挥了修己之说，主张“慎独”、“致中和”等。其开篇就说：“道也者，不可须臾离也，可离非道也。是故君子戒慎乎其所不睹，恐惧其所不闻。莫见乎隐，莫显乎微，故君子慎其独也。”[⑧]

君子要“安人”，实现“外王”之道。在儒家思想中，人与人之间最基本的关系是伦理关系，其他关系，如政治关系、经济关系都被他们在某种程度上伦理化。儒家主张和谐的人际关系，“弟子入则孝，出则悌，谨而信，泛爱众而亲仁”。[⑨] 因此，君子在家要行孝，出门要讲悌。在人我关系上，孔子强调“己所不欲，勿施于人”[⑩]，自己不喜欢的事，不要强加给别人，而且“己欲立而立人，己欲达而达人”，[⑪]设身处地地为别人着想，自己想要树立的，要帮助别人树立，自己想要达到的，要帮助别人达到。“书云：孝

① 《论语·为政》。
② 《论语·卫灵公》
③ 《论语·述而》。
④ 《论语·公冶长》。
⑤ 《论语·里仁》。
⑥ 《论语·为政》。
⑦ 《论语·学而》。
⑧ 《中庸章句》。
⑨ 《论语·学而》。
⑩ 《论语·颜渊》。
⑪ 《论语·雍也》。

乎！惟孝友于兄弟，施于有政。是亦为政。奚其为为政！"[1]孔子主张"为国以礼"，这是孔子政治思想的出发点。"礼"的基本精神是贵贱有序、尊卑有别，严格强调不同身份、不同等级的人之间的差别，要求人们遵循隶属自己的等级关系。"八佾舞于庭，是可忍也，孰不可忍也！"[2]"君使臣以礼，臣事君以忠。"[3]在"为国以礼"的基础上，孔子提出"为政以德"的观点。"为政以德，譬如北辰，居其所而众星共之。"[4]"宽则得众，信则民任焉，敏则有功，公则说。"[5]因此统治者要"道之以政，齐之以刑，民免而无耻。道之以德，齐之以礼，有耻且格"[6]。政府实行德治，使百姓有知耻之心，自觉不做坏事。孔子还认为统治者要起表率作用。对于一个国家统治者而言，他的言行受万众瞩目，上行下效，因此统治者一定要端正自身，加强自身修养，处处为百姓树立典范，实现内圣外王之道。"政者，正也。子帅以正，孰敢不正？"[7]"其身正，不令而行，其身不正，虽令不从。"[8]孔子的政治思想还包括消极的"抵抗主义"。他提倡不仕无义，以道事君，不为不仁不义的统治者服务，不与无义者共事同谋。"以道事君，不可则止。……弑父与君，亦不从也。"[9]孔子还认为君子要远离暴政暴君，择邦而居。"邦有道，则事，邦无道，则可卷而怀之。"[10]孔子的政治观是一种伦理政治，突出了道德和政治的紧密结合，力主建立一个以伦理道德为基础的和谐社会。

（四）"性善论"和"为政以德"

《孟子》是记录孟子及其学生言行为主的语录体散文，是研究孟子和孔孟思想学派的重要史料。《论语》的文字简单、含蓄，意义深远，《孟子》却包括了很多长篇大论，气势磅礴，言辞尖锐、机智而雄辩。如果说《论语》给人的感觉是孔子对世人的谆谆教诲，那么《孟子》留给后人的则是娓娓道来，动之以情，晓之以理。《孟子》共七篇，每篇分上下卷，共十四卷。《孟子》的篇名与《论语》相似，每篇取篇首二三字为名，分别为《梁惠王》

---

① 《论语·为政》。
② 《论语·八佾》。
③ 《论语·八佾》。
④ 《论语·为政》。
⑤ 《论语·尧曰》。
⑥ 《论语·为政》。
⑦ 《论语·颜渊》。
⑧ 《论语·子路》。
⑨ 《论语·先进》。
⑩ 《论语·卫灵公》。

（上、下卷），《公孙丑》（上、下卷），《滕文公》（上、下卷），《离娄》（上、下卷），《万章》（上、下卷），《告子》（上、下卷），《尽心》（上、下卷）。孟子继承和发展了孔子的儒家思想，把伦理和政治紧密联系，建立了一套完整的思想体系。《大学》提出的“修身、齐家、治国、平天下”的理论就是根据孟子的思想发展而来。孟子对后世产生了极大的影响，被后人尊奉为仅次于孔子后的“亚圣”。

孟子继承并捍卫儒家思想，在孔子思想的基础上提出了“性善论”。孟子的“性善论”首先承认人天生具备向善的要求和为善的能力，是先验的，与生俱来的善性，“人性之善也，犹水之就下也。人无有不善，水无有不下”①。人的性善主要表现为“恻隐之心，人皆有之；羞恶之心，人皆有之；恭敬之心，人皆有之；是非之心，人皆有之”②。恻隐之心、羞恶之心、恭敬之心、是非之心，四者分别是仁、义、礼、智之端，叫做“四端”。人如果扩充“四端”，就能在原有的善性的基础上进一步发展完善自己的道德，这就是孟子“性善论”的核心思想。虽然人的善性乃天生，但要实现后天的“性善”，必须注重个人的道德修养。随着时间的推移，时间久了，个人就能由内而外形成一股“浩然之气”，一种巨大的精神力量。“我善养吾浩然之气。……其为气也，至大至刚，以直养而无害，则塞于天地之间。其为气也，配义与道，无是，馁也。是集义所生者，非义袭而取之也。行有不兼于心，则馁矣。”③“尽其心者，知其性也。知其性，则知天矣。存其心，养其性，所以事天也。夭寿不贰，修身以伊之，所以应命也。”④个人还要努力做到“寡欲”，“养心莫善于寡欲。其为人也寡欲，虽有不存焉者寡矣。其为人也多欲，虽有存焉者寡矣。”⑤一个能摒弃外物的引诱，重视道德修养的人，其内心的善端就能得以完好地保存和持续发展。孟子相信人通过加强道德修养，止于理义，最终达到“万物皆备于我矣。反身而诚，乐莫大焉”⑥。孟子以“性善论”为出发点，步步为营，最后才推导出何谓理想的人格，并坚信“人皆可以为尧舜”⑦，“居天下之广居，立天下之正位，行天下之大道。得志，与民行之，不得志，独行其道。富贵

① 《孟子·告子上》。
② 《孟子·告子上》。
③ 《孟子·公孙丑上》。
④ 《孟子·尽心上》。
⑤ 《孟子·尽心下》。
⑥ 《孟子·尽心上》。
⑦ 《孟子·告子下》。

不能淫，贫贱不能移，威武不能屈，此之谓大丈夫”[1]。孟子从主体的善性、良心的存养等方面重新诠释了孔子的修己之道，孟子的“性善论”为孔子遗留下来的关于君子“修己”的主动性和可能性提供了比较人性化的理论根据。和《大学》、《中庸》、《论语》一样，《孟子》主张伦理道德，像西方近代哲学家黑格尔所断言的那样，“肯定了个人在社会中的人格尊严和做人的权利。所不同的是，儒家这种对人格尊严的肯定往往停留在道德理想层面上，没有像西方近代一样，与社会契约、法律设置结合在一起”[2]。

孟子继承并发扬了孔子“为政以德”的政治思想。孟子看到战国中期各国用武力来攻伐，试图“以力服人”。经过长时间的反思，他主张君主实施“以德服人”的“王道”政治，以仁爱之心对待人民，才可能得民心得天下。孟子在“性善论”基础上提出的“仁政”学说成为他的政治思想核心理念，亦是《孟子》的一个中心论题。孟子仁政思想来源于他认为人的不忍人之心：“人皆有不忍人之心。先王有不忍人之心，斯有不忍人之政矣。以不忍人之心，行不忍人之政，治天下可运之掌上。”[3]所谓不忍人之心，就是善心；所谓不忍人之政，就是仁政。仁政发自善心，有善心才能行仁政。以不忍人之心施仁政于民，“省刑罚，薄税敛，深耕易耨。壮者以暇日，修其孝悌忠信，入以事其父兄，出以事其长上。可使制梃以挞秦楚之坚甲利兵矣”[4]。孟子的仁政理论中，“制民恒产”占据重要位置，“无恒产而有恒心者，惟士为能。若民，则无恒产，因无恒心，苟无恒心，放辟邪侈，无不为已”[5]。孟子仁政的思想还贯穿了一些民本思想，例如：“民为贵，社稷次之，君为轻。”[6]“五亩之宅，树之以桑，五十者可以衣帛矣。鸡豚狗彘之畜，无失其时，七十者可以食肉矣。百亩之田，勿夺其时，数口之家，可以无饥矣。谨庠序之教，申之以孝悌之义，颁白者不负戴于道路矣。七十者衣帛食肉，黎民不饥不寒，然而不王者，未之有也。”[7]“保民而王，莫之能御也。”[8]孟子在他的时代就早已看到了阶级差别和社会分工的不公正和不合理性。然而，统治者却以社会分工差别为理由来证实剥削制度

---

① 《孟子·滕文公下》。

② 陈启智、张树骅编：《儒家传统与人权·民主思想》，济南：齐鲁书社，2004，第127页。

③ 《孟子·公孙丑上》。

④ 《孟子·梁惠王上》。

⑤ 《孟子·梁惠王上》。

⑥ 《孟子·尽心下》。

⑦ 《孟子·梁惠王上》。

⑧ 《孟子·梁惠王上》。

的合理性,"劳心者治人,劳力者治于人。治于人者食人,治人者食于人。天下之通义也"[1]。孟子的政治主张在他的时代虽然有一定的进步性,但毕竟比较保守。从孔子的"为政以德"到孟子的"仁政"思想,他们均服务于当时的统治阶级,但同时告诫统治者要尽可能地"敛从其薄",要减轻对劳动人民的剥削,对待人民要尽量做到养民、利民、爱民、安民、富民。孔子和孟子的仁政思想对当时的统治阶级起着一定的制约和平衡作用。

以孔孟为代表的儒家思想不仅关注君子要为政以德,同时主张君子要修己安人,才能最终实现"内圣外王"之道。"内圣外王"一词,最早见于道家的著作《庄子·天下篇》:"是故内圣外王之道,闇而不明,郁而不发"。"内圣"是指个人通过提高自身的心性修养而达到的一种高尚境界或者说是理想的境界;"外王"是指个人把这种高尚的心性修养推广到自身以外的社会领域,用这种高尚的心性修养来治国安民。儒家的"内圣外王"体现了个人与社会、自我价值与社会价值的高度统一。不仅如此,儒家思想还强调人与天的调和、和谐,达到"天人合一"的境界。北宋的张载最早使用"天人合一"一词,他在《正儒家蒙·东铭》中说:"儒者则因明至诚,因诚致明,故天人合一,致学而可以成圣。"这句话的意思是,人性的善良是出于天的实理,故交相致,而明诚合一。"天"一般有四种含义:"一是自然之天,一是义理之天,一是主宰之天,一是命运之天。"[2]儒家思想讲的"天人合一",主要表现为两个重要的方面,即天人相通和天人相类。天人相通,就是认为天与人不是对峙之物,而是息息相通的整体;天人相类,认为天是人伦道德之本原,人伦道德高于天。

(五)小结

作为超验主义的代表人物,爱默生和梭罗一方面继承了超验主义的思想精髓,一方面尝试着从异质文化当中寻求他们感兴趣的思想。他们选择了儒家思想,阅读《四书》的英译本。《四书》的内涵和外延在二人的视野中逐渐获得了新的解读。本书围绕超验主义思想中有关《四书》的一些论述展开研究。

---

① 《孟子·滕文公上》。

② 杨伯峻:《孟子译注》,北京:中华书局,2003,第10页。

第三节 超验主义与《四书》的不期而遇

(一) 爱默生和梭罗对《四书》的早期认识

超验主义研究专家莫特曾说:“作为读者和接受者,大多数超验主义者在阅读作品时采取了折中的态度——将所有资料和影响堆砌在爱默生思想中,不说明任何问题。事实上,美国的超验主义糅合了多元文化和多种时代的精神。就个人而言,维吉尔和莎士比亚几乎不含任何超验的因素,超验主义者总能从他们阅读作品中选择自己所需截取部分内容,无论是西方经典还是具有异域风情的读本。这些影响或来自本土,或来自他国,或来自当代,或来自古代,超验主义者能将这些因素糅合在一起赋予它们新的意蕴。”①爱默生和梭罗在不断完善自身思想的过程中,异质文化的哲学和文学思想逐渐为其所接触、认识。超验主义对《四书》的认识是偶然又是必然。二者在19世纪上半期发生碰撞并出现了一定程度的融合,是超验主义自身发展的需要也是儒家思想在西方文化传播过程中的必然结果。

“东方主义”最初是指在欧洲文化圈的学术研究领域中欧洲人研究东方文化的兴趣、态度和理解方式,研究对象包括所有和东方有关的人物和事件。19世纪初,传教士将东方文化带到美国,这其中包括中国的儒家思想。爱默生的父亲威廉·爱默生热爱东方游记文学,从1803年至1811年逝世,他在当时《诗选月刊》和《波士顿评论》陆续发表了有关印度文学的评论和散文。家庭教育在一定程度上影响了年幼的爱默生。他一方面努力学习西方文化的优秀传统,一方面对东方文化产生了浓厚的兴趣。他的思想触及了异域文明,包括埃及、希腊、印度、中国等国家文学、文化思想,早已超越了其父亲。

爱默生从当时的美国文化背景和他所处的时代出发,对东方文化有选择地进行了阅读。1820年爱默生就读哈佛神学院,阅读了很多西方经典论著,也参阅了包括印度、中国、波斯文化在内的东方文化书籍。他在笔记中写道:“我一旦在任何地方读到一个智慧的句子,立刻感到有一种

① T. Mott, Wesley (ed.). 1996. *Encyclopedia of Transcendentalism*. West Port: Green Press, p. x.

要将其借用占有的欲望。”[①]1830年以后，爱默生逐渐为中国文学所吸引，尤其是儒家思想。虽然他对中国文化的了解只能借助法文或者法文译成英文的书籍来阅读，但这都不能减弱爱默生学习儒家思想的浓厚兴趣。爱默生最初阅读了约书亚·马什曼编译的厚达725页的《孔子著作》(实则应该是《论语》)。长期以来，爱默生一直在寻求一些最基本的著作，能提供原始的见证、能回答蒙田提出“我知道什么?”这个问题。爱默生希望有一本书能让他明白自己的观点，不需要他人支持，不用辩解也不需抛弃东西，《论语》就是这样一本书。他在日记中写道：“孔子，民族的光荣，绝对东方的圣人，他是个中间人。他是哲学中的华盛顿、仲裁人，现代史中的中庸之道。”[②]在欣赏马什曼翻译孔子的格言警句时，爱默生还专门摘抄了好几页，诸如“交友必像自己”(“勿友不如己者”)、“勿怨人不知吾，怨吾不知人”(“不患人不己知，患不知人也”)等。爱默生后来又阅读了由大卫·科利1828年翻译、在马六甲出版的《中国古典著作〈四书〉》，包括《大学》、《中庸》、《论语》、《孟子》(上)和《孟子》(下)。他被简洁、短小而机智的儒家式的道德教育所吸引，并很郑重地将儒家思想推荐给超验主义运动的其他代表人物。他告诉富勒：“《孟子》是用它静谧的阳光对卡莱尔的暴风雷电的一个危险的反衬。”[③]爱默生面对这些儒家思想迷恋不已，也很认同这些经典思想的文化价值，同时又很清楚儒家思想不能和他从小就接触的西方文化相提并论。这主要是因为爱默生认为儒家思想并不能直接启发人类的灵感，实践性不强，对于人的实际影响也很有限。爱默生为何会有这些奇怪的思想，恐怕与他常年接受的西方文化的思维方式密切相关，但这并没有影响他对《四书》的兴趣，《四书》的一些思想在爱默生的思想里得到了新的解读。

受爱默生的影响，梭罗对东方文学和思想也逐渐萌生了兴趣。克罗奇曾说：“梭罗的思想是在哈佛大学念书时开始明确定性的。”[④]梭罗就读于哈佛大学期间，广泛涉猎东西方文化典籍，阅读了大量有关西方宗教、哲学、文学和历史的书籍，也阅读了部分有关东方文化的书本。根据梭罗

① 小罗伯特·D.理查森：《爱默生：充满激情的思想家》，石坚、李竹渝译，成都：四川人民出版社，2001，第260页。

② 转引自钱满素：《爱默生和中国——对个人主义的反思》，北京：生活·读书·新知三联书店，1996，第137页。

③ 小罗伯特·D.理查森：《爱默生：充满激情的思想家》，石坚、李竹渝译，成都：四川人民出版社，2001，第552页。

④ 参见王守仁：“论中国古代文化思想对梭罗的影响”，刘海平编：《中美文化的互动和关联》，上海：上海教育出版社，1997，第108页。

研究专家亚瑟·克里斯蒂的研究分析，梭罗了解中国文化起源于他早年阅读的一本中国小说和几部中国游记开始，至于是哪些小说和游记，至今无法考证。1837年，梭罗结识了爱默生，并与后者保持了一辈子的亦师亦友的密切关系。爱默生逐渐引导梭罗关注儒家思想。克里斯蒂考证，梭罗第一次接触儒家思想的作品是在1841年。梭罗当时居住于爱默生家中，从爱默生的家中梭罗发现了两部爱默生阅读过的儒家思想的书籍，一部是马什曼所翻译的《孔子著作》，另一部则是科利翻译的《四书》。梭罗阅读了这些书籍，立即被这些东方文学所吸引。之后不久，梭罗在他的日记中第一次提到了他阅读儒家思想的感受："这些古书是多么动人心魄，荷马、孔子的情趣是多么高贵！"[①]这是梭罗首次承认自己喜欢阅读印度、中国和波斯等国的典籍。

梭罗和兄长约翰时常泛舟康科德地区的小河。古希腊、罗马、印度、中国文化等总在梭罗的脑海中盘旋。他不断地思索，并将点滴的感悟融入到作品中去。梭罗的作品涵盖中西宗教、文化、天文、地理、历史等知识，内容非常丰富，这都是他多年思想积累的表现。梭罗在《日晷》杂志上两次摘录《四书》的语录，并且学为所用，将儒家思想与作品创作有机结合，对东西方文化作了深入的思考和比较。在他的著作《在梅里马克河和康科德河上一周》和《瓦尔登湖》中，梭罗经常引用《大学》、《中庸》、《论语》和《孟子》里的话来表达自己的思想和感情。在阅读《四书》的英译本过程中，梭罗凭着敏锐的直觉认为科利的译本错误太多。为了更深刻、客观地认识儒家思想，梭罗不仅读了马什曼、科利翻译的英文《四书》，还直接阅读了M. G. 博迪耶1814年从中文翻译成法文的《四书》。为了尽可能地保留儒家思想的原意，梭罗在《瓦尔登湖》中引用《四书》语录的时候并没有选择马什曼和科利的英译本，他本人直接将法文的译本翻译成英文并作为自己的引用。林语堂曾说："梭罗的人生观，在所有美国作家里，可以说最富中国人的特色。"[②]梭罗的一生，验证了这句话。

（二）《日晷》英译《四书》研究的补正[③]

1843年3月，爱默生接替富勒担任《日晷》的编辑，和梭罗共同编辑《日晷》，开辟专栏介绍世界上主要文明经典。梭罗对孔子的伦理道德观

---

① Christy, Arthur. 1978. *The Orient in American Transcendentalism: A Study of Emerson, Thoreau, and Alcott*. New York: Octagon Book, p. 187.

② 陈长房：《梭罗与中国》，台北：三民书局股份有限公司，1995，第89页。

③ 本节原载于《中国比较文学》，2007年3月。

体会最深。《日晷》1843 年 4 月刊中他们摘录了马什曼翻译的《孔子著作》,1843 年 10 月又刊登了科利翻译的《四书》的部分内容,取名《中国古典精粹〈四书〉》。

《日晷》上摘录的《四书》语录,是爱默生、梭罗引用《四书》数量最多和最完整的一次。中国的钱满素先生和陈长房先生分别对照和整理了这些内容,深入研究了爱默生和梭罗思想中的儒家文化。钱先生的专著《爱默生和中国——对个人主义的反思》和陈先生的论文集《梭罗与中国》,是国内超验主义研究的重大收获,并为深入研究超验主义提供了宝贵的史料。但是,爱默生和梭罗不懂中文,也没来过中国,他们借助译本摘录的《四书》,斩首截尾、指涉不清。而两位英译者借助法译本再译成英文,中间的走样与差讹又多了一层。这些都给超验主义研究造成了困难。上述两位中国学者在整理《日晷》摘录《四书》的内容过程中也随之难免出现了一些问题。本文将《日晷》于 1843 年 4 月和 10 月刊登的《四书》作了重新考证和整理,发现有下述一些差误应予补正。

一、差讹补正。首先是编者的问题。在后期的《日晷》中,爱默生和梭罗共同编辑了《道德经典》系列,节选世界主要的宗教经典作简单介绍,这其中包括《四书》选段的摘录,即"把不同时代、不同种族的道德观点的最终表述聚拢起来"①。因此,《日晷》4 月刊和 10 月刊摘录的《四书》,既不是爱默生,也不是梭罗独立完成,应该是爱默生和梭罗共同完成。

其次是《论语》作者的问题。由于马什曼、爱默生和梭罗三人没能真正理解《论语》的含义,想当然地认为《论语》是孔子的著作,爱默生和梭罗也就直接借用了马什曼翻译时用的书名:《孔子著作》。再次是差讹较多的语录出处问题。4 月刊《日晷》摘录的《四书》语录计 19 则,全部出自《论语》。实际上,4 月刊摘录的语录应该是 21 则。其第 9 则"How can a man remain concealed! How can a man remain concealed! Have no friend unlike yourself."这段话的中文意思是"此人还能隐瞒什么呢? 此人还能隐瞒什么呢? 不要交和你不一样的朋友。"根据中文原著对照可知,它其实是两则语录:"人焉廋哉! 人焉廋哉!"(《论语·为政》)和"无友不如己者。"(《论语·学而》);其第 13 则"A man's transgression partakes of the nature of his company. Having knowledge, to apply it; not having knowledge, to confess your ignorance; this is real

① 小罗伯特·D.理查森:《爱默生:充满激情的思想家》,石坚、李竹渝译,成都:四川人民出版社,2001,第 533 页。

knowledge."这段话的中文意思是"人们的过错，总带有他所处的类别的特征。懂得知识，就去运用它，没有知识的时候要承认自己的无知，这才是真正的知识。"同样也包含了两则语录："人之过也，各于其党。"(《论语·里仁》)和"知之为知之，不知为不知，是知也。"(《论语·为政》)。

《日晷》10 月刊摘录的内容涉及《论语》、《孟子》、《中庸》，取名为《中国古典精粹〈四书〉》。爱默生、梭罗将这部分摘录分为六个小节，第一节附加了对《四书》的简单注释，其余五节每节附加了一个小标题，分别为"学者篇"、"道篇"、"改革篇"、"战争篇"和"政治篇"，共计 42 则。其中第 14 则为"自诚明，谓之性；自明诚，谓之教。诚则明矣，明则诚矣"。第 21 则是"为道不远人，人之为道而远人，不可以为道。诗云：伐柯伐柯，其则不远。执柯以伐柯，睨而视之，犹以为远。故君子以人治人，改而止"。第 40 则是"君子之道，造端乎夫妇，及其至也，察乎天地"。第 42 则是"子曰：鬼神之为德，其盛矣乎。视之而弗见，听之而弗闻，体物而不可遗。使天下之人，齐明盛服，以承祭祀。洋洋乎如在其上，如在其左右。诗曰：神之格思，不可度思，矧可射思。夫微之显，诚之不可揜如此夫"。上述这些语录均出自《中庸》。第 15 则"获罪于天，无所祷也"，出自《论语·八佾》。第 22 则"子路有闻，未之能行，唯恐有闻"，出自《论语·公冶长》。同样，第 27、28、32、33 则出自《论语·颜渊》，第 36、37 则出自《论语·述而》，第 38、39、41 则出自《论语·为政》。10 月刊的其他语录全部出自《孟子》。可见，《日晷》4 月刊和 10 月刊的两次引用都没有摘录《大学》的内容，《大学》的摘录后来在梭罗的作品中有所涉及。

二、考辨补正。科利在翻译《四书》时，基本按照原著的章节顺序翻译，并做了大量的注解，这为研究爱默生、梭罗提供了翔实的资料。科利将《四书》译为 *Ta Heo*(《大学》)、*Chung Yung* or *the Golden Medium*(《中庸》)、*Lun Yu*(《论语》)，包括 *Shang Lun*(《上论》和 *Hea Lun*(《下论》)、*Memoirs of Mencius*(《孟子》)，包括 *Shang Mung*《上孟》)和 *Hea Meng*(《下孟》)。[①] 他的这些标题的翻译与我们现在普遍认同的翻译"*The Great Leaning*, *The Doctrine of the Mean*, *The Analects of Confucius*, and *The Mencius*"相差不远，只是他将《论语》和《孟子》分为上、下两部。科利的分类不影响《论语》和《孟子》的本身内容，并无大碍。必须明白的一点是毕竟科利借助法译本翻译，爱默生、梭罗在摘录的时候也

---

① 英文部分见 Collie, David (trans. and ed.). 1828. *The Chinese Classical Works, Commonly Called the Four Books*. Malacca. p. iii.

没有为每则语录注明出处，今日再来考辨，发现有下述差错。

《日晷》4 月刊的第 2 则“A man's life is properly connected with virtue. The life of the evil man is preserved by mere good fortune.”这句话译为中文的意思是“一个人的生命和美德联系在一起，而坏人的生命则仅仅和利益联系在一起”。其出自《论语·里仁》：“君子喻于义，小人喻于利”。但钱先生在她著作的附录部分却译为“人之生也直，罔之生也幸而免”。而此句话出自《论语·雍也》)，显然有误。同样，10 月刊的第 26 则“When man says, I know well how to draw up an army, I am skilled in fighting, he is a great criminal.”这句话的意思是“当一个人说我知道如何排列军队，懂得战斗，这是很大的罪恶”。其出自《孟子·尽心下》：“有人曰：‘我善为陈，我善为战。’大罪也”钱译为“故善战者服上刑”。其出自《孟子·离娄下》。陈先生在《梭罗与中国》这部书中对爱默生、梭罗摘录的《四书》做了详细的考证，对照了中英文语录，但也存在类似的错误。又如 4 月刊的第 13 则“A man's transgression partakes of the nature of his company.”前文已经翻译，此处不再重复。陈译为“匿怨而友其人，左丘明耻之，丘亦耻之”。(《论语·公冶长》)10 月刊的第 22 则“When Tsze Loo heard anything that he had not yet fully practiced, he was afraid of hearing anything else.”这句话的意思是“子路听到一些事情还没有施行的时候，唯恐又听到其他的事情”。它出自《论语·公冶长》：“子路有闻，未之能行，唯恐有闻。”陈译为“子路，人告之以有过，则喜”。(《孟子·公孙丑上》)

三、译文补正。法国文学社会学家埃斯卡皮说，“翻译总是一种创造性叛逆”，“翻译是叛逆，那是因为它把作品置于一个完全没有预料到的参照体系(指语言)里，说翻译是创造性的，那是因为它赋予作品一个崭新的面貌，使之能与更广泛的读者进行一个崭新的文学交流，还因为它不仅延长了作品的生命，而且又赋予它第二次生命”①。马什曼、科利的翻译充满了他们的主观意愿。尤其是科利，他是个虔诚的基督教传教士，在以“福音”为唯一并排他的立场和观念上，他对《四书》的翻译甚至充满着傲慢无礼、蔑视的态度。特别是在《四书》的注释部分，科利甚至带着宗教上“老师巨子之常态惯技”②的偏见指责孔子：“他(孔子)似乎忘了自己也是血肉之躯；一种发自内心的盲目和狂妄的情绪，令他自以为是无所不能的

① 转引自陈惇、孙景尧、谢天振主编：《比较文学》，北京：高等教育出版社，1997 年，第 145—146 页。

② 钱钟书：《管锥篇》(第一册)，北京：中华书局，1982，第 2 页。

上帝。他自视智慧高人一等，其实彻底暴露他的无知——一种无自知之明，漠视上帝存在的无知。"[1]但科利认为他的翻译和他对中国文化的观点不仅对学习英语的中国人大有裨益，还能帮助中国人进一步认识自己的文化。"即使翻译存在着各种各样的不足，……它无疑是传播一切有价值的文学作品的重要手段"[2]。

马什曼、科利以自己的方式解读《四书》，既为《四书》带来了新的解读，又为考证爱默生、梭罗摘录《四书》制造了麻烦，个别语录甚至无从查找。《日晷》4月刊共收录《论语》语录21则，钱先生附录的《四书》对照没有忠实《日晷》本身的顺序，缺省3则，分别是第17则"The wise man never hastens, neither in his studies nor his words; he is sometimes, as it were, mute; but when it concerns him to act and practice virtue, he, as I may say, precipitates all."[君子欲纳于言而敏于行。(《论语·里仁》)]第18则"The truly wise man speaks little; he is little eloquent. I see not that eloquence can be of very great use to him. [古者言之不出，耻恭之不逮也。"(《论语·里仁》)]第19则"Silence is absolutely necessary to the wise man. Great speeches, elaborate discourses, pieces of eloquence, ought to be a language unknown to him; his actions ought to be his language. As for me, I would never speak more. Heaven speaks, but what language does it use to preach to men, that there is a sovereign principle from which all things depend; a sovereign principle which makes them to act and move? Its motion is its language; it reduces the seasons to their time; it agitates nature; it makes it produce. This silence is eloquent."[子曰："予欲无言。"子贡曰："子如不言，则小子何述焉？"子曰："天何言哉？四时行焉，百物生焉。天何言哉？"(《论语·阳货》)]《日晷》10月刊共摘录《四书》语录42则，钱先生编录了其中37则的中文对照，缺省5则，分别是第2则"The human figure and color possess a divine nature, but it is only the sage who can fulfill what his figure promises."[形色，天性也。惟圣人然后可以践形。(《孟子·尽心上》)]第7则"There is a proper rule by which we should seek, and whether we obtain what we seek or not, depends on the divine decree."[求之有道，得之有命，是求无益于得也，求在外者也。(《孟子·尽心上》)]第8则"Put men

---

① Collie, David (trans. and ed.). 1828. *The Chinese Classical Works, Commonly Called the Four Books*. Malacca, p. 29.

② 迪马：《比较文学引论》，谢天振译，上海：上海译文出版社，1991，第141—142页。

to death by the principles which have for their object the preservation of life, and they will not grumble."[以生道杀民，虽死不怨杀者。(《孟子·尽心上》)]第 24 则"The failing of men is that they neglect their own field, and dress that of others. They require much of others, but little of themselves."[人病舍其田而芸人之田，所求于人者重，而所以自任者轻。(《孟子·尽心下》)]第 40 则"The principles of great men illuminate the whole universe above and below. The principles of the superior man commence with the duties of common men and women, but in their highest extent they illuminate the universe."[君子之道，造端乎夫妇，及其至也，察乎天地。(《中庸》)]关于 4 月刊第 16 则"A soldier of the kingdom of Ci lost his buckler; and having sought after it a long time in vain; he comforted himself with this reflection; "A soldier has lost his buckler, but a soldier of our camp will find it; he will use it."按照爱默生、梭罗当时的选编，这段话选自马什曼的译本，但钱先生和陈先生都没有找到其相应的中文。此段英文与中国古代的典故"楚王失弓"的故事非常相近。该段英文将"楚"译为"Ci"，"弓"改写成了"buckler"。该故事在《说苑·至公》、《孔子家语·好过》、《孔丛子·公孙龙篇》、《公孙龙子·迹府篇》和《吕氏春秋·贵公》。马什曼早年翻译原文的时候很可能一知半解，误译了这句话，爱默生和梭罗将错就错，认为此文出自《中庸》。[①]

此外，在对照《四书》原著和英文译本的过程中，由于参照的版本不一，前辈学者在整理《日晷》引用的《四书》语录时也还存在一些字词和句读的出入。如"其言也讱"而非"韧"，"粪土之墙不可杇也"，而非"污"等。凡此均说明，这一研究仍有不少问题，有待学人继续深入探究。

(三) 小结

爱默生、梭罗摘录、引用《四书》不仅仅限于《日晷》，在日记和作品中，他们也大量摘录了《四书》语录或用以自勉、或用来论证自己的思想和观点。爱默生和梭罗认识《四书》是一个偶然，但他们有意识地阅读、研究儒家思想，进而将儒家思想"革新"，融入到自己的作品和思想中。有学者认为超验主义必定吸收、接受中国儒家思想，否则他们的思想就是不完善的，这种说法未免有些差强人意。赫尔姆斯说，爱默生阅读《四书》，就像阅读其他的作品一样，他潜移默化地将儒家思想融入了自己的思想，二者

① 感谢云南玉溪师范学院的赵江云先生为本段英文的中文出处所提供的帮助，特此致谢。

浑然一体。也有评论家说,无论超验主义如何接受《四书》,都只能用“貌合神离”来形容。比如,梭罗的美国式的“自然”和中国儒家的“自然”是截然不同的。梭罗引用了《四书》的一些语句和修辞,但是没能真正领悟儒家的思想。[①] 这些评论虽然有失公允,也有一定的合理性,都从不同角度说明了两种异质思想艰难的融合过程。

① See Christy, Arthur. 1978. *The Orient in American Transcendentalism: A Study of Emerson, Thoreau, and Alcott*. New York: Octagon Book, p. 5.

第二章　对儒家思想个体价值观的接受

一直以来，西方和东方对个人和个人价值观的认同持截然不同的态度。美国社会研究专家 M. 卡尔顿说过，西方个人主义的出现是一个复杂的历史过程，其中有一点可以肯定的是，它具有明显的自我标榜的论点，即个人是构成人类社会的基因，并由此产生社会集团的基本单位。中国的儒家思想直接否认了个人是社会复合现象的基本单位，个体间的依存关系才是社会组合的基本因素。因此，个人的生存和教养必须依靠家庭、朋友和他人的关心和帮助，所有的这些又都依靠社会和秩序。个体之间是有机地相互依赖，作为基本单位的个人融入整个人类社会。① 以爱默生和梭罗为代表的超验主义运动者在反对传统基督教教义教规的基础上，喊出了“人是自己的上帝”的口号。他们一方面将人从偏激冷酷的加尔文主义和唯一神教下解救了出来，一方面论证了个人主义的重要性和现实意义。爱默生和梭罗推崇个人主义、倡导个体独立和自由、崇尚个人直觉的观念逐渐深入人心，为美国民众最终摆脱旧的加尔文主义和唯一神教的教义教规作出了贡献，为个人主义在美国的发展起了极大的推动作用，也为美国文学文化最终脱离欧洲大陆文化母体，逐渐形成具有美国特色的独立的思想和文化做好了准备。在发展个人主义思想的过程中，爱默生和梭罗借鉴吸收了儒家思想的个体道德伦理观、价值观等思想。尤其是儒家思想关于“君子”的论述在二人的思想中获得了很好的解读和运用。这些都在一定程度上发展和完善了爱默生和梭罗倡导的个人主义思想，从而使得超验主义运动更具有人文价值和现实意义。

第一节　人是万物之本

（一）个人主义的新诠释

西方的个人主义源头可追溯至西方古典哲学中的犬儒哲学、伊壁鸠

① 参阅李瑞智、黎华伦：《儒学的复兴》，北京：商务印书馆，1999，第 11—12 页。

鲁学派和斯多噶主义。在古代奴隶制时期，个人与城邦国家的关系密切，很多思想家都认为整体大于部分，国家利益高于个人，个人的利益与意志必须服从国家的利益与意志。德莫克里特、柏拉图、亚里士多德都有过这方面的论述。随着城邦民主的发展，个人主义倾向已经出现。普罗泰戈拉在《泰阿泰德篇》中说："人是万物的尺度：是存在物存在的尺度，是不存在物不存在的尺度。"[①]当时的苏格拉底反对这一观点，他认为，只有神，而不是人，才是万物的尺度。个人主义的直接来源是近代的两次运动：文艺复兴和宗教改革。人权向神权的挑战是文艺复兴人本主义的教条，再次确认了普罗泰戈拉的"人是万物的尺度"这一原则。而宗教改革的主要贡献在于它肯定了个人的良心和判断，为个人从教会下解放出来奠定了基础，为个人主义的发展扫清了道路。17 世纪后洛克提出了天赋人权说，卢梭主张个性保护主义，这些思想家从不同角度阐释了西方个人主义发展的必要性和必然性。"个人主义"一词首先被法国社会学家、历史学家托克维尔使用。1835 年，他在论著《论美国的民主制》中说道："个人主义是一种平静的、深思熟虑的情感，这种情感使每个公民与他的同僚们隔绝开来而躲进朋友和家人的圈子里；由于这个小圈子正合他的口味，他欣然地置大社会于不顾。"[②]托克维尔看到了民主和个人主义对立统一的关系，特意将个人主义局限于个人生活的家庭和小圈子。直到十九世纪中叶，美国的个人主义才逐渐发展，超验主义运动又将个人主义向前推进了一步。

19 世纪新英格兰地区的个人主义的传统主要来自早年的清教主义，爱默生起了推波助澜的作用。爱默生早年信奉唯一神教，为波士顿第二教堂的牧师。在不断地了解基督教义和教规的情况下，他发现了加尔文主义的欺骗、不合理性以及唯一神教的理性和冷酷，继而提出了人可以直接面对上帝，人在一定程度上就是上帝等口号。爱默生渴望打破传统，宣扬超验主义。他积极地地付诸行动，宣称"我没有解决所有的事情，……我只是一个实验者，一个不知终点的探路者，我的背上没有过去"[③]。1832 年 9 月爱默生在离开教会的时候写了一首诗，开头几句为：

我将不再脱离我自身而生活

① 转引自大卫·戈伊科奇，约翰·卢克，蒂姆·马迪根：《人道主义问题》，杜丽燕等译，北京：东方出版社，1997，第 21 页。

② 托克维尔：《论美国的民主制》，北京：商务印书馆，1988，第 22 页。

③ R. Konvitz, Milton & Stephen E. Whicher (eds.). 1962. *Emerson: A Collection of Critical Essays*. Englewood Cliffs: Prentice-Hall, Inc., p. 121.

我将不再用别人的眼光来看待事物
我的善良将显示善良，
而我的邪恶就是邪恶
我将是自由之身。
……①

这首诗歌中，爱默生表达了自我对自由的渴望和追求。他倡导个人主义，要求重新建立以人为中心的价值体系，确立人的核心地位，同时否定了上帝的绝对权威的观念，进而将人提高到能与上帝对话的平等位置。他否定了人是愤怒的上帝手中的罪人之“原罪”说，认同人性的善良，在某种程度上为他接受儒家思想的“性善论”做好了思想准备。加之他一直阅读《四书》，对儒家思想有着一种本能的亲切感，这些都为爱默生接受儒家思想奠定了基础。

在爱默生的文集中，我们可以看到他的个人主义思想的发展。爱默生赞同法国人文主义者蒙田的观点“我便是书中的内容……我唯一的目的就是表现自己……我并不是描写(我的主观的)存在，我只描写我的经历。……犹如好人以自己成为他人仿效的榜样而服务于公众一样，我以指明人们所应当规避的事物而做着同样的事情……我以被他人评头论足为乐，并泰然自若地面对赞赏与非难……我专注于谈论自己……对自己的研究超过了任何别的主题”②。爱默生的名言“我所求的是个人，而非整个民族”有力地表达了他的个人主义观点。他认为个人是社会中最为重要的因素，只有个人的精神得以独立和发展，作为整体的社会才有可能实现统一和完整性。

爱默生的个人主义正是这样一种思想：以独立的个人为中心，一切问题都在个人自身的范围内解决。个人的自我修养，自我教育和发展等是个人主义的中心思想，社会作为一个大的环境，要关心个人的成长、发展和完善。爱默生在《论自然》中进一步论证了他的这种思想：“以前的一代代人直面着神和自然，但我们则是借他们的眼睛来看这些的。为什么我们不应该也与宇宙保持最原始的关系呢？为什么我们不应当有靠自己的洞察得来的而非传统的诗和哲学，以及向我们显示的宗教——而非他们的宗教的历史呢？……为什么还在过去干枯的骸骨中摸索，和从旧

① 小罗伯特·D.理查森：《爱默生：充满激情的思想家》，石坚、李竹渝译，成都：四川人民出版社，2001，第178页。

② 蒙田：《随笔》，潘丽珍等译，南京：译林出版社，2002，第24页。

衣橱里拿出古装披在活生生的一代人身上？……新的土地呀，新的人呀，新的思想呀，都出现了。让我们要求拥有我们自己的工作、自己的法律和崇拜吧。”[①]爱默生著名的演讲词《美国学者》影响经久不衰。在这篇演讲词中，爱默生直接陈述了他的个人主义宣言：“世上唯一有价值的东西是活跃的心灵。这是每个人都有权享有的。”[②]“世界微不足道，而人才是一切。”[③]演讲词结尾处，爱默生充满激情地号召人们：“我们要用自己的脚走路，我们要用自己的手来工作，我们要发表自己的观点。……人的恐惧，人的爱，将构成防护墙和一个围绕一切的快乐的花环。一个由人组成的国家将第一次出现在世界之上，因为每个人都相信受到圣灵的启示，而圣灵也将激励所有的人。”[④]《美国学者》不仅仅解放了长久以来依附于欧洲母体文学的美国文学界和知识界，更解放了作为个体的独立的自由的人。

爱默生为美国个人主义的发展奠定了思想和理论的基础，在此基础上，梭罗推波助澜，将个人主义的发展推向了新的高峰。一直以来，梭罗崇尚个人灵魂，追求个人的独立和自由。他鼓励人们摆脱宗教和政治的束缚，寻求真正的彻底的精神解放，与现实生活和周围环境重新建立新的关系。在这一主张下，梭罗严厉地批判很多人毫无目的地生存着，缺乏对自我和生活的正确认知：“非到我们失去了这个世界之后，我们才开始发现我们自己，认识我们的处境，并且认识了我们的联系之无穷的界限。”[⑤]他要求个人放弃俗世的理念，因为它给每个人套上镣铐，戴上面具，强加给个人一个“自我”，而这个自我并非真正的自我。只有放弃俗世世界的自我，才能找回原初的真正的独立的自我。梭罗用他的一生谱写了一个真实的追求个人独立和自由的自我。

梭罗有着极其强烈的个人主义思想。他在年轻时代就反对现行的很多政治体制，拒绝交人头税，甚至不顾后果地发表声明：“以众所周知之声明，我，亨利·梭罗，不欲被视为任何我不曾加入之社团成员！”[⑥]作为

---

① 拉尔夫·沃尔多·爱默生：“论自然”，《美国的文明》，孙宜学译，桂林：广西师范大学出版社，2002，第2页。

② 拉尔夫·沃尔多·爱默生：“美国学者”，《美国的文明》，孙宜学译，桂林：广西师范大学出版社，2002，第60页。

③ 同上书，第75页。

④ 同上书，第75—76页。

⑤ 亨利·戴维·梭罗：《瓦尔登湖》，徐迟译，长春：吉林人民出版社，2003，第161—162页。

⑥ 亨利·戴维·梭罗：“公民不服从”，何怀宏编：《西方公民不服从的传统》，长春：吉林人民出版社，2003，第29页。

一名身体力行的超验主义实践者，梭罗从不让任何组织或制度束缚自己的思想和行为，甚至连当时名噪一时的超验主义俱乐部他都拒绝加入，依然我行我素，生活在自己设置的简单而快乐的世界中。他的恩师兼好友爱默生对梭罗的评价一语中的："他君子不器；他从未娶妻；他孑然一身；他从不上教堂；他从不去投票；他拒绝向政府纳税；他不吃肉，不喝酒，从不沾染烟草；尽管他是自然家，却不用圈套，也不用枪支。"[①]对梭罗而言，个人代表一切，其他所有事情都围绕着个人展开，从而实现个人在社会政治、经济、宗教、文化领域的绝对自由。爱默生和梭罗在一定程度上解开了长久以来束缚在美国民众思想上的精神和道德枷锁，这些都为个人主义在美国的发展和成熟奠定了思想和理论基础。

"个人主义"这个理念对统领中国数千年的中国儒家思想而言是一个陌生、甚至有些水火不相容的概念。但是，这并不能说儒家思想对个人主义避而不谈。一直以来，儒家虽然避免探讨个人主义，但是关注个体价值，注重个体价值的实现和道德修养的探讨。简单地来说，个体价值是一个表示个人在社会中的地位、作用和意义的概念，它来源于劳动和创造。衡量个体价值的主要标准要看个人对社会的责任和贡献，以及社会对个人的尊重和满足，任何个体都具有自己的价值。孟子的"人人有贵于己者"就是指有修养的君子首先必须具有个体价值。儒家的个体价值或者说君子价值主要表现为个体应为社会群体尽道德责任和义务。个人既不是上帝、也不是一切。个体价值归属于群体价值，个体利益和价值的实现不能以牺牲群体价值为代价，个体价值不能凌驾于群体价值和利益之上。

显然，儒家思想并不是在任何情况下都绝对地将个体价值归属于群体价值，也没有坚持为了实现群体价值而牺牲个人利益。儒家思想一直认为个体价值的实现仍然是必须的，这正是儒家的人本主义或者说"个人主义"的一种表现形式。"个人主义"没有直接出现在儒家思想中，这对统领数千年的儒家文化而言是不可理解而接受的。儒家使用了"君子"一词取而代之。儒家的"君子"，区别于超验主义所说的任何自由独立的个体。孔子不止一次表达了他理想中的君子人格是独立的、有道德的、有思想的、有品格的个体，君子修己安人，内圣外王。在这一点上，儒家的"君子"一定程度上满足了爱默生、梭罗倡导的注重个人道德修养和实现个人价值的个人主义思想。爱默生、梭罗在《日晷》中直接引用儒家关于君子的论述达七次之多，如"君子喻于义，小人喻于利"，"君子欲讷于言而敏于

---

① 亨利·戴维·梭罗：《梭罗日记》，朱子仪译，北京：北京十月文艺出版社，2005，第1页。

行”，“君子所性，仁义礼智根于心，其生色也，睟然见于面，盎于背，施于四体，四体不言而喻”，“夫君子所过者化，所存者神，上下与天地同流”，“古之君子，其过也，如日月之食，民皆见之，及其更也，民皆仰之”，“君子不器”，“君子之道，造端乎夫妇，及其至也，察乎天地”。二人没有对儒家“君子”之说做进一步阐释，但很明显的一点是，儒家提倡的个体价值论虽然没有完全表现为超验主义标榜的个人主义思想，但有关“君子”的一些思想对当时漠视个体自由和价值的 19 世纪的美国社会而言，是一股新力量，它有助于爱默生和梭罗抛弃传统的不符合时代潮流的教义教规，借鉴、引用儒家思想，发展超验主义思想。

（二）相遇“性善论”

爱默生首先否定了传统基督教的原罪说。传统的基督教义教规规定，从基督教产生之日，上帝对人有绝对的权威，人必须依附和服从上帝，人堕落为上帝手中的囚徒，必将永远接受上帝的审判。原罪说预设了人性本恶的观点。爱默生认为个人要摆脱上帝的绝对权威，摆脱对上帝的依附，成为独立的、自主的个体，首先必须推翻原罪说。个人若无原罪，就无所谓赎罪之说，也就没有必要畏惧和依附于上帝。否定了原罪说，基督教的上帝就和中国传统思想中的“天”一样可以亲近。爱默生正是依靠这样一套理论，将个人从万能的上帝手中解救了出来。

没有了原罪说的束缚，个人不再是堕落的满身是罪恶的个体，人性中的善性进一步被爱默生发掘出来。爱默生曾阅读了庞波纳齐的著作《论灵魂不朽》，书中的一段话令爱默生深受启发：“人类的目的不是专注于超越死亡，而是善的德性或品格。由于只有极少数才具有智慧，而动物也会行动，因此，每个人能够而且应该为善。……人的使命与任务并不是少数人所能达到的沉思，而是任何人都可以获得并使他人成为人的道德实践。而且，虽然上帝许以天堂中的来生作为回报，但是，人可以并且应当为善，只是因为为善本身。行善本身就是善的回报，它是善的本质，与善不可分离。有形的、外加的回报，或企盼回报都会亵渎善，正如不义本身就是对恶的惩罚。人追求灵魂的不朽，可以是出于善的美和恶的丑，也可以是出于对善的企盼和对恶的畏惧，而前者显然优于后者。”[①]庞波纳齐的思想显然启发了爱默生，在否定人类的原罪说基础上，爱默生非常真实地感受到儒家思想契合了内心的需求。

---

① 参看大卫·戈伊科奇，约翰·卢克，蒂姆·马迪根：《人道主义问题》，杜丽燕等译，北京：东方出版社，1997，第 104 页。

孔子关于人性善恶的论述在《论语》里主要有两处。一则是《论语·阳货》的“性相近，习相远也”。朱熹的注解为“气质之性，固有美恶之不同矣。然以其初而言，则皆不甚相远也。但习于善则善，习于恶则恶，于是始相远耳”[①]。另一则同样出自《论语·阳货》：“唯上知与下愚不移”。这句话的意思是“人之气质相近之中，又有美恶一定，而非习之所能移者”[②]。孔子在这两段话中并没有直接提出“性善论”，但是他肯定了人性中有某种共同的因素，并提出了“智”、“愚”的区分，这不仅为孟子提出“性善论”做好了思想准备，也很好地帮助梭罗初步认识个体的共通之处。孟子在孔子思想的基础上提出了“性善论”。“人性之善也，犹水之就下也。人无有不善，水无有不下。”人的性善主要表现在“恻隐之心，人皆有之；羞恶之心，人皆有之；恭敬之心，人皆有之；是非之心，人皆有之”。孟子的性善论首先认定人人天生具备向善的愿望和与人为善的能力。孟子的性善是一种“先验的”的善，它说明人人生而具有向善的能力，那么人人生而平等，没有原罪的束缚，这样，每个人只要心存善意，都可以成为圣人，成为自己的上帝。

孟子在孔子的思想上提出的性善论得到了爱默生和梭罗的共鸣。在《对神学院毕业班的演讲》里，爱默生要求人的心智必须向美德之门敞开，以获得一种更隐秘、更甜美、更强大的美。在这种体验中，个人会发现“他的生命是无限的，他是为善、为完美而生的”。“人使自己成了上帝，并施善于善，添恶于罪。”[③]由于时代的局限和爱默生所信仰的宗教观念的差异，爱默生没有直接说明人性本善，但是，他的话语已经反映出他否定了人性中恶的根源，人人皆具有善的因子。他不仅从理论上接受了孟子的性善论，更鼓励人们要在实际生活中实施善的行为，“当人做善事时，他就会拥有大自然的全部力量，因此强大无敌。而若他偏离善途，他就被剥夺了自己的力量和助手”。“它不仅在巴勒斯坦得到了最纯正的表达，而且在埃及、波斯、印度、中国都是这样。”[④]不仅仅是爱默生，梭罗同样十分赞成孔子有关人性的论述，他认为人性不是抽象的品质，人的潜能，即人的智商基本一样，由于个人不同的生活习性最终导致不同的发展和结果，这就是孔子所言的“性相近，习相远”。梭罗对孔子的认识帮助他为自己在

① 朱熹：《论语章句集注》，北京：中华书局，2003，第 175 页。

② 同上。

③ 拉尔夫·沃尔多·爱默生：“对神学院毕业班的演讲”，《美国的文明》，孙宜学译，桂林：广西师范大学出版社，2002，第 78—79 页。

④ 同上书，第 80—81 页。

瓦尔登湖畔的独居行为和一生特立独行的生活方式寻得了理论上的支持。

(三) 自我依靠论

爱默生的个人主义思想成熟的关键在于他提出了"自我依靠论"。"自我依靠论"是爱默生个人主义思想的中心。他主张个人首先要相信自己,依靠自我认识真理、实践真理,确立自我的最终存在和价值。"请相信你自己的思想,请相信,你凭着你独自的感悟而认定是真理的思想对于所有的人也都是真理。"[①]"自我依靠论"寄希望于个人的思想的成熟和发展,把人的真理置于上帝的真理之上。它否定了一切外在的权威,是人在精神上彻底解放的宣言。个人一旦学会解放自己,就会拥有孩童般的纯真,能更清澈地认知世界,"他们的心灵是完整的,他们的眼神未曾被慑服,……孩童从不迎合任何人,而我们反而迎合他们,以致于一个婴孩使四五个带他玩的成年人听命于他"[②]。"要明白这个世界是为你而存在的……要相信自己!""坚持主见,不要模仿他人。""如果一个人能避开所有要深孚众望的想法,虽然他也遵守誓言,但却是以保持那种不矫揉造作、不存偏见、不被私利所诱、不怕威吓的纯真无邪的状态为前提,那么这个人一定是一个不可战胜的人。"[③]

"自我依靠论"宣告了人对上帝的独立和人对社会的独立,这样人从上帝和世俗的社会束缚中解脱出来,能更加清楚地认识自我。爱默生的"自我依靠论"是对加尔文主义关于人的彻底堕落观点的有力反驳,也是对 19 世纪商业文明发展过程中轻视人性的观点的反驳。孟子曾言:"万物皆备于我矣。反身而诚,乐莫大焉。"孟子的这句话被认为是典型的主观唯心主义的哲学观。他的意思是说天地万物个人都能够去思考和认识,所以天地万物我都具备了。儒家强调君子慎独,依靠自我实践实现"万物皆备于我"这种充满主体意识,乐观向上的心态正是爱默生和梭罗亟须的思想。他们准确地理解了孟子说的这段话,从另一个角度论证了自我依靠的重要性。

林语堂在《生活的艺术》中说:"梭罗的人生观,在所有美国作家里,

---

① 拉尔夫·沃尔多·爱默生:"自我依靠论",《自然沉思录》,上海:上海社会科学出版社,1997,第 124 页。

② 同上书,第 126—127 页。

③ 同上书,第 128 页。

可以说最富中国人的色彩。”[1]梭罗的个人主义思想主要表现为个体要摆脱历史和现实对自身的束缚，要依靠自我，实现个人从精神到物质上的绝对独立。个体只有首先独立自助，才能获得绝对的自由，最终实现自我价值。1845 年，梭罗提着一把斧子走进了康科德地区的森林。他在瓦尔登湖畔修建了一座小木屋，自给自足，一住就是两年两个月。在这两年多的时间中，梭罗亲自动手开荒耕地种植蔬果，收获庄稼。除却必需的短暂的与外界联系，梭罗大部分时间都驻留在瓦尔登湖畔思索。他发现自己“仅仅依靠双手劳动，养活我自己，已不止五年了，我发现，每年之内我只需要工作六个星期，就足够支付我一切生活的开销了”[2]。这个发现使梭罗更加坚信个人降低对外界的依附，相信自己，依靠自己，生活依然能持续下去。更难得的是，个人在这种状态下可以获得更多的肉体和思想上的自由。梭罗不是一个长篇大论的空谈家。他不善言辞，不擅长建立繁冗的理论体系，他身体力行，以实际行动诠释了他对爱默生的“自我依靠论”的理解和认同，诠释了他对孟子“万物皆备于我矣”的真切感受。

自 14 世纪欧洲的文艺复兴以来，人们开始重新认识作为个体的人的存在意义，肯定了个人的价值。到了 18 世纪末至 19 世纪初的美国，浪漫主义文学运动将文艺复兴时期的人本主义理念继承和发扬开来。康德、费希特和黑格尔等哲学家强调天才和主观能动性，把自我提到高于一切的地位的思想对美国的浪漫主义文学重视个人的主观精神和强烈的个人主义倾向产生了深远的影响。尊重个人价值，人就是一切！一切从人出发，一切为了人，一切服从于人，是爱默生和梭罗个人主义思想的一个重要理念。

作为独立的个体，个人是人类社会存在的最小的不可分割的单位。同时，每一位个体是一个小宇宙，他代表了整个人类，个人的发展是整个社会进步发展的终极目的。个人身上包含了一切人类的价值。没有个人的尊严，就无人类尊严可言；反言之，没有个人的权利，就毫无人权可言。个人价值的贬值也就是人类整体价值的贬值，摧毁个人也就是摧毁整个社会和整个人类。个人和社会相辅相成。这样，上帝的价值与个人的价值紧密联系，传统基督教所认同的上帝高于人类，脱离人类，高高在上的绝对权威不复存在。反之，离开对个人权利和自由的尊重，一切理论都将流于空谈。对个人自由的轻视和权利的侵犯，总有一天会出现蝴蝶效应，不仅波及到其他人身上，还会慢慢影响个人所在的群体乃至整个社会，上

---

① 林语堂：《生活的艺术》，西安：陕西师范大学出版社，2003，第 125 页。

② 亨利·戴维·梭罗：《瓦尔登湖》，徐迟译，长春：吉林人民出版社，2003，第 63 页。

帝的存在将如同虚设。

在个人与社会的关系问题上，爱默生和早期欧洲大陆的很多先哲一样，有着非常清醒的认识。他时刻准备为个人价值的实现或四处奔走，或热情欢呼。在爱默生看来，个人主义的最终目标是要塑造独立的个体的优秀品质和高尚的情操，不关乎宗教，不关乎出身背景和社会地位。“它不仅对任何出生良好或高贵的人是这样，而且假定人都可以培育出人类的优秀品质：善良、仁慈、友好、公正、勇敢、智慧。”[①]这种类型的个人主义将自我视为极为珍贵的一个事物。梭罗领悟了爱默生的思想，接着写道：“我们本性中最好的东西就如水果的花期，必须精心的被保管处置。”[②]梭罗承认人性本善，认同人性中有很多优良的品质，但这些品质一定要不断地精心呵护才能得以保持下去。这也从另一方面说明梭罗去瓦尔登湖畔修身养性的真正原因，去真实地认识自己，完善自我。

儒家思想以人为中心，内透心性、外彻天道之天人学说，简单地说是人本哲学，然而儒家文化不倡导个人主体价值的无条件实现。“君子”或者“大丈夫”体现的个人价值不是以追求人的个体价值、个人尊严、人的个性自由和人的全面自由发展为内涵的个体独立人格，而是以维护社会整体价值为基本内涵的理想化共性人格。儒家要求个体必须学会修己安人，在实践中认识自我、发现自我，在社会以不损害甚至尊重他人利益和群体利益为重的前提下实现个人的利益和价值。因此，儒家思想虽然没有否定个人价值，并且在一定程度上也主张要以人为中心，重视人在社会的地位和价值的实现，但是它的主流思想和超验主义倡导的个人主义的价值取向有着根本的区别。爱默生等超验主义运动者为了摆脱加尔文主义、唯一神教等偏激冷酷的宗教思想，认为有必要确立新的的思想，重新认识个人与上帝的关系，实现自我价值。“想着活，就别告诉我准备去死。我唯一能做的准备就是去实现我目前的责任。加尔文的弊病就是把来世说得完全不同于现世。乃至为了来世而丧失了对现世的准备。”[③]爱默生和梭罗等强调个人发展的无限潜能，强调自尊、自爱、自主、自我修养等，这些虽然也都为儒家思想所重视，但是超验主义强调的个人价值凌驾于其他一切人和事物之上，和儒家思想以不损害甚至尊重他人利益和社会

---

① 大卫·戈伊科奇，约翰·卢克，蒂姆·马迪根：《人道主义问题》，北京：东方出版社，1997，第103页。

② R. Konvitz, Milton & Stephen E. Whiche (eds.). 1962. *Emerson: A Collection of Critical Essays*. Englewood Cliffs: Prentice-Hall, Inc., p. 1.

③ 转引自钱满素：《爱默生和中国——对个人主义的反思》，北京：生活·读书·新知三联出版社，1996，第6页。

利益为前提来实现个体价值的观点大相径庭。

爱默生的超验主义思想以人为中心，开始于人，结束于人。从这个中心出发，他发展了本体论和认识论。他认为在以人为中心的社会里，世界最终将变成人类意识中的一种意愿，人类可以掌握世界，也可以怀疑、甚至否定世界。1823 年底，爱默生充满激情地在笔记上记下："他是谁，想要控制我？为什么我不用整个自由来做、来讲、来写、来思考呢？对宇宙来说，我算什么呢？或者对我来说，宇宙是什么呢？谁造就了对与错的锁链？谁带来了观念与习俗禁锢？我必须受它们束缚吗？……在一个巨大的人类社会里我是孤独的，我观察世界，观察人类、动物和无生命的自然——我在他们中间，但我不属于他们；我听见风暴在怒吼……我看见城市、国家，和目击燃烧着的激情……但我不参与……我完全否认它们。"[①]1829 年他又在日记中写道："当我观看彩虹时，我发现我自己就在它的弧圈中心，你也是如此，而且远离我们一英里以外的另一个人也是如此。因为地球是圆的，所以每个人都站在最高点上。""如果一个人毫无畏惧地按自己的本能生活并坚持下去，这庞大的世界将要围着他。"[②]爱默生在《论自然》中将人定位为世界的主人，"并不是因为他是最灵敏的居住者，而是因为他是世界的头和心，而且在每一件伟大和渺小的事物中间，在层层山峦中间，在每一种新的色彩法则中间，在一切通过观测或分析揭露出的天文学的事实或大气的影响中间，他发现了某种自己的东西"[③]。爱默生的个人主义思想是一种绝对无疑的自我价值的肯定和认可，是自我的断言，由理论到实践，爱默生逐渐确立了他的认识论。他的著名的"透明的眼球"理论证实了这种自我定位的思想："站在空旷的土地上，我的头脑沐浴在清爽的空气里，思想被提升到无限的空间中，所有卑下的自私都消失了。我变成了一个透明的眼球，我是一个'无'，我看见了一切，普遍的存在进入到我的血脉，在我周身流动。我成了上帝的部分或分子。"[④]爱默生渴望在宇宙中认识自己，确立自己的位置。"对着宇宙，我大呼！强大的主呵，你并不是我的母亲。如果你愿意，就回到混沌中去吧。我将依然存在，我会活着。如果一切归于我的存在，这是天命，而不

① 转引自小罗伯特·D.理查森：《爱默生：充满激情的思想家》，石坚、李竹渝译，成都：四川人民出版社，2001，第 72 页。

② 参看钱满素：《爱默生和中国——对个人主义的反思》，北京：生活·读书·新知三联书店，1996，第 208—209 页。

③ 拉尔夫·沃尔多·爱默生："对神学院毕业班的演讲"，《美国的文明》，孙宜学译，桂林：广西师范大学出版社，2002，第 39 页。

④ 拉尔夫·沃尔多·爱默生：《自然沉思录》，上海：上海社会科学出版社，1997，第 6 页。

是因为你。星辰苍穹，日月回转，大千世界，终将毁灭。而我——会存在。”[①]多年以后，当弗吉尼亚·伍尔夫谈到爱默生时说：“他所做的是要断言他不能被拒绝，因为他把宇宙置于中心。每一个人，在找到他的自我感觉后，就会发现宇宙的法则。”[②]梭罗没有像爱默生那样不断发表自己的认识论，他似乎更加极端地定位他心目中的个人主义，漠视周围的一切，独居瓦尔登湖，在大自然沉思的过程中，梭罗暂时中断了他和社会的关系，在一定程度上拒绝了社会。

爱默生和梭罗思想中的个人是完全独立、以自我为中心的个人，个人是自我的主人，也是世界的主人，这是儒家思想不曾涉及的思想。儒家拒绝从狭隘的自我中心来定义人，更不会从社会中心论、世界中心论来定义人。儒家文化是一个开放的思想体系，它向外通透，能包容外来的资源。因此，儒家的个人思想必须考虑周围的因素，将个人的利益和周围人的感受以及社会的认同紧密联系起来，“不患人之不己知，患不知人也”。爱默生和梭罗接受了儒家的君子观和性善论，他们关于个人主义的一些具体表现方式与儒家思想的个体价值观有一定的契合。但是，由于文化背景、社会环境的差异，爱默生和梭罗的个人主义认识论和儒家思想的个体观有着分歧。

（四）小结

爱默生和梭罗的个人主义思想是对康德超验思想的回应。康德认为人有两个不容置疑的基本道德原则：第一，人以自己为目的；第二，自由在人的生活中处于绝对中心的位置。康德提出了“人是目的”这个口号：“你的行动，要把你自己人身中的人性，在任何时候都同样看做是目的，永远不能只看作是手段”[③]正是由于有了这个目的，人才有可能在自己的生存活动中获得绝对自主的地位，不至于丧失自我，保持真正意义上的个人的独立的生活。这种思想把人作为目的，归根结底以个人为基础，这将个人与构成自然界的其他因素完全区分开来。他们能够自由地确定并实现自己的目的，同时顺理成章地将自身变成客观目的。这样，人在自己的地位中，其价值是自己确定目的。爱默生、梭罗倡导的个人主义是19世纪美国社会追求民主精神的缩影。他们思想里的个人指任何

① 小罗伯特·D.理查森：《爱默生：充满激情的思想家》，石坚、李竹渝译，成都：四川人民出版社，2001，第72—73页。

② 同上书，第133页。

③ 康德：《形而上学原理》，苗力田译，上海：上海人民出版社，2002，第47页。

一个独立的有着自我意识个人，既不是传统宗教下的“救世主”，亦不是民众心目中的英雄。他们也没有致力于建立一套完整的系统的超验主义理论，极少堆砌观点，更不会肆意褒贬。他们热衷用书信、随笔和演讲等简单、易于被大众所理解和接受的书写方式表达自己的个人主义思想，这和文笔优美、思想隽永的《论语》、《孟子》等儒家思想的代表论著的写作风格非常接近。他们具有浪漫主义文学家的人文气质，并像儒家思想倡导的那样，注重个人的直觉和感悟，注重自身的体验和思考，探索人的心灵而不脱离现实，最终成为美国思想文化的潮流主导者，深刻影响了美国文学和文化的发展，这与儒家思想千年来对中国传统文化的影响和意义同样非常贴近。

第二节　自我修养论

(一) 君子求诸己

在《文化》这篇文章里，爱默生首先为“文化”下了定义。与我们平日探讨的“高深的文化”不同，爱默生眼中的文化不是人类学所关注的文化，即人类在社会历史发展过程中所创造的物质财富和精神财富的总和，或者说是某个特定人群和民族所共有的生活方式。爱默生认为“文化”是一种教养，其宗旨在于提高个人的道德修养，塑造完美的个体，“从更高级的源头汲取力量，从而加强我们在修辞、政治、贸易和使用技艺方面的技能”[①]。“除去个性中的一切障碍和杂质，只留下纯净的东西。”“借助于其中每一种教养，灵魂的每个器官就会被清洗干净，重新焕发出活力，而这些器官以前曾被另一种教养所迷惑、所蒙蔽；这种器官比一万只眼睛更值得保护，因为只有靠它才能看见真理。”[②]有关自我修养，爱默生在《爱》、《自立》、《谨慎》、《友谊》、《个性》、《行为》和《能力》等文章中反复强调了自己的思想。梭罗的《河上一周》、《瓦尔登湖》也对这个问题做了深入探讨。他非常赞同爱默生的观点，主张个体有必要加强自我修养，才能真正实现个人主义，实现精神的升华和灵魂的不朽。

---

① 拉尔夫·沃尔多·爱默生：“文化”，《美国的文明》，孙宜学译，桂林：广西师范大学出版社，2002，第 367 页。

② 拉尔夫·沃尔多·爱默生：“哲学家柏拉图”，《美国的文明》，孙宜学译，桂林：广西师范大学出版社，2002，第 190 页。

用歌德的话说，美德是人类最重要的东西，其他所有的荣誉、光彩和英勇主义等都是次要的。一个懂得自我修养和自我约束、品行良好的人才能在人生的道路上愉快地前行，并时常能“感到有一条巨大的锁链在他面前，他则牢牢地将最后一环握在手中，并由它牵着前行。这一环就是美德”[①]。“美好的品德使人们把目光放得更远，不再为一些琐事而感到满足，而看重事物发展的趋势和目的；谁都无法脱离他人而独立存活，如果别人都在承受苦难，幸福也不会单独落在一个人头上。道德标准的确给予我们很大帮助，但是以另一种方式，它使我们获得一种归属感；它使我们不再是游离的个体；它使我们处于自然的中心，处于原来就属于我们的地方；它使我们成为一个整体。”[②]爱默生注重道德修养和美德的实现的思想既受欧洲浪漫主义思潮的影响，在一定程度上也为儒家思想所感染。他阅读《四书》，了解到儒家思想虽然没有像西方文化那样开诚布公地倡导个人主义，甚至反对极端的个人主义，因为这些思想在传统的中国社会是不为社会所接受的。但是，儒家思想重视个人的道德修养，注重培养君子和圣人的品德，视自我修养为个人道德教育的中心，这些都有助于超验主义思想的发展。

儒家思想主张个人要行君子之道。何为“君子”？《君子斋记》曰：“故天下之有德，通谓之君子，”指道德高尚的人便是君子。儒家的君子是注重修养的个体。在孔子的眼里，一名君子应该表现出什么样的行为呢？孔子曰：“君子道者三，我无能焉：仁者不忧，知者不惑，勇者不惧。”[③]君子是注重道德修养、自觉自知、修己安人、最终实现内圣外王之品德高尚的人。“君子求诸己，小人求诸人。”[④]同时，一个思想独立、品德高尚的君子可以用自己的品德和行为感化身边的人，他还可以依靠自己的灵感和力量，感受自己和周围世界的关系，“讷于言而敏于行”，从精神上拥有整个世界，最终实现“万物皆备于我矣”。从肉体到灵魂，从客观的物质世界到抽象的精神世界，儒家思想里的“君子”都满足了超验主义对完美人格的追求，这对个人主义的发展和社会的进步都很有裨益。

爱默生阅读格兰多的文章时曾在案头摘抄下这样一段话：“除君子之外的一切头衔必须靠别人得来；武士靠武士成名，贵族靠国王赐封，只

① 拉尔夫·沃尔多·爱默生：“品行，立身之本”，《生活的准则》，金叶译，北京：蓝天出版社，2004，第82页。

② 同上书，第74页。

③ 《论语·宪问》。

④ 《论语·卫灵公》。

有君子独立存在。"[①]爱默生眼里的"君子"从某种程度上而言就是儒家理想的君子形象,是获得了独立与自由、修己安身、品德高尚的个体。虽然"君子"并不是爱默生所理解的极为简单的一个概念,但是爱默生和梭罗从个体修养的角度接受了儒家的君子之说。梭罗特别欣赏儒家这种注重个人修养的思想,他把自己理想中的完美个体称作"天才",类似于孔子所指的"君子",都是指注重自我修养和自我完善的人。梭罗一生深居简出,在瓦尔登湖畔独居,在自然中沉思,与自己的灵魂对话,与自然交流。他用文字记录下对世界的思索和自己思想的变化,终身在为成为一个孔子式的君子而不懈努力。梭罗是否真的成为儒家意义上的君子暂且不论,单看他因为引发一场森林火灾饱受邻居指责,而他竟然跑到远处的山头观望火情,其淡定的心境,与世无争的处事方式,淡泊名利的生活方式无论在当时还是现在看来,既有值得肯定的一面,又有被人质疑的一面。

儒家思想不倡导个人主义,但是,以孔孟为代表的儒家强调人的重要性,将人的地位置于宇宙之中,人乃天地之心。在这种思想指导下,个体需要得到认可和尊重,亦要懂得自我修养,热爱大道并倾其全力在现实世界中实现之。如何实现个人的自我修养,儒家认为可以通过思考、交谈、直接的行为实践等方式,也可以通过教育与被教育等途径。个人通过不断的学习和提高修养实现道德的完善,此为"修己"。孔子认为人具有向善的趋势和接受教育的能力。《论语》里记载了许多孔子与其弟子讨论个人行为规范与道德修养的语录。他鼓励弟子要关注社会发展,注重个人修养和道德伦理的提升,"己欲立而立人,己欲达而达人"[②]。《论语》中关于个人教育和自我修养的探讨为梭罗的超验主义思想提供了部分理论基础。梭罗在《瓦尔登湖》里表达了类似的思想:"天性难以克制,但必须克制。"[③]他认为人通过后天的教育和自我修养,克服人性中罪恶的东西,然后实现灵魂的升华。爱默生也认同人有憎恨与恐惧心理。这些思想源于个人有时会缺乏清醒的自我认知,它潜藏在人的灵魂深处,有机会就有可能表现出来。通过接受教育,个人逐渐克服乃至消除这些憎恨和恐惧的心理,达到清涤灵魂的目的。他引用了《论语》中孔子和君王的对话:

> "孔子曾对国君说:'大王,您为什么一定要杀戮才能统治人民呢?您心中有仁,百姓才会安顺。柔风可以使草弯腰,您的仁德也会

① 拉尔夫·沃尔多·爱默生:"沃尔特·萨维奇·兰多",吉欧·波尔泰编:《爱默生集》,赵一凡、蒲隆、任晓晋、冯建文译,北京:生活·读书·新知三联书店,1993,第1335页。

② 《论语·雍也》。

③ 亨利·戴维·梭罗:《瓦尔登湖》,徐迟译,长春:吉林人民出版社,2003,第208页。

使百姓臣服的。'国君又向孔子请教国家窃贼众多的问题该如何解决。孔子说：'大王，您自己如果没有贪心和欲望，就算您鼓励百姓去偷盗，他们也不会那样去做的。'"[①]

上述这段话实际上应该为两段话，均出自《论语》："孔子对曰：'子为政，焉用杀？子欲善，而民善矣。君子之德风，小人之德草，草上之风，必偃。'"另一条为"季康子患道，问于孔子。孔子对曰：'苟子之不欲，虽赏不窃。'"[②]爱默生的这段引用颠倒了秩序，但不影响意思的表达。他旨在说明美德对人的教育和感化润物无声，不需要强制，个人的德行能感染他人，正如孔子所言："德之流行，速于置邮而传命。"[③]

孔子主张全民教育，提出了"有教无类"的教育新主张。他认为教育应该普及到广大民众中去，个人只要诚心求教，无论贵贱贫富，都应该有接受教育的机会。"自行束脩以上，吾未尝无诲焉。""人洁己以进，与其洁也，不保其往也。"[④]孔子曾广布天下，无论是贫贱的人，还是富贵的人，只要带着一颗真诚的心来向他求教，他都愿意付出全部的时间来帮助其解决难题。受孔子全民教育思想的影响，梭罗早早地立下志向将来要献身教育事业。他毕业后直接在一所学校任教。梭罗没有直接提出全民教育的思想，他主张社会要尽量地为民众创造好的学习环境，个人也应该尽可能地接受教育，"在他的周围要结聚一些有助于他的修养的——天才——学识——机智——书籍——绘画——雕塑——音乐——哲学的工具等等"[⑤]。梭罗的教育观已经蕴含了全民教育的思想。教育不仅仅是被动的灌输，也是主动地学习和思考的过程。爱默生的教育观里要求个人多读书、多思考。他赞同法国散文家蒙田的读书观，认为书籍带给人们的愉悦是循序渐进的过程。有些书籍具有生命力和感染力，一旦读者深刻地领悟到该书本的内涵与意义，他的思想定有所改变，会逐渐成为一个有思想的人。因此，读书要勤于思考，善于思考，更要独立思考，"学而不思则罔，思而不学则殆"[⑥]。通过不间断的学习和思考，一个人的思想才能真正成熟起来，实现修身齐家的目标，成为一个完美的独立的个体。梭罗非

---

① 拉尔夫·沃尔多·爱默生："品行，立身之本"，《生活的准则》，金叶译，北京：蓝天出版社，2004，第 81 页。

② 《论语·颜渊》。

③ 《孟子·公孙丑上》。

④ 《论语·述而》。

⑤ 亨利·戴维·梭罗：《瓦尔登湖》，徐迟译，长春：吉林人民出版社，2003，第 103 页。

⑥ 《论语·为政》。

常重视个人思考的场所和方式。他认为个人要彻底抛却尘世浮躁的喧嚣与嘈杂，要在没有任何外界干扰的绝对的宁静的环境下，才能进入物我两忘的思考境界。梭罗正是这样不断地在瓦尔登湖畔沐浴更衣，沉思冥想，逐步“明白了东方人的所谓的沉思以及抛开工作的意思了”[①]。也正是这样一段难得的遗世而独立的实践行为促使他最终完成了千古流传的《瓦尔登湖》。梭罗在《瓦尔登湖》中引用了《论语》的原话“知之为知之，不知为不知，是知也”。他把它理解为“当一个人把他想象的事实提炼为他的理论之时，我预见到，一切人最后都要在这样的基础上建筑起他们的生活来”[②]。梭罗对这话的解读非常有意思，“知”并非“知道，明了，或者智慧”之意。他将整段话作了一个通解，即人要善于思考，人的生活都是建立在思考的基础上的。此话翻译的对错不得而知，但是根据梭罗的理解，可以发现梭罗非常重视教育，看重思考的意义。因此，只要他觉得有助于帮助他阐释教育与思考的思想，他都可以大刀阔斧地进行改造甚至改头换面为我所用，其勇气着实可嘉。

（二）君子慎独

学习、教育、道德修养都不能停留在纯粹的理论层面，一切理论都应通过实践来验证其真实性和可行性。中国古人讲“读万卷书，行万里路”，旨在说明理论知识与实践经验的积累同等重要。物有甘苦，尝之者识；道有夷险，履之者知。孔子一生游历诸国，四处讲学，广收门徒，言传身教。正是因为孔子这种注重理论与实践相结合的生活方式和思维模式，使儒家思想最终经受了历史的检验，具有深刻的现实意义。与之相似的，超验主义运动一直是一项注重理论与实践的思想文化解放运动。

表面看来，爱默生的超验主义思想都是通过他大量的散文、日记和演讲词表达出来，是一个不折不扣的理论家，或者说是空谈家。实际上，和数千年前的孔子一样，爱默生不仅喜欢闭门静思，也热衷于游历演说，感受各地的风土人情。里查森记录到爱默生曾和妻子外出旅游演说的情景，“他和艾伦一道乘船前往英国、欧洲大陆和埃及。……他和艾伦从英国到巴黎再到那不勒斯，然后才乘船到埃及。在埃及参观了亚历山大和开罗之后，他们坐船溯尼罗河上行”[③]。如果说哈佛神学院是爱默生思想萌

---

① 亨利·戴维·梭罗：《瓦尔登湖》，徐迟译，长春：吉林人民出版社，2003，第106页。

② 同上书，第9—10页。

③ 小罗伯特·D.理查森：《爱默生：充满激情的思想家》，石坚、李竹渝译，成都：四川人民出版社，2001，第803页。

芽的地方，那么世界各国的游览和交流则真正成就了一个思想日臻成熟的爱默生。与爱默生不同，梭罗性格内向腼腆好静，不善于与人交往。但是，他有着敏锐的观察力和深邃的洞察力。他阅读甚至翻译《四书》，对孔子思想的最大体悟就是无论何时何地，他都能认真地学习、思考，在极其简单而平凡的生活中实践着他对孔子思想的感悟，完善自我品德与修养。"古来圣贤皆寂寞"[①]，这大概是梭罗的最好写照。梭罗从来都不是一个按常理出牌的人。他在世人不可理喻的眼神中搬到了瓦尔登湖畔自己搭建的木屋中居住。他给自己做了这样一个合理的解释："我到林中去，因为我希望谨慎地生活，只面对生活的基本事实，看看我是否学得到生活要教育我的东西，免得到了临死的时候，才发现我根本就没有生活过。我不希望度过非生活的生活，生活是这样的可爱；我却也不愿意去修行过隐逸的生活，除非是万不得已。我要生活深深地把生命的精髓都吸到，要生活得稳稳当当，生活得斯巴达式的，以便根除一切非生活的东西，划出一块刈麦的面积来……"[②]很明显，梭罗对实践的理解是人不一定要离乡背井，不一定要漂洋过海，不一定要时常和人交流，只要存有体验的心，脚踏实地的、真实的生活是最好的实践方式。这既能净化自己的心灵，又能陶冶情操。梭罗非常欣赏《论语》中蘧伯玉的故事：

> "蘧伯玉使人于孔子。孔子与之坐而问焉，曰："夫子何为?"对曰："夫子欲寡其过而未能也。"使者出。子曰："使乎！使乎！"[③]

爱默生和梭罗对儒家文化充满了仰慕之情，对东方人高尚的精神生活更是推崇备至。梭罗曾说："中国、印度、波斯和希腊的古哲学家都是一个类型的人物，外表生活再穷没有，而内心生活再富不过。"[④]儒家思想重视精神生活、轻视物质享受的思想启发了爱默生和梭罗。他们把东方这一古老的、又具有现实意义的思想搬到了19世纪的康科德地区，发起了一场反对物质主义、反对趋同主义、反对平庸的思想运动。他们号召人们回归简朴的、高尚的、富有个性和希望的生活。爱默生和梭罗在《日晷》中摘录了《论语》中孔子的语录，他们肯定了孔子是人类精神导师的崇高地位，并着重突出儒家思想所推崇的有关美德的论述。凭借着对儒家美

---

① 李白：《将进酒》。
② 亨利·戴维·梭罗：《瓦尔登湖》，徐迟译，长春：吉林人民出版社，2003，第84—85页。
③ 《论语·宪问》。
④ 亨利·戴维·梭罗：《瓦尔登湖》，徐迟译，长春：吉林人民出版社，2003，第12页。

德思想的有限理解，二人在《日晷》中专门摘录了10则有关“德”的语录，“孔子曰：‘德之流行，速于置邮而传命。’”“子曰：鬼神之为德，其盛矣乎”等。二人看到了德行的可传播性以及快捷的传播速度，还能带给人们美好的精神享受。对轻物质利益、重精神生活的爱默生和梭罗而言，《四书》的这些语录正是他们所渴求的。在《瓦尔登湖》里，梭罗不惜笔墨再度将这段话插入了文中。在瓦尔登湖畔居住期间，每天清晨，梭罗早早起床，跑到河里，在清凉的河水中沐浴，让身心彻底放松。他说成汤王的浴盆上刻着这样的字：“苟日新，日日新，又日新。”此话出自《礼记》，指个人如果能每天除旧更新，就要天天除旧更新，不间断地更新又更新。商朝成汤王为避免王朝重蹈覆辙，用这话作为自己的座右铭，时刻鞭策自己，严于律己。梭罗则用这句话提醒自己生活应该循规蹈矩，要日新其德，只有这样，才能实现“德不孤，必有邻”。[①]

美德的实现必须以尊重他人为基础，“己所不欲，勿施于人”。除去在《日晷》中首次直接引用孔子的这句话，爱默生和梭罗并没有将此话展开作更多的阐释。有意思的是，梭罗曾表达了这样的思想，“你可以从一支有三个师的军队中夺走将军使之一片混乱，但你不能夺走一个最可怜、最粗俗的人的思想”。这段话改编自孔子的“三军可夺帅也，匹夫不可夺志也”[②]。这句话的正确解释应该是：三军中最重要的统帅可以换人，但是，一个普通人的志向却不可以轻易改变。孔子说这话的目的旨在告诉学生，一个人应该坚定信念，矢志不渝，他强调个人意志的重要性。梭罗此处引用孔子的话，将“志”理解为“思想”，这包含两层意思，一方面表明梭罗和孔子同样看重个人意志的自由，一方面也说明要尊重个人思想的发展和自我道德的提高，以此勉励自己在任何贫困、恶劣的环境中都应该依然如故，“庶民去之，君子存之”。[③] 梭罗强调尊重个人思想的重要性，也不忘要求尊重个人的独立性，就像爱默生所说的那样，“美德与其说是一种规范，不如说是一种对规范的遵守。有的人认为自己的美德是在为自己赎罪。我不愿意赎罪，我只愿正常地生活。我的生活是为了生活本身的价值而不是为了某个人的想法而存在的。我宁愿它平淡无奇，因而也是真实而宁静的，我不愿生活动荡不安，毫不安稳。我希望过一个完整的生活。我寻求的是作为人存在的基本证据。我不同意为我本应享有的权

① 《论语·里仁》。
② 《论语·子罕》。
③ 《孟子·离娄下》。

利而付出代价”[①]。

崇高的行为和高尚的精神生活紧密联系，拥有一颗自信的心是实现这些的基础，所以要“永远相信自己，忠实于自己灵魂深处的真实想法，不轻易被外来的意见或事件干扰，不随便因为那些所谓的正确思想而改变立场”[②]。时刻保持良好的行为举止和个性特征同样非常重要。个人的言行举止往往在不经意之间显露他的品质和性格中的隐藏最深的东西，他对生活的态度也会随之表露出来。“通常来说，我们生活经验里每一个小小的变化独立即在我们的气质、个性与行为、举止中体现出来，就好像时间总要把自己的流逝用指针在钟表上显示出来一样。”[③]个人不仅生活在自己的世界，也生活在世人的眼中。爱默生惊讶地发现美国的社会现状和大众的言行举止常令人担忧和窒息。很多人不顾忌自我形象和旁人的感受，非常自私地生存着，既破坏良好的社会秩序，还破坏人与自然之间的和谐关系，形象尽毁。在他的眼里，中国的很多圣人和诗人淡泊名利，或与世无争，或隐居山林之间，他们的遁世是为了能更深地认识自己和了解社会。“君子慎独”，即使在个人独处的情况下，也都谨慎小心，自觉遵循社会法制和道德秩序，不会因为无人关注或不注意就随意破坏自己的形象或违背社会律法。这是儒家所倡导的一种道德的修养境界或方法，很受爱默生和梭罗的认同。梭罗多次说到科利翻译的《四书》译本是“了解中国文学贡献匪浅的著作”，主要原因是科利一反当时的传统，在翻译《四书》的过程中增加了很多注释和评述，用以解释儒家思想的“独善其身”的含义。到了爱默生和梭罗的时代，他们似乎拥有更多的权利和方式选择“独善其身”，梭罗在瓦尔登湖畔的体验将其发挥到了极致。通过这次体验，他领悟到了肉体与灵魂的和谐统一的真谛。

（三）君子忧道不忧贫

爱默生和梭罗生活的时代是美国商业经济发展的年代，整个社会都在追求更快的发展和更多的物质享受。对于这种极端的物质主义，爱默生和梭罗毫不留情地进行了批判。爱默生曾这样描述日益物化的社会现状：“它的每一个成员都是从躯体上锯下来的一段，众人神气活现地行走

---

① 拉尔夫·沃尔多·爱默生：“天助自助者”，《生活的准则》，金叶译，北京：蓝天出版社，2004，第270页。

② 拉尔夫·沃尔多·爱默生：“品行：立身之本”，《生活的准则》，金叶译，北京：蓝天出版社，2004，第76页。

③ 拉尔夫·沃尔多·爱默生：“风度是最好的名片”，《生活的准则》，金叶译，北京：蓝天出版社，2004，第16页。

着，形同怪物的聚会——他们只是一截有用的手指、一颗头颅、一副肠胃、一只臂肘，但从来不是一个人。人因此变成了某种物，变成了许多物。"[①] 他呼吁人们远离物质生活、提高精神追求，并引用了孟子的话："圣人，百世之师也。故闻伯夷之风者，顽夫廉，懦夫有立志。"[②]

在英国旅行之际，爱默生深入实地了解了英国人的生活状况。他斥责英国人过度追求商业文明，迷恋物质享受，过着一种自负的、时髦的生活。他因此大发感慨，试图在英国寻找自己心目中神圣的东方文化，寻求东方哲学的踪迹。在爱默生的眼里，除了东方博大的精神文化能拯救已在堕落边沿徘徊的人们，其他别无选择。作为一名一生都在尽力地自给自足的自由人，梭罗坦然地认定自己最了不起的技能就是所需甚少。他曾做了一系列的演算，最终得出结论，认为一个人一年只需要工作六周就足以生存下来，余下的时间和精力则可以用来认识自我、认识社会和认识自然。个人的物质需求越少，留给自己思索人生、发现自我的时间就越多。他奉劝那些成天忙于寻求物质满足的人们，很多的需求其实都是平庸俗套的东西，物质财产并不是人生唯一的追求，财富越多，生活不见得更好更自在。

儒家思想一贯主张"君子忧道不忧贫"，指的是一个真正有学问，以天下国家为己任的君子，只会专注于追求心中的道义，只担忧是否能得到道，而不担忧贫穷，能安贫乐道。遵循这个思想，梭罗劝导生活在物质需求日益满足的人们要学会取舍，他将标准定为"不要浪费潜在的价值"，"不义而富且贵，于我如浮云"。他告诫人们生活要尽量地"简单，简单，再简单。""一个人的生活越简单，宇宙的规律也就显得越简单，寂寞将不成其为寂寞，贫困将不成其为贫困，软弱将不成其为软弱。"[③]

伴随着日益满足的物质利益随之而来的是人们美德的逐渐丧失。爱默生和梭罗在《日晷》10月刊里摘录了一些《孟子》的语录。他们借用孟子的话批判人的无知和愚昧，赞扬中国圣贤高尚的品德。"仁义忠信，乐善不倦，此天爵也；公爵大夫，此人爵也。古之人修其天爵，而人爵从之。今之人修其天爵，以要人爵；既得人爵，而弃其天爵，则惑之甚者也，终亦必亡而已矣。"在《瓦尔登湖》中梭罗很娴熟地用孟子的一段话来表达他对社会现状的各种担忧：

---

① 拉尔夫・沃尔多・爱默生："美国学者"，《美国的文明》，孙宜学译，桂林：广西师范大学出版社，2002，第56页。

② 《孟子・尽心下》。

③ 亨利・戴维・梭罗：《瓦尔登湖》，徐迟译，长春：吉林人民出版社，2003，第64页。

"虽存乎人者，岂无仁义之心哉。其所以放其良心者，亦犹斧斤之于木也。旦旦而伐之，可以为美乎？其日夜之所息，平旦之气，其好恶与人相近也者几希，则其旦昼之所为，有梏亡之矣。梏之反复，则其夜气不足以存，夜气不足以存，则其违禽兽不远矣。人见其为禽兽也，而以为未尝有才焉，是岂人之情也哉。"①

在引用上述这段话之前，梭罗不惜笔墨描绘了春天的生命力和他对新生活的向往，暗示着一切都在重新创造。但是，人生活在俗世中，追求物质利益理所当然，自我美德的丧失在某种程度上便不可避免。这种德行的丧失，有如山上的树林，被锋利的斧斤一点点伐去，最后只剩下干枯的毫无生机的树干。梭罗做了一个很形象的比喻："很久以前我丢失了一头猎犬、一匹栗色马和一只斑鸠，至今我还在追踪它们。我对许多旅客描述它们的情况、踪迹以及它们会相应怎样的叫唤。我曾遇到过一二人，他们曾听见猎犬吠叫，奔马蹄音，甚至还看到斑鸠隐入云中。他们也急于追寻它们回来，像是它们自己遗失了它们。"②超验主义研究专家哈丁教授指出，梭罗别出心裁地插入一段话，描述他寻找很久以前丢失的猎犬、栗色马和斑鸠等，可以从他在《日晷》10 月刊里引用的《孟子·告子上》中的这段话得到启示："仁，人心也；义，人路也。舍其路而弗由，放其心而不知求，哀哉。人有鸡犬放，则知求之，有放心而不知求。学问之道无他，求其放心而已矣。"这一间接引用在梭罗和爱默生的作品里不时出现，只要细细品味，时常都能发现儒家思想的踪迹。③ 有如中国古代的"象德"之说，指某一种受到君子青睐的事物象征着一种美德或人格，就像清高之士爱菊，孤傲之士爱梅，仁者乐山，智者乐水一样，梭罗用猎犬、栗色马、斑鸠指代人的美德，但是在现代生活中，很多人丢失了这些美德。梭罗不断地寻找他丢失的动物，其实是在呼吁人们能寻回在现实生活中已经丧失的美德。

在《瓦尔登湖》里，梭罗提出了栽种"美德种子"的愿望："我对我自己说，下一个夏天，我不要花那么大的劳力来种豆子和玉米了，我将种这样一些种子，像诚实、真理、纯朴、信心、天真等等，如果这些种子并没有失落，看看它们能否在这片土地上生长，能否以较少劳力和肥料，来维持我

---

① 《孟子·告子上》。

② 亨利·戴维·梭罗：《瓦尔登湖》，徐迟译，长春：吉林人民出版社，2003，第 14—15 页。

③ See Versluis, Arthur. 1993. *American Transcendentalism and Asian Religions*. New York: Oxford University Press, p. 150.

的生活，因为，地力一定还没有消耗到不能种这些东西。”[1]爱默生在《论精神法则》里同样表达了希望人们栽种“美德种子”的思想：

> 有多少德，就会显露出多少；有多少善，就会博得多少敬意。一切魔鬼都崇敬德行。高尚、慷慨、献身的派别永远会指引、统率人类。真诚的话决不会化为乌有。高尚一落地，想不到就有一颗心来迎接它。一个人有怎样的价值，人们就怎样看待他。他的本质都用光辉的字母镌刻在他的面孔上，他的体形上，他的遭遇上。隐瞒对他不起作用；吹嘘对他毫无效果。在我们的眼睛的顾盼中，在我们的笑容中，在致敬中，在握手中，就有坦白。一个人的罪孽玷污了他，损坏了对他的良好印象。人们不知道为什么不信任他，反正他们就是不信任他。……若要人不知，除非己莫为。一个人可以坐在一片沙漠的沙堆中间干蠢事，然而一粒沙子似乎都会看分明。他可以离群索居，然而他无法隐瞒自己愚蠢的意图。一张沮丧的面孔，一种猪似的表情，卑鄙自私的行为，对应有知识的缺乏——凡此种种，都泄露秘密，难道一个厨子，一个达·芬奇，一个阿埃基摩，被错当成芝诺或保罗？孔子叹曰：“人焉廋哉！人焉廋哉！”[2]

君子修身，要栽种美德的种子，实践简单的生活方式，在现实生活中收获真正的美德。物质的贫困是培养美德和天才的沃土。反之，人如果一味地贪图世俗的物质享受，再多的美德和天才都会慢慢枯竭。因此，人在一定阶段远离尘嚣，离群索居是很有必要的。人在孤身一人的时候其实最不孤独，因为只有此时才能获得一种自在而不是他在。当然，离群索居不是生活的终极目标，远离尘嚣亦不是为了在人迹罕至的地方过隐逸的生活，而是为了将来某个时刻最终的回归。

梭罗从儒家思想中找到契合点，极力推崇简朴的生活方式。他主张吃简单的食物，认为过多地追求食物的美味，会使人丧失德行，增加人的兽性。他说：“我并不觉得我是吠陀经典上说的那种特权阶级，它说过：‘于万物主宰有大信心者，可以吃一切存在之事物。’”梭罗赞同曾子的观点：“心不在焉，视而不见，听而不闻，食而不知其味。”[3]在瓦尔登湖畔两

---

① 亨利·戴维·梭罗：《瓦尔登湖》，徐迟译，长春：吉林人民出版社，2003，第155页。

② 拉尔夫·沃尔多·爱默生：“论精神法则”，吉欧·波尔泰编：《爱默生集》，赵一凡、蒲隆、任晓晋、冯建文译，北京：生活·读书·新知三联书店，1993年，第355页。

③ 《大学》第七章。

年多的独居生涯中，他逐渐体会了“饭疏食饮水，曲肱而枕之，乐亦在其中矣”[①]的道理。他像孔子夸奖颜回一样，“一箪食，一瓢饮，在陋巷，人不堪其忧，回也不改其乐。贤哉，回也！”陋室、粗食、单衣，梭罗断绝了一切不必要的社会活动，向世人展示了简朴物质生活下精神生活的充实与满足。梭罗对颜回甘愿深居陋室、粗茶淡饭、贫穷而不失志非常赞赏，颜回的形象深深扎根于他脑海，他的亲身体验在一定程度上成为了瓦尔登湖畔的颜回。

终其一生，梭罗为成为一个颜回式的“天才”不断地实践。他远离公众舆论、远离政府、远离宗教、远离社会等，他用一种几近极端的方式来审视自我。他在林中散步、沉思、写作，排除城市的喧嚣，毫无束缚地与自然自由对话，借景抒情，逐渐形成了富有梭罗特色的人生观和哲学观。“我们是又不是我们自己。在清醒的状态下我们欢喜若狂。而只要我们心灵有意识的努力，我们就可以高高地超乎任何行为及后果之上。一切好事坏事，如奔流一般从我们身旁经过……我们感觉站在这里的我和遥远的自我有着某些重合性，感觉到我的一部分的存在并在反思，又好像那不是我的一部分，只不过是一位旁观者在观看。”[②]梭罗表达了一种自我意识的存在和反思，通过这种反思，人可以与周围的世界自由交流，可以与周围环境建立一种新的关系，从而超越自我，完善自我。与梭罗相比，爱默生简朴生活的观念多半停留在理论上，他主张人们简单地生活，但自己并没有身体力行，梭罗则用实践验证了爱默生的理论。爱默生在梭罗逝世后给予其高度的评价：“他的灵魂乃为最优秀最高贵之灵魂而生；在短促的生命中，他擅夺了世上多种能力；只要他是有学问、有德行、有美的地方，那就是他的家。”[③]

（四）小结

在《不朽的声音》里，爱默生将他认同的美德和中国人眼中的美德相比，认为“美德比权力更有用处。……生活在美国要比前些年失去了许多吸引人的地方。一位善良的地方司法长官的美德可以去除许多不好的东西，而且，大自然的运行规律是正确无误的，看上去要比那些不好的统治者们的行为有力得多。这些统治者甚至会被人们身上的善良本质所激

① 《论语·述而》。

② Gottesman, Roland et al (eds.), 1979, *The Nortorn American Literature*, vol. 1, p. 1616.

③ 转引自陈长房：《梭罗与中国》，台北：三民书局股份有限公司，1995，第195页。

怒，而且对一切碰到的虚假欺骗和暴力行动表示不间断的抵制。善良的统治者们的行为会产生一种几何比率，就像一个仲夏日能消除一年战争的破坏一样"①。梭罗也借用"浩然之气"来说明美德的重要性，"'我知言，我善养吾浩然之气。''敢问何谓浩然之气？'曰：'难言也。其为气也，至大至刚，以直养而无害，则塞于天地之间。其为气也，配义与道，无是，馁也。'"梭罗对此话理解是"我们称此综论为存在……我们可以为宇宙欢呼。我们抵达的不是一座墙，而是浩瀚大海。人类生命或许尚未揭示未来的道路，尚未呈现已经荒诞的百物，但是却隐然暗示了此弥漫天地宇宙的浩然之气。"②梭罗没能准确理解孟子关于"浩然之气"的说法，他以自己的方式理解为个人的道德修养的完善，认为一个有修养的人一定是"有很深的道德涵养，追求真理，相信公正，凡事总替他人着想，那么他周围的人便会感受他的感染力"。这一点，儒家思想早有相同的论述，一个人如果能自治自觉，就能进入天人合一境界，与真、善、美融为一体，其人格必将获得完善，其人生价值也将得以实现。良好的修养是实现个体独立自主以及获得社会认同的一个必备因素，而儒家思想有关修己安身之说是为了实现君子的内圣外王之道。爱默生思想中的理想人格符合儒家"中庸"的君子人格。梭罗身体力行，虽有些"过犹不及"，但他隐逸瓦尔登湖的实践使人们更加深刻认识到美德的重要性和个人修养的现实意义。

第三节　美国学者论

（一）美国文学的独立宣言

德国哲学家费希特认为，知识分子的个人使命是追求真理，社会使命则包括教育同代人和后代，以及提高整个社会的道德水准。自美国独立以来，整个社会都在致力于经济发展，盲目地追求物质利益的最大化。到了爱默生的年代，一些社会弊病逐渐表现出来。有资料显示，"1830 年到 1837 年间，美国纸币发行量翻了三倍，部分是因为从 1825 年起，美国经济开始兴旺。……到 1836 年，小麦歉收，棉花价格也跌了下来。一个接一个的银行被提空了存款。波士顿所有的银行到 1837 年 5 月全部付不

---

① 拉尔夫·沃尔多·爱默生：《不朽的声音》，张世飞、蒋旭东译，北京：当代世界出版社，2002，第 121 页。

② 转引自陈长房：《梭罗与中国》，台北：三民书局股份有限公司，1995，第 5 页。

出款，很多则完全倒闭了”[①]。整个社会重商主义和物质主义盛行，加尔文主义思想还占据统治地位，在这样的思想观念束缚下，自然很难产生独立的有自己特色的美国文学。

早期的美国文学基本上是殖民文学，作者以欧洲大陆的移民及其后裔为主。17世纪所谓的美国文学，多局限于日记、游记和布道文之类，几乎没有戏剧和小说，诗歌也是以服务教会为目的。到了18世纪，本杰明·富兰克林的《致富之路》和《自传》培养了当时美国人的尚实精神，但并不能书写真正的美国文学作品。1783年，诺亚·韦伯波斯特说过：“美国必须在文学上也如在政治上一样独立，在艺术上如同在武功上一样驰名。”[②]早期的超验主义者钱宁和小说家爱伦·坡也发表了类似的言论。受欧洲文学的影响，美国的知识分子十分崇尚欧洲文化，在思想、题材、风格等方面都极力模仿欧洲的文学传统，而这些都为爱默生所鄙夷。他在《英国特色》中毫不留情地批判了这种文学创作模式和文化效应：“看看我们的图书馆里藏了些什么书。我们读的每一本书，每一部传记、戏剧、传奇，无论形式如何，仍然是英国的历史和习俗。”[③]爱默生之后一直致力于具有美国特色的文学作品创作。

超验主义运动的社会意义表现在它首先解放了长久以来饱受加尔文主义、唯一神教欺骗和蒙蔽的美国民众，让广大民众能自由地呼吸新鲜的文化气息。爱默生和梭罗尊重人的价值、人的智慧和人的创造能力，推崇个人的自由发展等思想逐渐渗入文学创作领域，为美国学者创造本土文学打下了思想基础。作为美国浪漫主义文学的重要组成部分，爱默生的文学思想深受当时英国浪漫主义的代表人物华兹华斯、卡莱尔和柯勒律治等诗人的影响。在熟悉英国浪漫主义文学发生和发展的基础上，爱默生不断探索和创新，开始了真正的美国文学的自由之路。

1836年，爱默生出版了他的第一部专著《论自然》，被卡莱尔称为“一部真实的启示录”。在这部著作中，爱默生不仅探讨了超验主义的自然观等主要的超验主义思想，同时激励美国的知识分子要努力摆脱欧洲文学的束缚，建立本民族文学。这些思想为他后来发表《美国学者》的演说作了铺垫。爱默生在《论自然》的开始部分一针见血指出了美国文学文化现

① 小罗伯特·D.理查森：《爱默生：充满激情的思想家》，石坚、李竹渝译，成都：四川人民出版社，2001，第364页。

② 塞·埃·莫里森等著：《美利坚共和国的成长》（上卷），天津：天津人民出版社，1980，第284页。

③ 拉尔夫·沃尔多·爱默生：“英国特色”，吉欧·波尔泰编：《爱默生集》，赵一凡、蒲隆、任晓晋、冯建文译，北京：生活·读书·新知三联书店，1993，第865页。

存的弊病和他对美国文学的展望：

> 我们的时代是一个对过去恋恋不舍的时代。我们为我们的父辈修坟造墓，我们写下了种种追忆先人往昔的传记、历史和评论。我们的先辈们与神灵，与自然直接晤面，领承天启；而我们，和他们一样长有双眼的我们，却只能借助他们的双眼来目睹神灵和自然。我们为什么不能拥有由我们的亲眼所见激发出来的而不是由我们的先辈留给我们的诗和哲学？我们为什么不能拥有上苍直接启示给我们的宗教本身而不是宗教的历史或历史中的宗教？……在这里，有新的土地，新的人，新的思想。让我们还是争取属于我们自己的一切吧！——自己的工作，自己的法律，自己的崇拜！[①]

爱默生这些富有挑战性和振奋人心的呼吁唤醒了沉睡多年的美国知识分子，也震撼了日日忙于追逐物质利益的美国民众，为他们从加尔文主义、物质主义的束缚中解放出来做好了思想准备，也为美国文学带来了新的革新思想和观念。

爱默生认为，每一个时代都有它独特的魅力和特征，每一个国家都有它独立的动人的历史和故事，美国作家就应该立足本土文化和历史，用自己的写作方式来表达他对美国的感情。他倡导知识分子精神上要彻底独立，美国文学思想和内容上要独立，他号召美国人写美国的故事，写当代的故事。1837 年 8 月，爱默生应全美大学生荣誉协会的邀请，在哈佛大学发表了题为《美国学者》的演说，谈到了做人和做学问的问题。在这次演讲中，爱默生严厉地抨击了美国社会存在的灵魂从属于金钱的拜金主义、资本主义的劳动分工使人异化为物的现象，抱怨美国没能创作出富有想象力的一流作品，抱怨“封建的束缚”误人太深。他高声疾呼：

> 我们依赖旁人的日子，我们学习他国的长期学徒时代即将结束。在我们周围，数百万的青年正冲向生活，他们不能再依赖外国学识的残羹来获得营养。出现了一些必须受到歌颂的事件与行动，它们也会歌颂自身。所产生的新事物和人们的行为应当加以歌颂，而他们本身也将歌唱自己。[②]

---

① 拉尔夫·沃尔多·爱默生：“论自然”，《美国的文明》，孙宜学译，桂林：广西师范大学出版社，2002，第 1 页。

② 拉尔夫·沃尔多·爱默生：“美国学者”，《美国的文明》，孙宜学译，桂林：广西师范大学出版社，2002，第 55 页。

在《美国学者》里，爱默生清晰地表达了两个思想：既鼓励美国学者有自己的思想和作品，也不要忘记把欧洲优秀的作品介绍到美国。爱默生反对美国继续借鉴欧洲文学的创作模式，否则美国文学将永远无法表达自己的主题和写作特色。他说："我们要用自己的脚走路，我们要用自己的手来工作，我们要发表自己的观点。文学研究将不再是个代表怜悯、代表怀疑或仅仅代表着感观放纵的一个名词。人的恐惧，人的爱，将构成一堵防护墙和一个围绕一切的快乐的花环。一个由人组成的国家将第一次出现在世界之上，因为每个人都相信他受到圣灵的启示，而圣灵也将激励所有的人。"[①]就美国文学独立性而言，梭罗像爱默生那样发出了同样的声音，他有过类似的抱怨，反对权威，反对刻意的模仿。他在一篇名为《外来影响下的美国文学的得与失》文章中指责新英格兰文学过度依赖英国人的口味，带有以市场为导向的平庸，并且在《瓦尔登湖》和《河上一周》里重申了这一观点。梭罗不无挖苦地以美国人崇尚时髦、盲目崇拜欧洲为例："巴黎的猴王戴上了一顶旅行帽，全美国的猴子学了样。"[②]在梭罗的眼里，真正的美国文学作品应该是作者独立思考和创作的结晶，简单的模仿或想象根本不能创作出伟大的作品。

在爱默生之前，美国已经涌现了一批知名作家，如华盛顿·欧文、托马斯·潘恩等。但他们的作品或是模仿欧洲作家，或是毫无文学色彩的政论文，缺乏自己的声音。"我们太关注外国了，现在我们该变成真正的、真实的美国人了。""爱默生可以说是将政治家在政治领域所取得的成就应用于文化中来的第一位美国人，但他不是靠行动，而是靠智慧。"[③]他鼓励美国知识分子要做一个相信自己的人，一个鼓舞大众、教育大众、引导大众的人，一个脱离了个人私欲，为优秀思想而活着的人。他要求广大学者要相信自己，认识自己，观察自然，博采众长，建立新的美国文化，写出自己时代的书，在力求达到自身完善的同时，为人类文明的进步作出贡献。爱默生的思想轰动一时，在思想文化界产生了极大的反响，对美国民族文化的兴起产生了巨大影响。

爱默生的演说《美国学者》发表之后，一个月之内五百册销售一空。当初他演讲的时候，人们也许还没有意识到这次演讲的影响和意义。随着时间的推移，爱默生的这次演说越来越引人关注，甚至成为了一种传

---

① 拉尔夫·沃尔多·爱默生："美国学者"，《美国的文明》，孙宜学译，桂林：广西师范大学出版社，2002，第76页。

② 亨利·戴维·梭罗：《瓦尔登湖》，徐迟译，长春：吉林人民出版社，2003，第22页。

③ 孙宜学："译序"，《美国的文明》，孙宜学译，桂林：广西师范大学出版社，2002，第1页。

奇。50年后,奥利弗·霍姆斯称之为美国“思想的独立宣言”。[①] 爱默生并不是第一个看到美国文学长期依赖他民族、长期师承他民族文学文化的人。实际上,在1837年之前的二十几年的时间里,一个又一个的学者在哈佛大学登台演说,他们告诫人们不要过多地盲目地聆听欧洲文学家的思想,这些都不利于美国文学的发展。或许在那时候,这些告诫还不够有影响力或者说还没有引起人们足够的重视。到了爱默生这里,欧洲文学和思想确实使他受益匪浅,但他依然冷静客观地分析了欧美文学的现状,保持强烈的民族热情完成了脍炙人口的演说,并获得了巨大的成功。

《美国学者》是爱默生关于“学者的责任”这个观点完成的首篇文章。在他后来的演说中,他不断强调学者所应当承担的社会责任,讽刺那些“书籍的修补者、校订者和各种层次的藏书狂”,认为他们是“饱经读书之辈”,是“一知半解的人”。这些所谓的学者却自欺欺人,“总是用最糟糕的词语造出别扭不堪的烂句子,因为他们除了赐予,什么也没注意到”[②],并没能起到教育民众和传播知识的作用。爱默生思想中的美国学者要能代表那个时代的新兴的美国文学和文化发展的方向,必须是“有思想的人”,“不是一个农夫,或一位教授,或一位工程师,而是他们全体的总和”[③]。爱默生称具有这些品质的人为“自信者”,是美国人民的理想楷模,是学习的风向标。“当他走进我们任何一座教堂时都会感觉到大众崇拜对人的控制已经消失,或者说正在消失。”[④]这样的人是希望的使者,当众人相互贬损,使世风沦为令人沮丧的教条时,能加强抵御自我的能力。他们还是世界的眼睛、守望者和心脏,保持并传授高尚情操、伟大人物的传记,旋律优美的诗句和历史的总结,抵制使人倒退到野蛮状态的庸俗的繁荣。

真正的美国学者首先是独立的自己,其次才是艺术家,要真诚而不是虚荣,思想内容对他们而言最为神圣、最为美妙。学者对流行艺术表现出无知和陌生,能接受贫穷和孤独,甚至某些时候和整个社会处于敌对状态。学者能得到的是“知道自己正在发挥人性最高的技能。他是使自己超脱了私心杂念并因此得到升华的人,他依靠民众和充满活力的思想去

① 转引自:小罗伯特·D.理查森:《爱默生:充满激情的思想家》,石坚、李竹渝译,成都:四川人民出版社,2001,第364页。

② 参看小罗伯特·D.理查森:《爱默生:充满激情的思想家》,石坚、李竹渝译,成都:四川人民出版社,2001,第371页。

③ 拉尔夫·沃尔多·爱默生:“美国学者”,《美国的文明》,孙宜学译,桂林:广西师范大学出版社,2002,第56页。

④ 拉尔夫·沃尔多·爱默生:“对神学院毕业班的演讲”,《美国的文明》,孙宜学译,桂林:广西师范大学出版社,2002,第90页。

呼吸，去生活”①。从这个意义上而言，《美国学者》解放的不仅仅是美国文学界或知识界，而是作为个体的人。在爱默生等人的倡导和影响下，美国文学逐渐形成了自己的风格和主题，大批优秀作家随之出现，如霍桑的《红字》，麦尔维尔的《白鲸》，惠特曼的《草叶集》等。

（二）学问之道

学者要善于思考，要善于认识自己和自然，要能将自己和周围的事物联系起来思考。学者和外界的关系是同根所生，一个是叶，一个是花，联系二者的是崇高的灵魂。“大自然是人类心灵的对应物，它的每一个部分都与心灵息息相应。一个是印鉴，另一个是印记。自然之美正是人类心灵之美。自然法则也正是人类心灵的法则。”②爱默生认为，人对自然认识多少，对自己的认识就是多少。修身养性与治学自然而然的合而为一。同时，学者的思想和人类历史的优秀文化遗产紧密联系，它可以通过文学、艺术、社会制度等形式表现出来，而书籍是表现思想的最好途径。因此，学者要学会做学问。

真正的学者是一个能将世界融入自身，按照自我心灵的逻辑将书本的知识准确地表达出来，是文化的传播使者，又是知识的开拓者。因此，有思想有智慧的学者不能完全受纯粹的书本知识的束缚，不能盲目地崇拜和不假思索地模仿一些未经实践检验的理论，更不要为书上的知识所吸引而彻底丢失了自我，“尽信书，则不如无书”。③ 要使书籍为自我服务，恰当地使用之。书籍使用得当自然是最好的东西，如果滥用则后果难以预料。爱默生专门以几百年前的文学巨匠莎士比亚为例。几个世纪以来，英国人对他顶礼膜拜，言必谈莎士比亚。只要有可能，都会刻意地模仿他，结果英国的戏剧全盘莎士比亚化，毫无特点。英国的戏剧不仅没有进步，在一定程度上还出现了退步。还有一些书籍，梭罗认为“包含某种罕见但却显得身价低廉的真情实话和自然纯朴。可能情趣并不高，表达并不美，但它却是无拘无束的乡村言谈。一本书里的简朴几乎同一所住宅内的简朴一样是个了不起的优点，如果读者愿意居住其中。它差不多等于美，是高超的艺术。有些人只有这一优点”④。书本的好坏并没有统

① 拉尔夫·沃尔多·爱默生：“美国学者”，《美国的文明》，孙宜学译，桂林：广西师范大学出版社，2002，第 67 页。

② 同上书，第 58 页。

③ 《孟子·尽心下》。

④ 亨利·戴维·梭罗：“在康科德和梅里马克河上一周”，罗伯特·塞尔编：《梭罗集》，陈凯、许崇信、林本椿、姜瑞璋译，北京：生活·读书·新知三联书店，1996，第 96—97 页。

一的标准，学者只有选择适合自己的书籍，静心研究和思考，活跃的心灵才能体会其中的意义，发现宇宙的真理，从而认识自己，写出具有时代特色的东西。梭罗借用了孟子的话，“人有鸡犬放，则求之；有放心而不知求。学问之道无他，求其放心而已矣”[①]。梭罗用这句话旨在说明客观地阅读加上理性的思考以及科学的运用，才是真正的“学问之道”。

爱默生还认为，优美的诗歌不仅抒发诗人的激情和内心思想，还具有一定的道德教化功能，这样的诗歌才是好的诗歌，才有文学价值，才能为社会所接受和认可。通过阅读诗歌，人们将从中获得真理和智慧，这就是诗人的责任和创作宗旨。在欧洲访问期间，爱默生拜访了不少当时的文学名人，如英国诗人柯勒律治、华兹华斯和苏格兰散文家、历史学家卡莱尔。特别是他会见了卡莱尔之后，两位文学家开始了终生的友情和通信。很长的一段时间内，爱默生认为自己是为成为一名真正的富有情感的诗人而存在。他的这个思想最早源于他早年在哈佛学院求学期间，他觉得自己将来成不了神学家，更适合做一名诗人，“是言者、命名者，代表着美”，用诗歌和上帝沟通。诗歌的形式和内容往往与诗人的个人经历和思想息息相关，诗人运用丰富的词汇和形象的手法表现自己的思想，使形式和内容完整地结合在一起，最终形成文字供人们阅读。诗人是学者，不是说教者，是真理和智慧的接受者，又是传送者。

> 要想写好诗，就必须受到激情的激发，在其他任何条件下，他都写不好。同样的力对他的所有本质都有激情。它使感情扩展，它使小丑文雅，它给懦夫以心灵。它将使最悲惨、最凄苦的心灵鼓起勇气公开反抗整个世界，因此只有它具有被爱的对象的神色。它在将他给予另一个人时，它仍只不过是将他给了他自己。他是新人了，具有新的感觉、新的更热烈的目的，以及性格和目标的宗教般的庄严。他不再属于自己的家庭和社会，他是某物；他是一个人；他是一颗灵魂。[②]

爱默生批评英国诗人雪莱，说他时常诗兴大发，落笔成文，却不能算是一位真正的诗人。虽然雪莱一贯以品位高雅、记忆惊人著称，是一位具有高贵气质和先知品格的诗人，但是在爱默生的眼里，他缺乏想象力，缺乏原

---

① 亨利·戴维·梭罗：“在康科德和梅里马克河上一周”，罗伯特·塞尔编：《梭罗集》，陈凯、许崇信、林本椿、姜瑞璋译，北京：生活·读书·新知三联书店，1996，第238页。

② 拉尔夫·沃尔多·爱默生：“爱”，《美国的文明》，孙宜学译，桂林：广西师范大学出版社，2002，第281页。

创性，缺乏诗人应有的那种真正的灵感之火花，其诗歌有大量的模仿和堆砌之嫌疑。[①] 爱默生鼓励美国的诗人要富有激情，勇于表达自我，表现美国精神，给一直依附于欧洲文化的美国文学以信心和勇气，“我们要用自己的脚走路，我们要用自己的手创作，我们要说出自己的心里话”。他饱含激情地写下了《民族的精英》这首诗歌，是他作为诗人身份的一次有力体现，也是他对整个美国民众的期盼：

是人，而不是黄金
　　才能使民族伟大强盛；
人民，为真理和尊严
　　不屈不挠，历尽艰辛。
勇士劳作，懒汉沉睡，
　　勇士奋斗，懦夫逃退。
人民，建起民族之柱
　　扎根大地，直指蓝天。
……

诗人总是在表达“一种充满激情、活跃无比的思想；它就像一种植物或一种动物的精灵一样，有它自己的结构，并用一种新东西来装饰自己”[②]。除了散文书写，梭罗还对诗歌情有独钟。他对外宣称自己从不读小说，因为小说都是虚构，缺乏真实的生活感悟和思想，不能给人以教育和指导的作用。在《河上一周》这部散文中，梭罗几乎在每章都会写一些文字优美、内容丰富的诗歌，从而使得这部作品更具有艺术的美感。梭罗把诗人分为两类：一类诗人栽培生命，另一类诗人栽培艺术。前者为营养寻找食物，后者为美味寻找食物；前者填饱肚子，后者满足口味。天才的诗人能抓住思想中瞬间的灵感，用清晰优美的文字表达出来，“是吟唱诗人，一名语言的润饰者；他是文学中的辛辛纳图斯，并不占据世界的西端。他将像太阳一般毫不经意地选择自己的韵脚，以不受清规戒律的情趣把这行星和庄稼收割后的田地编入他的诗篇。”“诗人将只为与自己同等的人写作。他将只记住：他从自己的位置看见了真理和美，而且期待着这一时刻的到来——同样宽广的视力将同样无拘无束地俯瞰同一

① 参见拉尔夫·沃尔多·爱默生：“关于现代文学的思考”，吉欧·波尔泰编：《爱默生集》，赵一凡、蒲隆、任晓晋、冯建文译，北京：生活·读书·新知三联书店，1993，第1310页。

② 拉尔夫·沃尔多·爱默生：“诗人”，《美国的文明》，孙宜学译，桂林：广西师范大学出版社，2002，第326—327页。

片原野"[①]。这样的诗人创作出的诗篇犹如一股清香，悄悄地来到读者身边，将读者沉浸在诗歌的精神和芳香之中，既有伟大的特征，又有本质的特征。所以，"真正的诗不是公众阅读的诗。总是存在着一种并非印在纸上的诗，在它产生的同时，它被印刷在诗人的生命中。它是诗人通过自己的创作所变成的东西。这并不是思考如何用石头、用画布抑或用纸张的问题，而是看它在多大程度上在艺术家的生命中获得了形式和措词"[②]。梭罗将诗人的地位捧得很高，虽有些夸张，但他深刻地道明了作为学者的诗人应该具备的素质和思想。

（三）学而优则仕

孔子的弟子子夏曾说过："仕而优则学，学而优则仕"，他强调仕有余力就应当学习，学习而有余力的就可以出仕。朱熹在《四书集注》中的释义为"仕而学，则所以资其仕者益深；学而仕，则所以验其学者益广"。这全面阐述了"仕"与"学"的辩证关系。但是今天，很多人放弃前半部分的话，更加关注"学而优则仕"。儒家思想认为，一个有学问的人要服务于他的时代和政府，最好的方式就是"学而优则仕"[③]。这一思想明确说明做学问不仅懂得大道识大体，还要学以致用，尽可能地为政府服务，将学问用于改造社会、实现自己的政治理想。儒家的学问之道通过两方面体现出来：一是修己安身，学者通过学习具备这些德行：忠诚、诚实、守信、公正、仁慈，以及其他。[④] 另一方面是实现"学而优则仕"的人生理想。作为一名"传道授业解惑"之人，孔子希望他的弟子学以致用，服务于统治者，服务于政府。孔子反对不能转化为实际用途的纯粹的博学，因为教育的实用性不仅仅指具有某种特殊技能或某方面的专业知识，还要尽量地为政府服务、为百姓谋福利。总之，孔子理想中的学者乃近乎完美之人：拥有智慧，脱离贪欲，勇敢无畏，多才多艺，彬彬有礼、精通礼仪等。一直以来，这都是儒家思想主要的教育理念。

爱默生和梭罗认为学者的责任包括修身养性博学以及服务于社会，尽可能地为社会作贡献，这在一定程度上契合了儒家思想的"学而优则仕"。但是，超验主义者思想中的学者是世界的眼睛、心灵和心脏，是灵魂

---

① 亨利·戴维·梭罗："在康科德和梅里马克河上一周"，罗伯特·塞尔编：《梭罗集》，陈凯、许崇信、林本椿、姜瑞璋译，北京：生活·读书·新知三联书店，1996，第308页。

② 同上书，第309页。

③ 《论语·子张》。

④ 顾立雅：《孔子与中国之道》，郑州：大象出版社，2000，第155页。

高尚的人，他不是为统治阶级服务存在，而是为了实现人性中更多的善和美等功能。爱默生和梭罗在《日晷》10月刊中引用了孟子的一段话：

王子垫问曰："士何事？"孟子曰："尚志。"曰："何谓尚志？"曰："仁义而已矣。杀一无罪，非仁也；非其有而取之，非义也。居恶在？仁是也；路恶在？居恶在？仁是也。义是也。居仁由义，大人之事备也。"

在爱默生和梭罗的言谈和作品中都流露出类似的观念，即学者要有高尚的品德，但并没有必要或者说必须直接听命于政府。葛兰西将知识分子分为两类：一类是传统的知识分子，如教师、教士、行政官吏等，这些人代代从事相同的工作；另一类是有机的知识分子，这些人与阶级或政府直接相关，政府要运用他们来管理国家，赢得更多的权利，获取更多的利益。[①]爱默生和梭罗心目中的知识分子既不属于第一类，也不属于第二类，他介于二者之间，既是传统的知识分子的代表，又积极地参与社会，融入到社会工作中来，是又不是儒家思想所说的"仕"。

"学而时习之，不亦乐乎？"[②]《论语》开篇的这句话强调了不断的学习和将知识付诸实践，学以致用是一件很愉快的事情。孔子鼓励学生要学习书本知识，要向他人学习，还要在实践中检验学习的效果。"子入太庙，每事问。"将学习和实践相结合，通过实践实现学问之道。《日晷》里引用了几条有关学习和实践的语录，如"子路有闻，未之能行，唯恐有闻"。爱默生和梭罗用实际行动证明了他们对儒家这一思想的认同。爱默生著名的主张之一就是学者从生活中获得的知识和经验比纯粹的书本理论更为重要，真正的学者决不会放弃每一个实践的机会。他认为没有实践的人谈不上是一个真正的学者，甚至都不能算是一个真实的人。爱默生反对当时流行的一种观念，很多人认为学者应该做个隐士，断绝一切人际交往，隐退于山林，不问世事。无论是当时还是今天来看这种思想，对知识分子而言都是不公正和不明智的。知识分子不仅仅是理论知识的接受者，也是传播者和实践者。爱默生痛斥那些只会"饱读经书"和"一知半解"的人。他们浅薄的思维总是停留在文字的表面，高谈阔论，纸上谈兵，以其昏昏，使人昭昭。实践的真正意义在于"从生活经验里获得多少知识，我就能征服和开垦多少荒野，或者说我就能扩大多少我的存在我的

① 参看爱德华·W.萨义德：《知识分子论》，单德兴译，陆建德校，北京：生活·读书·新知三联书店，2002，第11页。

② 《论语·学而》。

领地"[①]。梭罗对待学问的态度可以用一个词来形容："严谨"。这包括严谨的治学和严谨的生活态度。他不善言辞，不苟言笑，鄙视那些游戏生活的人，也看不惯食古不化成天抱着书本的老学究。学者应该自始至终充满热情地去生活，去积极地实践，"这样做才可以像数学一样训练他们的心智"[②]。生活的经历和实践是文学和艺术的源泉，实践的最终价值在于它是一种资源，能源源不断为知识分子提供创作和思考的素材。"心灵时而思考，时而行动，彼此呼应，循环相生。"[③]经验经过思考逐渐转化为思想，无意识转化为有意识，人类才能不断地认识社会和自然，不断地接近真理。

爱默生本人是一个非常注重实践的人。他一生中没有担任过任何政府机构或者教育部门的行政职务。他曾在教堂任过一段时间的牧师，之后便潜心写作和四处游学，可以说是一个彻底的自由职业者。所有的这些精力并没有妨碍爱默生关注政治、关注社会，关心民众疾苦。他饱含激情地在美国各地做了一场又一场的精彩演说。他演讲的内容既饱含深刻的学术思想，又有他本人对当前的政治、社会和文化发展方向的主题。就像他早年毫无畏惧地反对加尔文主义和唯一神教那样，爱默生后来和梭罗义无反顾地投入到了废奴运动中来，帮助一批又一批奴隶获得了自由。爱默生的一生，是积极入世的一生，也是成果累累和战绩显赫的一生。相比较而言，梭罗绝对不是个积极入世的文学家或者说社会活动家，这和他特殊的生活经历密不可分。梭罗在瓦尔登湖畔闭门冥思，并非消极遁世。他完成了人生的蜕变，从某种程度上实现了东晋诗人陶渊明一般的境界："结庐在人境，而无车马喧。问君何能尔？心远地自偏。采菊东篱下，悠然见南山。"[④]和陶渊明不一样的是，梭罗并非仕途失意最终无奈避世，他主动选择离开社会去体验生活，并在悟得生活的真谛后全身而退，继续投入到生活的洪流中来。虽然梭罗的言行有些古怪，不为世人所理解和接受，这其中包括他的好友爱默生。但是，梭罗一直非常清楚自己的行为和决定，所有的一切都是为了更加"认真地生活"。

知识在实践中得以不断地验证和充实，同时又为将来的学者能接受更好的教育打下基础，二者相辅相成。教育的目的不仅仅是促进个体的

---

① 拉尔夫·沃尔多·爱默生："美国学者"，《美国的文明》，孙宜学译，桂林：广西师范大学出版社，2002，第64页。

② 亨利·戴维·梭罗：《瓦尔登湖》，徐迟译，长春：吉林人民出版社，2003，第45页。

③ 拉尔夫·沃尔多·爱默生："美国学者"，《美国的文明》，孙宜学译，桂林：广西师范大学出版社，2002，第66页。

④ 陶渊明：《饮酒五》。

发展，完善个体的品行和道德修养，还要为培养真正的美国学者服务。孔子作为老师，弟子三千，他探索各种教育方法，“有教无类”，因材施教，鼓励和培养学生的主动性和创造性，培养了一大批德才兼备的贤德之人。爱默生长期关注美国的教育体制，他发现独立不久的美国不仅缺乏具有本民族特色的独立的文化，也没有建立自己的教育体系。新建的美国不仅沿袭着欧洲文化传统，教育体制上也没能走出欧洲教育思想的影子，没能培养出真正具有美国精神的学者。“我们到欧洲去求学。我们接受欧洲的风尚。我们的教育，所谓的教育，——大学里的训练，还有直至今日的阅读，——哪一样不是欧洲式的，而且我们写文章论述英语文化，对象也是美国和欧洲的英语读者。”[①]更重要的是，美国的教育制度功利性太强，大部分的高等教育旨在培养年轻学者的同情心和社交能力，不重视社会实践。在这种体制下培养出来的青年一代虽然在“举止言谈中显示出一种无法估量的温雅气质”[②]，但他们自视甚高，华而不实，总是表现出一种旁人所不及的优越感。以教养为目的的教育自然不能培养出有思想、会行动、有创造性的学者，教育的社会意义和价值随之降低。根据美国社会的发展现状，爱默生指出，教育要发挥更高的效用，不能单纯地以教养为目的，而应以培养年轻学者的创造能力为宗旨，“将远近各处才华各不相同的天才聚集到自己舒适的大学校园里，再用集中的知识之火，使他们年轻人的心熊熊燃烧起来”[③]。爱默生褒奖了英国政府在学校硬件设施和教育师资方面的大量投资。丰富的教育资源为学者们提供了宽松的学习和研究环境，使他们能系统深刻地学习知识、发现问题、解决问题，进一步促进教育事业的发展。爱默生也很欣赏几千年前中国的科举考试，他认为只有通过严厉的筛选和考核，才能发现真正的人才。而这些，都离不开政府设立合理而科学的教学制度。

（四）小结

“一个有文化修养的劳动者，其价值要比一个没有受过教育的劳动者大得多；一位工程师借助科学仪器和手段创造的成就，可以顶上成百上千人的工作。……甚至可以断言，英国、希腊和意大利的每一位智慧和天才

---

① 拉尔夫·沃尔多·爱默生：“欧洲和欧洲的书”，吉欧·波尔泰编：《爱默生集》，赵一凡、蒲隆、任晓晋、冯建文译，北京：生活·读书·新知三联书店，1993，第1419页。

② 拉尔夫·沃尔多·爱默生：“修养”，吉欧·波尔泰编：《爱默生集》，赵一凡、蒲隆、任晓晋、冯建文译，北京：生活·读书·新知三联书店，1993，第1140页。

③ 拉尔夫·沃尔多·爱默生：“美国学者”，《美国的文明》，孙宜学译，桂林：广西师范大学出版社，2002，第63页。

人物，都使无数默默无闻、辛苦干活的人失去他们存在的意义。”[1]爱默生的这番话有贬低体力劳动者、夸大脑力劳动者的社会功能之嫌疑。不过，他真正的用意依然是为了表达他个性鲜明的个人主义思想，并希望以实现个体道德修养为宗旨的个体价值观能为美国思想和文化注入新鲜的血液，带来清新的气息。梭罗在爱默生的基础上将个人主义的道德修养和价值观向前推进了一步，成为爱默生倡导的超验主义思想下的一名旗手。爱默生处在美国思想和文化萌芽的时代，美国实用主义之父约翰·杜威教授对他的评价是：“即使爱默生没有建立任何系统的理论，他却是理论的先知和使者。自他之后，美国才真正建立了民主制度并被延续了下来。”爱默生博览群书，善于吸收儒家思想中他认为有价值的观点，鼓励年轻学者要有创新思想，要不断实践，实现真正意义上的个体自由和独立，做一名真正的美国学者。梭罗则用自己的行动向世人证实了个体的价值和意义。

① 拉尔夫·沃尔多·爱默生：《生活的准则》，金叶译，北京：蓝天出版社，2004，第31页。

第三章　对儒家思想家社会观的接受

在西方社会，最早思考个人和社会关系的哲学家是亚里士多德。他提出“人是社会动物”的论断，认为古希腊民主体制中的公民小时候在家由父母抚养，但是，等到他成人就应离开父母主动参与公共生活，实现人格上的独立。恩格斯指出，人是“一切动物中最爱群居的动物”①。马克思认为“人是社会存在物”，“人的本质是人的真正的社会联系”②，社会“是人们交互活动的产物”③。个人的生存和发展，既具有个体性，又具有社会性。正是在这个意义上，“人的本质并不是单个人的固有的抽象物，在其现实性上，它是一切社会关系的总和”④。因此，人的属性可分为两大类，即自然属性和社会属性。一方面，人是社会的人，有群体性。从人类诞生那天开始，每个人的生存和发展都不能离开他人、家庭和社会。这就决定了人的本性之中首先具有相互依赖、彼此关心、彼此协调的内在素质，这些是社会公德得以存在并延续的先决条件。另一方面，作为独立个体的个人，每个人都有自己独特的思想、情感、欲望和自由意志等，每个人的内心都存在着一个完全不同于他人的自我，将自我与社会隔离开来。因此，个人活动与社会发展存在着相互联系、相互制约的关系，个人活动对社会发展产生能动的作用。社会和个人的发展既统一又常常发生矛盾。爱默生和梭罗倡导个人主义思想，认为个人的独立自由是社会存在的基础。他们也承认人的社会性，重视个体与家庭、与他人以及与政府的各种关系。儒家思想用“人伦”一词概括个人的所有的社会关系，即人与人的关系中的次序和道理，可指一切人际关系。儒家思想文化具有深厚的人文精神传统，包含丰富的有关本体论和认识论的思想，突出对人生和人格道德理想的培养，注重和谐的人际往来和严格的等级次序。以人为中心，超验主义从儒家思想那里获得了启发。总而言之，超验主义和儒家思想都是研究人类社会道德伦理规范和人际关系的学说。

---

① 马克思、恩格斯：《马克思恩格斯选集》(第 4 卷)，北京：中央编译局，1966，第 376 页。

② 同上书，第 24 页。

③ 同上书，第 532 页。

④ 同上书，第 17 页。

第一节　个体价值的新体现

（一）家庭观念的新解读

卢梭认为："一切社会之中最古老的而又唯一自然的社会，就是家庭。然而还在也只有在需要父亲养育的时候，才依附于父亲。这种需要一旦停止，自然的联系也就解体。孩子解除了他们对于父亲应有的服从，父亲解除了他们对于孩子应有的照顾以后，双方就都同等地恢复了独立状态。如果他们继续结合在一起，那就不再是自然的，而是自愿的了；这时，家庭本身就只能靠约定来维系。"①家庭是社会的缩影，个人的发展和家庭关系紧密相连，准确理解个人与家庭的关系，才能准确认识个人和社会的关系。梭罗虽然在一定程度上是个极端的个人主义推崇者，宣扬人的绝对的独立，但他也说出了"我们是属于社会的"这样中肯的话。对梭罗而言，社会是抽象的群体组织，是个人可参与可逃避、是千万年以来祖先留下的历史的遗迹；社会是具体的将个人圈在其中的一个环，家庭是更小的环，每个人都是环上的一个点。因此，个人不能离开社会这个大环境单独存在，恰如孔子所言，"己欲立而立人，己欲达而达人"。孔子认为仁德之人希望成功首先会使别人有机会成功，希望被人理解则首先理解别人。这是儒家思想道德修养中处理人际关系的重要原则，即忠恕，它要求根据个人内心的体验来推测别人的思想感受，达到推己及人的目的。按照孔子的这种观点，人们追求个人权利和利益，实现个人价值无可厚非，但个人必须顾忌他人的利益和感受，保持个人与家庭、与他人以及与整个社会关系的协调发展。

儒家关于人际关系的论说主要建立在人伦基础之上。儒家思想认为，不论在什么时代都不存在独立的个体，个体无法脱离人伦关系的束缚独立存在，个体的不同身份是群体成立和存在的前提条件。儒家所说的群体，主要指家庭、家族、国家、民族以及天下所有的人组合而成的集体。孟子说："人之所以异于禽于兽者几希，庶民去之，君子存之。舜明于庶物，察于人伦，由仁义行，非行仁义也。"②人与禽兽的最大差别是人有人伦，这种人伦关系通过个人的家庭和社会关系表现出来，具体表现为等级

① 让·雅克·卢梭：《社会契约论》，何兆武译，北京：商务印书馆，1982，第 9 页。

② 《孟子·离娄章句下》。

和次第关系。孟子的“五伦”说即五种人伦关系。封建宗法社会以君臣、父子、夫妇、兄弟、朋友为“五伦”。孟子认为：父子之间有骨肉之亲，君臣之间有礼义之道，夫妻之间挚爱而又内外有别，老少之间有尊卑之序，朋友之间有诚信之德，这是处理人与人之间关系的道理和行为准则。“使契为司徒，教以人伦：父子有亲，君臣有义，夫妇有别，长幼有序，朋友有信。”①这样，儒家心目中的个人，不是“社会关系的总和”，而是各种伦理关系的总和，个人不是具有独立的自由意志的主体，而是在各种伦理关系中占据特定位置的人。

儒家的家庭关系主要是指家族的血亲关系。个人一生不能离开家庭，否则就是抛弃自己的身份。个人首先是家庭的成员，要在家庭这个微型的社会关系中认识自己，然后才扩展到更为广泛的社会关系中去。国家是家庭的延伸，对国家的认识是在对自身的认识过程中逐步形成和深化的。对儒家思想而言，家庭是一种有秩序地服从权威的模式，在家庭中有长幼之分和辈分之别。“弟子入则孝，出则悌，谨而信，泛爱众而亲仁，行有余力，则以学文。”②这说明个人必须在家庭关系中实现孝悌这一基本的伦理感情，懂得父母兄弟之爱，才能去爱他人。换言之，一个人若做不到孝悌，就不可能爱他人，也没办法处理好个人与他人、与社会的关系，更不可能治国平天下，行君子和圣人之道。

超验主义提倡个人的绝对自由和平等，人在一定程度上就是上帝。这就决定了爱默生和梭罗必将立足本土文化，立足他们坚守的超验主义思想和统领西方社会数千年的基督教的教义教规，然后他们才会有条件地接受儒家思想的人伦观。爱默生和梭罗在认识儒家孝悌观的基础上，以实际行动重新解读了家庭伦理道德观。

爱默生出生于一个家庭成员众多的牧师家庭。在他的记忆中，家庭一直代表着温馨与和睦，他在这样的家庭中健康而快乐地成长：“急切的脸红红的男孩子们尽可能放下他们手中的琐事，赶到客厅去预习第二天大量的功课，……家里充满了温暖、挚爱、愉快的气氛。每个人在短暂的学习和工作的分离后，回来都要照照面，相互问候。”③爱默生的母亲是位虔诚的唯一神教徒和典型的家庭主妇，常年操持家务，对孩子爱护有加。其兄弟之间充满了手足之情，互相支持、鼓励和批评。一方面，这个家庭

---

① 《孟子·滕文公上》。

② 《论语·学而》。

③ 小罗伯特·D. 理查森：《爱默生：充满激情的思想家》，石坚、李竹渝译，成都：四川人民出版社，2001，第25页。

的日常生活充满着安详与和谐，另一方面家庭的等级观念，尤其是长辈和晚辈之间的等级也让爱默生紧张不已。这些，主要来源于他的父亲威廉·爱默生，一位知名的唯一神教牧师。爱默生印象中的父亲总是不苟言笑，言谈举止非常严肃，"有点像一个社交绅士"，对自己的孩子要求异常严厉。在他幼年时期，父亲为了让爱默生学会游泳，二话不说直接用力把孩子推进海水中。爱默生是否学会了游泳姑且不论，至少他四十多年后的传记中提及此事，仍心有余悸，"为此而受到的惊吓，有了这海水的经历后，一天我听到他的声音召集我们去一个新的地方游泳，我徒然地尽力找地方想藏起来"[①]。对爱默生影响深远的另一位家庭成员是他的姑妈玛丽·爱默生。她不仅在经济上资助家道逐渐中落的爱默生家庭，还言传身教直接教育年幼的爱默生，引导他成长。姑妈在他童年的记忆中标志着一种"不可测量的高标准"，她所起的作用是任何别的教育所不能相比的。

爱默生的家庭关系和成长经历与儒家思想的家庭等级和伦理观有些类似，既平等和谐，又不乏家长制度。他似乎并不排斥甚至有些享受这种和谐而又略带等级制度的家庭关系。他热爱家庭的每一个成员也努力地为家里的每个人服务。他的第一任妻子艾伦逝世后，爱默生依旧不断在日记中给亡妻写信，几乎每天都到墓前看望，宛如妻子依然在世。更让人匪夷所思的是爱默生甚至还打开过棺木想再睹妻子的容颜。就像一位现代作家所说的那样："一个心爱的人的尸体不仅仅产生一个灵魂和永生的信念，也是人内心深处的负罪感的巨大体现，而且也萌发伦理道德。"[②]爱默生曾信誓旦旦："我将努力赡养我的父母，养活我的家庭，做一个对妻子忠诚的丈夫。但我必须按照一种新的，未经尝试的方式来实现这一切。"[③]虽然经历了家庭成员离去的痛苦，爱默生一直保持着一种良好的心态。他时常帮助那些需要帮助的人，接济自己的兄弟，对家庭尽职尽责。爱默生在他的这个大家族里书写了中国传统社会下的几代人和谐共处、共享天伦之乐的生活场景。

对梭罗的评价，时至今日依然褒贬不一。有些评论家认为梭罗总是不切实际地脱离现实生活，淡薄人际交往，只知道活在自己的世界里，目中无人。梭罗的成长环境与爱默生大相径庭。梭罗没有像爱默生那样感

---

① 小罗伯特·D. 理查森：《爱默生：充满激情的思想家》，石坚、李竹渝译，成都：四川人民出版社，2001，第 27 页。

② 同上书，第 4 页。

③ 同上书，第 4 页。

受过大家庭的温暖，也从来没有尝试着去组建一个属于自己的小家庭。其极端的个人主义和沉静内敛的性格决定了他本人不太可能经历或者拥有爱默生那样的家庭生活。另一个方面，梭罗的内心又很渴望获得家庭的温暖。他曾不无感慨地说道："人类需要一个家庭，一个温暖的地方，或舒服的地方，但是肉体的温暖在先，然后才有感情的温暖啊。"[①]

梭罗快乐的日子是和他的哥哥在一起度过的那段岁月。他和他的哥哥约翰兄弟情深。大学毕业后，梭罗回到家乡和约翰在康科德的一所私立中学教书。约翰教数学和英语，梭罗教古典名著、科学和自然史。日子简单而幸福。他们同时爱上了十七岁的少女艾伦，他们一起散步，划船，登山看风景，去森林中探险，在树上刻上自己的名字。他们没完没了地闲聊，沐浴着幸福的时光。然而，快乐的日子总是那样短暂。梭罗情之所至，写下了一首诗，还在日记中留下了这些话："爱情是没有法子治疗的，惟有爱之弥甚之一法尔。"约翰对艾伦的爱慕之情使得事情变得更为复杂，并最终导致了艾伦的离开。这些经历在兄弟俩的心里留下了深深的创伤。让梭罗更为痛心的是约翰的突然离世，他因此大病一场。梭罗专门为其兄长写了一首悼念诗《哥哥，你在哪里》：他问道："我应当到哪里去/寻找你的身影？/沿着邻近的那条小河，/我还能否听到你的声音？……"如果没有经历这些，世人后来所认识的梭罗也许会更加开朗，更加愿意接受他身旁的人的关心和帮助。梭罗最终在爱默生那里找到了久违的家庭的温馨。对家庭的渴望促使他鼓足勇气走进了爱默生的生活，成为了爱默生家庭的成员之一。从这一点上来说，梭罗并非一个拒人千里之外、感情冷漠的人。相反，他重亲情、重友谊、重家庭，是一个至情至性感情丰富的人。

儒家思想的个体道德修养观影响了爱默生和梭罗的个人主义思想，他们身体力行，一直为成为一名真正的"君子"而努力。儒家思想看重"父子有亲，君臣有义，夫妇有别，长幼有序，朋友有信"，这种等级制度分明的伦理观到了爱默生和梭罗这里似乎并没有被完整地借鉴过来。他们没有君和臣的概念，梭罗也不懂得夫妻举案齐眉的内涵。至于对待长幼与朋友的态度，爱默生和梭罗的行为是值得赞善的。但是，产生于几千年前封建制度之下的儒家思想制定了严厉的等级制度。只有贵贱、尊卑、长幼、亲疏各有其礼，个人的自我价值以及社会功能才能逐步体现出来。而繁冗复杂的家庭次序和等级观念又非常容易束缚人的个性发展和自由意志

---

① 亨利·戴维·梭罗：《瓦尔登湖》，徐迟译，长春：吉林人民出版社，2003，第24页。

的发挥。个人在一定程度上附属于家庭，这其实与超验主义认同的个人主义思想截然不同，在这个条件下自我意志的实现是非常困难的。爱默生和梭罗选择了一条折衷的方式。他们的思想和行为很明确地表明了他们对家庭的重视和个人在家庭中应该承担的职责和义务，与传统西方文化将个人和家庭截然对立看待的思想有所不同，同时又强调个人依然保持自我的绝对独立，与儒家思想背道而驰。

（二）友谊的忠恕之道

儒家思想认为，在家有父子、夫妻、兄弟之分，在外则有君臣、朋友之别。这些复杂的人际往来既有上下等级之分，也有从属、贵贱之别。“定公问曰：‘君使臣，臣事君，如之何？’孔子对曰：‘君使臣以礼。臣事君以忠。’”[①]如何保持这些关系的平衡发展，儒家认为，个人道德修养的提升是前提。“忠恕”则是对待他人的处世原则。“夫子之道，忠恕而已矣。”[②]个人遵从“忠恕”，才能处理各种复杂的社会关系。何为“忠恕之道”？《论语·卫灵公》云：“子曰，其恕乎。己所不欲，勿施於人。”《论语·雍也》云：“夫仁者，己欲立而立人，己欲达而达人，能近取譬，可说仁之方也已。”《大学》云：“是故君子有诸己而后求诸人，无诸己而后非诸人，所藏乎身不恕，而能喻诸人者，未之有也。”《中庸》云：“忠恕违道不远，施诸己而不愿，亦勿施於人。”。“忠”，要为他人着想，为他人谋事；“恕”，以己之心，推己及人。儒家的社会关系还包括邻居关系、朋友关系、君臣关系等。这些关系论都不是建立在平等的基本上。孔子在当时的社会文化背景下提出了忠恕之道，正好迎合了封建社会统治阶级和整个社会伦理道德的需要，同时也为解决人与人之间的自我定位和社会定位，最终实现儒家思想所推崇的理想的生活状态提供了参考：“老者安之，朋友信之，少者怀之”[③]。

爱默生和梭罗从个人主义出发，强调的是个人与上帝、与他人之间平等的对话关系。这些关系既不是以家庭的血缘为基础，也不以资本主义社会下的贵族与贫民或统治者和被统治者的等级关系为来建构。爱默生和梭罗以这种人与人平等的态度来处理各种关系，与儒家思想提倡的次序、等级观念必定产生冲突。他们认为和谐的人际关系首先表现为真挚的友谊。爱默生在这个问题上的思考已经超越了儒家思想所认为的“君

① 《论语·八佾》。
② 《论语·里仁》。
③ 《论语·公冶长》。

子之交淡如水”的观念，他对人际关系的展望勾勒得更理想。爱默生假设自己为一个渴望友谊的人，以寻求友谊的目的饱含深情地写下这样一封信：

亲爱的朋友：

如果我相信你，相信你的能力，相信心情与你的一样，那我就永远不会再想到与我的来来往往有关的琐事。我不是很聪明，我的心情也非常好理解，我尊敬你的天才；对我来说，那还深不可测，……对我来说，你是一个美妙的折磨。[①]

无论是在欧洲各国旅游访问期间，还是他成名后四处演讲，爱默生总是诚挚地结交来自社会各个阶层的朋友。他珍惜友谊，平等待人，与朋友们交换思想，认真地倾听，谦虚地发表自己的看法。他和卡莱尔常年书信往来，两位伟大的作家保持了一辈子的友谊。诚如他在《友谊》一文中所说的那样：“我应该对每一种关系都平等相处。只要有一个朋友我不能与之平等，那么，我有多少朋友，我在与他们中的任何一个交流时会得到什么样的满足，这些都不重要了。如果我从一次不平等的竞赛中败下阵来，我在其余的一切中发现的快乐就将是渺小的、懦怯的。如果我将自己的其他朋友变成我的避难所，我应恨我自己。”[②]

结交朋友要真诚，要有平和的心态、宽阔的胸怀和相互尊敬的态度。人无完人，爱默生认为一个人只有抱着这样的态度才能看到身为朋友的对方的优点和不足，并慢慢学会体谅和包容对方。“如果比之对其他人的美德我能更清晰地看出我朋友的美德，那么通过对比他的缺点也就能更加显而易见。我们没有如此充分的权利去恨任何自己的朋友。缺点并不因它们始终由相应的美德相平衡而不成其缺点，而且我们无法原谅一个过失，虽说它在许多方面可能显得比实际更严重。”[③]真正的友谊就是尊重朋友，给朋友足够的空间，让朋友不为友谊所束缚，让他的优点有足够的空间表现和扩展。爱默生和梭罗这两位伟大的超验主义运动者，他们亦师亦友，其友谊早已超越了血缘的界限，即使在今日看来都像一部传奇。“像对待一个奇观一样对待你的朋友吧。当然，他的一些优点是你所

① 拉尔夫·沃尔多·爱默生：“友谊”，《美国的文明》，孙宜学译，桂林：广西师范大学出版社，2002，第294页。

② 同上书，第296页。

③ 亨利·戴维·梭罗：“在康科德和梅里马克河上一周”，罗伯特·塞尔编：《梭罗集》，陈凯、许崇信、林本椿、姜瑞璋译，北京：生活·读书·新知三联书店，1996，第253页。

没有的，而如果你一定要将他紧紧地拥在你的身边，那你就无法尊敬他。"[1]爱默生热诚地邀请梭罗居住在自己家中，毫无保留地把喜爱的书籍推荐给他，指导他读书。正是因为有了爱默生无微不至的关心和照顾，梭罗逐渐感受到久违的家庭的温暖，并慢慢接触东方文化，开始阅读儒家思想的经典论著《四书》。在爱默生家居住的日子，梭罗承担着多重角色。他是孩子们的好伙伴，是谦虚好学的学生，是得力的助手，是相得益彰的合作者。从某个角度而言，爱默生和梭罗重新书写了几千年前中国的孔子和颜回的师生情，彼此惺惺相息，心有灵犀。

真正的友谊需要相互帮助，彼此尊重，彼此独立，这是友谊的重要法则。朋友在对方犯错误的时候能够直言不讳地指出错误，批评并帮助对方，能与之共享欢乐，亦能排解烦恼。朋友在对方需要安静的时候给对方独处的空间，也保持自己的独立。这种相处方式使得彼此都能正确地认识自我，又能将友谊长久地保持下去。梭罗在康科德河上独自漂流的时候，在阳光的沐浴下，他的思想接受清澈的河水的清涤，恍然大悟，明白了友人和亲属所居住的地方，犹如星辰从他们的地平线升起。那里不仅有亲缘的血液，而且有友爱的血液。

> 真正的友爱是一种纯洁神圣的密切关系，
> 并非建立在人的宗族之上。
> 它是一种精神，不是血缘。
> 超越家庭和地位。[2]

交友要择友，"无友不如己者"。爱默生和梭罗都很喜欢这句话。他们主张要和有德行的人亲近，"泛爱众而亲仁"[3]。只有"性相近"的人才能真正地走到一起，获得真正的友谊。个性完全不同的人即便能暂时地盲目交往，彼此间的和谐会导致友谊的畸形发展并最终破灭。"我的朋友是个我可以与我最好的思想联系在一起的人。那些住在我们身旁，与我们具有相同社会地位的人才能成为我们终身的朋友。而那些处于不同社会地位的朋友，或者说位于我们之下的人，不管他们多纯朴，多么和你意气相投，也不管他们在我们面前立下多少誓言，誓死与你终生为友，他们

① 拉尔夫·沃尔多·爱默生："友谊"，《美国的文明》，孙宜学译，桂林：广西师范大学出版社，2002，第301页。

② 亨利·戴维·梭罗："在康科德和梅里马克河上一周"，罗伯特·塞尔编：《梭罗集》，陈凯、许崇信、林本椿、姜瑞璋译，北京：生活·读书·新知三联书店，1996，第231—232页。

③ 《论语·学而》。

都可能渐渐地从你的身边离开。”[①]“无论如何友谊是完全平等的一种关系。它不能没有相同义务、相同利益的外在标记。一名贵族从来不会在他的侍从中有个朋友，一位国王也不会在他的臣民中交友。并非友谊的双方在各方面都平等，但他们在一切尊重和影响他们友谊的方面平等。一方的爱恰恰是由另一方的爱所平衡和体现。人们只是盛美酒的容器，流体静力学的悖谬是爱的法则的象征。”[②]

要用一颗真诚的心对待朋友，善待对方。高尚的友谊使人诚实，使人正直，使人高尚，使人心情愉悦，能促进人与人之间的思想和感情的交流，能为人类创造一个更加年轻而充满活力的世界。反之，虚假的友谊具有片面的狭隘性和排他性，持续时间短，不能使人的灵魂更加高贵。真正的友谊所散发出来的馨香，“是一种使社会变得温和、同情其他民族的人性；因为虽然它的基础是私人的，实际上却是一项公众事物和公共利益，而朋友比一家之长更有助于国家”。它也让更“具备爱心，亦具有识别力的人，看见的东西比其他任何人都多”[③]。梭罗还引用了孔子的一句话说，“君子以友辅仁”，说明珍贵的友谊对君子德行的提升有着很大的帮助。

在爱默生和梭罗生活的年代里，他们发现很多被人们冠之以“友谊”这一美名的东西总是带有太多虚假的因素。“一个人或许有所谓好邻居、好熟人，甚至有好伙伴、好妻子、好父母、好兄弟、好姐妹、好子女，他们只是在此基础上与他接触并互相交往。……人们通常所谓的友谊也只是流氓无赖中稍稍多一点的道义而已。”[④]很多人不明白友谊的真谛，也从不珍惜。他们眼中的友谊往往只是相互的利用，“说一个人是你的朋友通常意味着他不是你的敌人而已”[⑤]。“我们真正的朋友只是那些我们对其立过誓约的人们的远亲。我们一生中与一个朋友从未有过在我们的思想感情几乎惯常到达的水准超过 3 个单词的对话。一个人走上前准备说：‘亲爱的朋友！’而打招呼的话是：‘他妈的！’”[⑥]梭罗用反讽的手法讽刺了人与人交往的虚伪，“没什么词比友谊更经常地挂在人们的嘴边，而且实际上对于它们的抱负没有谁比它更亲切了。所有的人都渴望得到它，而

① 亨利·戴维·梭罗：“在康科德和梅里马克河上一周”，罗伯特·塞尔编：《梭罗集》，陈凯、许崇信、林本椿、姜瑞璋译，北京：生活·读书·新知三联书店，1996，第 244 页。

② 同上书，第 243 页。

③ 同上书，第 240 页。

④ 同上书，第 241 页。

⑤ 同上书，第 239 页。

⑥ 同上书，第 238—239 页。

它的戏剧——总不外乎是悲剧——每天都在上演"①。

虽然很多人都渴望得到真挚的友谊，但人们在实际行动中又时常不经意地破坏了难得的友谊。究其原因，太强的功利性和目的性影响了很多人正确的交友态度。多数人只关注友谊是否能为自己带来短暂的、偶然的、微不足道的利益或者给予自己足够多的帮助，甚至希望打着友谊之名借钱财或者依靠对方的名望帮助自己渡过难关。梭罗由此联想到他和爱默生之间曾发生的不愉快。梭罗的著作《河上一周》出版前，爱默生毫不吝啬地赞扬这本著作，给予了极大的首肯。可是书籍出版后，爱默生一改往常的热情，表情淡漠甚至对书中的一些内容颇有微词。爱默生所表现出来的截然相反的两种态度一度令梭罗伤心不已。他甚至开始怀疑二人的交往是否还有必要持续下去，他们的友谊也一度出现了危机。之后不久，爱默生与梭罗促膝长谈，双方敞开心扉，表达了各自内心的"几乎无时不在的孤寂感"和对朋友的轻视。双方重新认识了对方，彼此的信任和友谊的纽带终究还是将二人紧紧地联系在了一起。爱默生对这位年轻的朋友饱含深情地做了最具私人情感的、最慷慨无私的评价："较之我自己，梭罗更真实，也更能在生活中切实遵守这些道德准绳。"②爱默生这番肺腑之言为他和梭罗的友谊画上了一个圆满的句号。梭罗逝世后，爱默生主动承担了编辑整理梭罗手稿的任务。在他的努力下，梭罗生前的作品《远足》(1863)和《梭罗书信集》(1865)得以顺利出版发行。他还协助梭罗的侄女索菲亚·梭罗出版了梭罗其他的作品，将梭罗优秀的作品一一呈现给了世人。

虽然爱默生和梭罗大谈友谊之道，但是梭罗本人除了和爱默生长期保持了一种亦师亦友的关系，他一生中似乎并没有多少朋友。他性格孤僻，喜好独处，不擅长与人交往，甚至可以说有些厌恶社交，以致最后有些封闭自己。用梭罗自己的话来说，"社交往往廉价。相聚的时间之短促，来不及使彼此获得任何新的有价值的东西。我们在每日三餐的时间里相见，大家重新尝尝我们这种陈腐乳酪的味道。我都必须同意若干条规则，那就是所谓的礼节和礼貌，使得这种经常的聚首都相安无事，避免公开争吵，以致面红耳赤。我们相会于邮局，于社交场所，每晚在炉火边；我们生

① 亨利·戴维·梭罗："在康科德和梅里马克河上一周"，罗伯特·塞尔编：《梭罗集》，陈凯、许崇信、林本椿、姜瑞璋译，北京：生活·读书·新知三联书店，1996，第238页。

② 小罗伯特·D.理查森：《爱默生：充满激情的思想家》，石坚、李竹渝译，成都：四川人民出版社，2001，第716页。

活得太拥挤，互相干扰，彼此牵绊，因此我想，彼此已缺乏敬意了。”[①]更有趣的是，梭罗为自己远离社会作出了很好的解释：“我必须承认，当有人问我对社会有何作用——对整个人类负有何种使命时，我深感汗颜。无疑，我感到惭愧不是没有原因的，但我的四处闲逛也并非没有理由。”[②]至于什么原因，梭罗并没有详细说明，他甚至觉得没有必要广而告之。梭罗的这种行为，用艾布拉姆斯的话或许可以这样解释：“过去健康的人，现在却病了。现代病的根源在于分离、瓦解、疏远，或者隔膜。个人（通常分析都是如此）在三个主要方面已经被彻底分裂。他自身内部分裂，同其他人分裂，以及同他身边的环境分裂；他恢复的唯一希望（对那些坚信希望的作家来说）在于寻找重新成为一体的出路，恢复与自身的统一，恢复与他人的交流，与陌生、敌对的外部世界的和平共处。”[③]

爱默生屡次批评梭罗消极避世的生活态度。在这一点上，爱默生以积极入世的态度生活在现实社会中。他喜欢演说，喜欢和听众联系在一起，把它当作一种人生的激励。每每面对台下充满期待的眼神，爱默生总兴奋不已。“站在一大厅的人们之前，我们的感受和画家、雕刻家、史诗吟诵者没有两样，对我来说，他们代表着整个人类，代表着我的一种愿望，就是要充分地、准确地、彻底地，而不是有保留地、片面地向他们表达我自己。”[④]演说是爱默生生活的主要部分。在他活跃于公众面前的四十多年的时间里，爱默生一共发表了一千五百次左右的公开演说。他的足迹遍布美国各地甚至欧洲各国。每到一处，他都受到了热烈的欢迎，结识了新的朋友，社交范围不断扩大。爱默生以演说的方式扩充了自己的社交范围，并对一批年轻人产生了巨大的影响。早年，他曾无意间阅读了格兰多的论文《自我教育》，对其中的两个观点很有感触。一是人的一生不是别的，实际上是一种继续教育，这种教育的结果是使人尽善尽美。这样人不能脱离社会、脱离政治或者脱离社会道义而生活。二是他进一步强调了社会的作用，认为人必须生活在社会中。“如果没有社会，人就不能存在，离开了他人的正义，个体的正义是毫无意义的。”[⑤]大概也正是因为这种影响，他满怀激情地演讲，不断地体验生活，也是他自己接受社会的各种再教育的过程。他不断地完善自我，并最终回报社会。

---

① 亨利·戴维·梭罗：《瓦尔登湖》，徐迟译，长春：吉林人民出版社，2003，第 129 页。

② 转引自罗伯特·米尔德：《重塑梭罗》，马会娟，管兴忠译，北京：东方出版社，2001，第 3 页。

③ 同上书，第 11 页。

④ 小罗伯特·D. 理查森，《爱默生：充满激情的思想家》，石坚、李竹渝译，成都：四川人民出版社，2001，第 594 页。

⑤ 同上书，第 144 页。

（三）小结

儒家思想中的个人是一种社会的存在物，处在君与臣、父与子、兄与弟、夫与妇以及朋友之间的关系中。因此，无论在何种情况下，个人的自我道德修养不能脱离他人而独立进行。儒家思想把这种伦理道德关系视作人与人之间最主要的关系，其他各种关系都建立在这种关系的基础上，个体价值从属于大大小小不同的群体价值，构成了各种等级和次序。在这种社会文化基础上建立起来的友谊往往很难实现真正的个体平等，所以，"君子之交淡如水"是对儒家思想的交友观的最好诠释。超验主义则不一样，它是一场以个人主义为中心的思想文化解放运动，爱默生和梭罗作为这场运动的先锋，他们对待事物——包括个人、家庭以及社会其他成员的关系——的基本准则都被纳入个人主义的范畴，都必须以实现个人的独立自由为最终目标。面对这一本质的差异，爱默生和梭罗仍然从儒家思想中读到了友谊的"忠恕之道"，并从他们自己的文化视角出发找到了他们需要的交友方式，进一步发展、完善了个人主义。

第二节 物质文明与精神文明的对话

（一）物欲下的道德沦丧

儒家思想以伦理道德为中心的人际关系论和超验主义以个人主义为中心的社会关系论有着本质的区别，它们在各自的社会文化背景下都深刻地影响了那个时代的政治、经济、文化等方方面面，而这些也反过来逐渐影响了儒家思想和超验主义思想的进一步发展。诚如格兰多所言："如果没有社会，人决不能真正成为一个人。社会对人的内心感观所起的作用同物质世界对人的感觉所起的作用相同。""如果没有社会，人就不能存在，离开了他人的正义，个体的正义是毫无意义的。"[①]格兰多的这番话反映了爱默生和梭罗那个时代中个人和社会的多元化关系以及对话和对立的复杂境况。19 世纪以来，西方的工业文明突飞猛进，科学技术水平飞速发展。这些进步无疑满足了很多人对物质利益的需求，也为个人的生存和发展提供了更加广阔的空间。物质文明和精神文明的发展具有一

① 小罗伯特·D. 理查森：《爱默生：充满激情的思想家》，石坚、李竹渝译，成都：四川人民出版社，2001，第 144 页。

定的规律性。二者在发展过程中有平衡性也有不平衡性。伴随物质文明的迅速发展，爱默生发现人们一直向往的独立和自由的思想逐渐被一种新的异己力量——“物”的力量所控制，这直接导致了精神文明的异化。

19世纪是一个工具主导一切的时代。人类发明了各种工具，促进社会不断进步和发展。但是，在爱默生的眼中，人是万物的尺度，手是他们的仪器，头脑是他们的思想。因此，无论何时何地，科学技术都不应该也不可能真正地取代人的价值。所有的工具和机器只不过是人类肢体、感观和智慧的虚线延伸。遗憾的是，并不是所有人都会像爱默生这样洞若观火，很多人在日新月异的科学技术和和商业文明面前丧失了自我。“人们的道德观已经跌落。我们看到的往往是一些硕果累累的小人。伟大导致了平庸。成功的背后没有了文明的踪迹。……每个人辉煌的外表都遮盖着内心的黑暗。现实中，道德的发展总落后于物质力量的步伐。”①

梭罗对人们过于崇尚物质需求的思想极为不满。人类煞费苦心地建立社会制度，其目的是为了更好地完善文明程度。但现实总令人失望，不和谐、不公平的社会现象比比皆是。很多人最终为现行的社会制度所奴役。“我们处于不和谐状态的根源是所谓的进步或者文明的错误奴役，从亘古到现今整个外在的历史进程，通过剥夺我们每一个人儿童时的想象天赋的社会化进程，在个人生活的层面上扼要重述了这种不和谐。”②梭罗将人类区别于鸟类、鱼类和其他四足动物，称人类的社会只不过是两足动物的社会，“总是有病，越好的社会越是如此”③。表面上看，资本主义制度下的生产关系似乎为人的个性解放和发展提供了广阔的空间，每一个独立的个体似乎都拥有无限的自由和自我意志。实际情况恰巧相反，“个人自由完全是虚幻的”，“人的群体关系恶化，个人从家长制式的专制以及等级制中摆脱出来，却付出了群体联系这个代价。人们的相互关系失去了道德义务感情和情感特征，从而变得靠单一的经济利益来维持。所有的人际关系都是基于物质利益”④。19世纪的美国，人们越来越感受到来自社会制度力量、拜金主义、科学技术等各个方面对人的自由和个性发展的挤压，物质文明的发展导致了人的社会关系的破坏。梭罗对社会现状提出了严厉的批评，这些都不是梭罗所愿意见到的社会现实。

1837年，梭罗从哈佛大学毕业。美国经济虽有发展，但前进的脚步

---

① 拉尔夫·沃尔多·爱默生：《生活的准则》，金叶译，北京：蓝天出版社，2004，第67页。

② 罗伯特·米尔德：《重塑梭罗》，马会娟，管兴忠译，北京：东方出版社，2001，第11页。

③ 同上书，第40页。

④ 刘建年：《西方文学中的人文学观》，长春：吉林人民出版社，2003，第12页。

逐渐放慢，经济秩序混乱，而美国民众依旧热衷于物质利益的追逐。对于爱好文学，有着远大的人生理想和高尚的精神追求的梭罗来说，这种利欲熏心的商业气息令他感到分外疲惫和厌倦。出现这种局面的主要原因是很多人不满足于现状，欲望太多，总希望将自身的利益最大化。梭罗很反感这种社会风气，它无处不在，即使是一个普通的农夫现在都认为他应该拥有附近所有的土地，甚至其他，以满足他的各种需求，获得更多的收益："光吃蔬菜是活不了的，蔬菜不能供给你骨骼所需要的养料"[①]。结果，农夫每天虔诚地花很多时间和精力一方面用来获得那些他认为可以供给他骨骼所需的养料，一方面还要想办法创造别的财富。反讽的是，每日辛勤耕作的耕牛仅仅靠吃草和蔬菜却能生活得非常健康。人们本末倒置，将自己沦为社会的附属品，为外在的物质所束缚，梭罗为此深感悲哀。他在日记《有关"社会"讲演的片断》中反思了人和社会的关系："社会为人而设，而不是人为社会而设。""我的市民同胞，他们不幸的是，生下来就继承了天地、庐舍、谷仓、牛羊和农具；得到它们倒是容易，舍弃它们可困难了。……谁使他们变成了土地的奴隶？为什么有人能够享受60英亩田地的供养，而更多人却命定了，只能啄食尘土呢？为什么他们刚生下地，就得自掘坟墓？"[②]人一旦虚荣心过重，生活的态度就会发生变化。"大城市里的社交圈十分幼稚，它把财富变成了玩具，那里的享乐生活充满自我炫耀的气息，以致于不论如何矫饰虚伪，其结果总是为了豢养宠物。"[③]人一旦沦为物质的奴隶，道德修养就只能纸上谈兵，流于形式。

在这个光怪陆离的世界中，很多人盲目地模仿和跟从，逐渐丧失了自我。有些人只要能获得财富，连最后的尊严都可放弃。"在令人绝望的行业中，有一行专门负责在下水道的污物中搜寻戒指、先令、茶匙等，那些从洗涤槽中不慎遗落的东西。下水道如此之大，足以让你在地下作远距离行走。"[④]远离尘嚣的印第安人也加入到了这场商业文明大战中来。他们强行兜售篮子，深刻地折射了物质文明下人性的荒诞。

> 不久以前，一个闲步的印第安人到我的邻居一位著名律师家中兜卖篮子。"你们要买篮子吗？"他说。回答是："不，我们不要。""什

① 亨利·戴维·梭罗：《瓦尔登湖》，徐迟译，长春：吉林人民出版社，2003，第8页。

② 同上书，第3页。

③ 拉尔夫·沃尔多·爱默生："财富"，吉欧·波尔泰编：《爱默生集》，赵一凡、蒲隆、任晓晋、冯建文译，北京：生活·读书·新知三联书店，1993，第1105页。

④ 小罗伯特·D.理查森：《爱默生：充满激情的思想家》，石坚、李竹渝译，成都：四川人民出版社，2001，第622页。

> 么!"印第安人出门叫道,"你们想要饿死我们吗?"看到他的勤劳的白种人邻居,生活得如此富裕——因为律师只要把辩论之词编织起来,就像魔术似的,富裕和地位都跟着来了——因而这印第安人曾自言自语:我也要做生意了;我编织篮子;这件事是我能做的。他以为编织好篮子就完成了他的一份,轮下来就应该是白种人向他购买来了。他却不知道,他必须使人感到购买他的篮子是值得的,至少得使别人相信,购买这一只篮子是值得的,要不然他应该制造别的一些值得叫人购买的东西。[①]

梭罗嘲笑印第安人不懂得市场经济的发展规律,缺乏基本的商品知识。其结果是,无论这位印第安人编织出多么精美的篮子,他都不可能像他的邻居律师那样赢得令人羡慕的财富和社会地位。梭罗一方面讽刺印第安人的幼稚和无知。他们远离社会太久了,根本不能正确地认识自我和外面的世界。另一方面梭罗也是在自我解嘲。实际上,梭罗的境遇未必比印第安人更好。他隐居于瓦尔登湖畔编织自己生活的篮子,不愿意认识社会,不能融入商品经济的大潮,但他满足于生活现状,也没有为了更多的生活需求而做出更多的改变。

商业文明的发展和社会财富的急剧增加造成了人的精神危机,教育也背离了正常的轨道,不再以培养真正的美国学者为己任,带有浓厚的功利色彩。"正如我们的学院,拥有一百种'现代化的进步设施';对它们很容易发生幻觉;却并不总是有肯定的进步。……我们的发明常常是漂亮的玩具,只是吸引我们的注意力,使我们离开了严肃的事物。"[②]教育的目的性增强,社会在看似"永恒进步"的光环下出现了一系列的问题:贫穷与贪婪、自私与堕落、技术和财富的滥用、人性的丧失等。所谓的现代化生活就是表面舒适、实则肤浅、质量低下、缺乏品位。一直以来,爱默生和梭罗凭借深邃的洞察力告诫人们担心道德的沦丧,可是当时并未引起人们的重视。

(二) 商业文明的二元性

商业社会下,处处充满着不合理和不公平,科学技术的发展进一步加速了人们对物质的需求。人人都在想方设法获得更多的物质财富,很多人沦为金钱的奴隶,过着行尸走肉的生活。农夫们辛苦地栽种庄稼、果

---

① 亨利·戴维·梭罗:《瓦尔登湖》,徐迟译,长春:吉林人民出版社,2003,第16页。
② 同上书,第46—47页。

树，想方设法地销售农产品，希望有更多的收获。闻到了商机的商人们趁机进军农村，付给农民极少的报酬，自己则卷走了大部分的利益。“当农夫把他的桃子从果树下面运进小镇时，这些水果面目一新，其价值也比留在树枝上、摔落在地上的那些要贵上一百倍。商人的本领就是把货物从盛产之地运送到它稀缺的地方。”[①]商品经济为很多人带来了利益，而真正受益的却是付出不多，收益极大的商品运作者。

梭罗似乎并不喜欢这种喧嚣的充满商业气息的现代都市生活。他总认为人一旦为物质利益所束缚，就会失去真正的自由。美国一直是一个崇尚自由的国度，她的子民也应该充分地享受自由。至于一些多余的物质需求，比如“没有(茶、咖啡、肉)这些食物也能过得好，你不必强迫支持奴隶制度，不需要你来供养一场战争，也不需要你因为这一类事情而付一笔间接或直接的额外费用”[②]。梭罗不仅关注人们的生活价值，也关注其生存状况。人类为贫穷和饥饿折磨了数千年，但这并不意味着人人要不择手段地攫取财富，而是要学会应对贫穷并能坦然对待之。梭罗这种保守的思想和性格特征决定了他从不鼓励人们不遗余力地为改善生活现状而不断努力。有了这种心态，梭罗在面对大众的贫穷时，并没有像他那个时代大多数人所持的态度那样去同情甚至帮助穷人。相反，他只会安慰这些人，要人们像他学习，学会“简朴地生活”，不要为诸如茶叶、咖啡、牛油等所谓生活必需品担忧，勿为五斗米折腰。“严格的节俭，严格的、比斯巴达式生活还要简朴的简朴生活”，就是赢得生命，赢得为获取其他物品的交换而耗掉的生命成本。梭罗在《瓦尔登湖》中详细地做了一笔收支账目，自豪地向人们报告他个人生活的最低标准。他告诉人们一个人一年只需要工作六周就完全能支付所有的生活开支，而剩下的整段时间，人们可以用来读书、思考、与朋友交流、早林中远足、仔细地观察自然，做一切自己愿意做的事情，尽情地享受生命的自由与自在。

梭罗声称他一辈子没使用过镇上的邮局，事实是否如此暂不讨论。他对铁路延伸到康科德镇的反应尤为激烈。政府动用大量廉价劳动力修建铁路，加强了交通的便利，促进了城市和村镇的沟通和交流，但是，这种以牺牲生命换来的铁轨的代价极其惨重。“铁路底下躺着的枕木是什么？每一根都是一个人，爱尔兰人，或北方佬。铁轨就铺在他们身上，他们身上又铺起了黄沙，而列车平滑地奔过他们。我告诉你，他们睡得真熟呵。

---

① 拉尔夫·沃尔多·爱默生：“财富”，吉欧·波尔泰编：《爱默生集》，赵一凡、蒲隆、任晓晋、冯建文译，北京：生活·读书·新知三联书店，1993，第1101页。

② 亨利·戴维·梭罗：《瓦尔登湖》，徐迟译，长春：吉林人民出版社，2003，第56页。

每隔几年，就换上了一批新的枕木，车辆还在上面奔驰着；如果一批人能在铁轨之上愉快地乘车经过，必然有另一批不幸的人是在下面被乘坐被压过去的。”[①]一些人享受了现代文明的进步，一些人却为文明付出了生命的代价。铁路打破了村镇的宁静，令农民无法安心生活。“我们康科德年轻的农民们和他们年轻的妻子们，由于听到身边火车的喧闹，就以为好像是错失了整个世界，有的每天都要为自己的生计进城，有的去了加利福尼亚，简直都不能安下心来过宁静、与世隔绝的老式农夫的生活。要是他们住的地方离铁路不远，就不免要心浮气躁。”[②]人们往日闲散的生活也被打破，人人开始遵守时间。他形象地描绘说只要车站的钟声一响，人们都已经在月台上了，忙着搭乘火车往返于康科德和波士顿。

梭罗对先进的科学技术一直抱有抵制的态度，这主要源于他总认为现有的社会问题错综复杂，单纯地依靠科学进步并不能解决全部的问题。不仅如此，商业文明和现代科技还在一定程度上破坏了现代文明，打破了人们往日宁静和谐的生活。“科学并没有包含人们所知道的一切，它只不过是为搞科学的人而存在的东西。伐木工人告诉我他如何用盒子诱捕鳟鱼，如何用松木制作取槭树液的木盆，……他能将他发现的事实直接作用于人生。”[③]梭罗用一个个鲜活的例子告诉人们科技进驻康科德以来，动物惨遭灭顶之灾，植被也遭到无情地践踏，到处充满了喧嚣和不安。他不惜笔墨描绘了那些熟悉的植物、禽兽曾经那样恬静地享受大自然赐予的宁静与和谐，却在一夜之间被尖锐刺耳的“火车头的汽笛穿透了我的林子，好像农家的院子上面飞过的一头老鹰的尖叫声，通知我有许多焦躁不安的城市商人已经到了这个市镇的圈子里，或者是从另一个方向来到村中行商。……乡村啊，这里送来了你的杂货了；乡下人啊，你们的食粮！没有任何人能够独立地生活，敢于对它们道半个‘不’字”[④]。商业文明伴随着现代科技不断地渗透到村镇的每一个角落。表面上看，它确实为人们的生活带来了翻天覆地的变化，一切似乎都初具了现代化的规模。实际上，利欲熏心的商人无所顾忌地用低廉的商品换取甚至掠夺珍贵的原材料，谋取暴利。尽管梭罗一再呼吁简朴的生活，反对商业文明，反对科技进步，但社会的发展毕竟不以他的个人意志为转移。科技的进步，城镇

① 亨利·戴维·梭罗：《瓦尔登湖》，徐迟译，长春：吉林人民出版社，2003，第86页。

② 亨利·戴维·梭罗：《梭罗日记》，朱子仪译，北京：北京十月文艺出版社，2005，第90页。

③ 同上书，第53页。

④ 亨利·戴维·梭罗：《瓦尔登湖》，徐迟译，长春：吉林人民出版社，2003，第109页。

之间的合作与交流为社会创造了极大的物质财富，现代文明渗入到社会的各个地区成为不可逆转的趋势。像梭罗这样依旧坚持简朴的原始生活的人，注定被时代的潮流吞噬。

科技进步出现了大规模的工业生产和集体作业，对于像爱默生这样胸襟开阔，愿意接受新事物的学者而言也有些难以接受这样巨大的变迁。他毫不留情地批判了带有欺骗性和不平等性的工业生产制度。他们怂恿农夫放弃自己的农田和庄稼，涌进工厂，"反复不断地重复同样的手工劳动把人变成了侏儒，剥夺了他的力量、智慧和才艺，就为造就一个磨针工人、一个造扣子的工人、或有别的什么专长的人；眼下，当时髦的鞋带取代了扣子时，为了兴建工业，整个的城镇都会被夷为平地，像推倒一堆蚁穴"[①]。为物质利益所驱使，原来在村镇里拥有安逸生活的农夫们在不知不觉中已经丧失了的农业生产的能力，换来的却是从工厂里获得的少得可怜的工资。相反，商业资本家大肆敛财，不择手段地恶性竞争，市场上充斥着低劣的和以假乱真的商品，这些商品最终被那些在工厂里日夜作业的农夫们购买，形成一种循环剥削。

（三）物质文明和精神文明的和谐发展

要避免人们因盲目地追求物质享受而导致的道德沦丧，必须限制个人欲望的无限膨胀。人的某些欲望一旦得以满足，其他的欲望便接踵而至，就像梭罗所认同的那样，他发现很多农夫得到了宽敞明亮的房屋，并没有因此就变得富裕且知足，反而因房屋所累，欲望更多。现代文明创造了极大的物质财富，改善了人的居住条件、生活环境，也改变了生活在文明社会中的人。然而，物质条件的改善与人性的发展呈现出不太和谐的局面，甚至有些背道而驰。"文明造出了皇宫，可是要造出贵族和国王却没那么容易。如果文明人所追求的并不比野蛮人追求的来得更加高贵些，如果他们把大部分的时间都只是用来获得粗鄙的必需品和舒适的生活，那么他何必要有比野蛮人更好的住房呢？"[②]所谓的精神贵族在梭罗的时代终究没有如他所期待的那样出现在人们的视野中。

梭罗一直都在思索一个人究竟该具备哪些生活必需品。他在瓦尔登湖畔思考人到底需要多少食物、衣物、住所才能算是真正的满足。若按照梭罗的标准，一切都非常简单。然而，实际情况的复杂性远远超乎梭罗的

---

① 小罗伯特·D.理查森：《爱默生：充满激情的思想家》，石坚、李竹渝译，成都：四川人民出版社，2001，第623页。

② 亨利·戴维·梭罗：《瓦尔登湖》，徐迟译，长春：吉林人民出版社，2003，第30页。

想象。梭罗在不断的观察中发现人们总是忙忙碌碌，总在不停歇地追逐那些看似令人羡慕的所谓的生活必需品和奢侈品，却在不知不觉中丧失了本应在现代文明中本能获得的更多的益处和更大的发展。“当他们的物质欲望得以实现，他们的文化并没有成比例增长，反而因为物质欲望的过于膨胀而显得黯然失色。”[①]梭罗批评经济的发展改善了人的物质生活，但未必能改善人的精神生活。在瓦尔登湖居住期间，梭罗自食其力，开垦荒地，日出而作，日落而息，春耕秋收，将日常的生活开销降至最低，对社会所需甚少。这一切的事实证明，梭罗依然可以而且也确实能“很好”地生活。从个人的角度而言，梭罗的行为确实很值得称颂。但对社会而言，他几乎放弃了作为一个普通的公民应承担的责任和义务，为实现自我的个人主义而显得与社会格格不入。在那个时代，梭罗的这种简单而又简朴的生活理念并没能为社会所接受。

爱默生认为，个人的独立性比其他任何事情都重要，但是，不能以这个作为理由彻底放弃或牺牲个人的社会活动。相反，个人要融入社会，在社会发展的过程中力所能及地为社会作出贡献，同时实现个人的价值。“每个人都是消费者，而且应当成为生产者。一个人若想得到良好的社会地位，他就必须不仅仅偿还自己的债务，而且应该为公众财富做出某些贡献。如果他无法对世界提出比简单维持生命更多的要求，他也就不可能发挥自己的才智，使它得到应有的评价。他天生就是一个能挥霍的人，他需要发财致富。”[②]爱默生以积极入世的态度和观点驳斥了梭罗的有些消极的遁世主义。

儒家思想中有很多关于物质文明和精神文明对话的观点。孔子对其弟子颜回赞叹不已。颜回多年如一日，勤以养德，简以修身，“一箪食，一瓢饮，在陋巷，人不堪其忧，回也不改其乐”。颜回修身养性的生活方式和精神状态令今人都备受感动，“不义而富且贵，于我如浮云”。儒家重精神生活、轻物质享受的思想启发了梭罗，他把东方这一古老的、又具有现实意义的思想搬到了19世纪的康科德地区，发起了一场反对物质主义、反对趋同主义、反对平庸的思想运动。他希望人们寻求简朴、高尚、富有个性和希望的生活。

哲学家普瓦雷埃曾说，作家总力图创造一个虚构的替代品，一个更为

---

① Mumford, V. 1962. “*From The Golden Day*”, Sherman Paul. ed. *Thoreau: A Collection of Critical Essays*. Englewood Cliffs: Prentice-Hall, Inc., p. 15.

② 拉尔夫·沃尔多·爱默生：“财富”，吉欧·波尔泰编：《爱默生集》，赵一凡、蒲隆、任晓晋、冯建文译，北京：生活·读书·新知三联书店，1993，第1100页。

纯粹、更为理想的精神家园，他们对其生活的社会文化环境多少有些抵抗。他们用文字来反对他们看到的这个肮脏的、充满斗争的社会。在他们虚构的世界里，没有真实世界的束缚，没有那些支配社会的制度，他们可以畅通无阻地用语言塑造一种完全不同的，无需那些经济、政治、社会制度支撑的环境。《瓦尔登湖》正是这样一部作品，一部对现代文明毫不留情的批判、对乌托邦生活无限向往的作品。梭罗言人所不能言，他时常拷问自己，人所谓的成功是真正的成功吗？人所谓的幸福是真正的幸福吗？梭罗逐渐地发现大部分人过着一种寂静绝望的生活，很多人在临死的时候才发现他们从未真正地生活过。这一点上，梭罗似乎有些极端。作为一个对社会经济发展既不关注也不热心的人，他将自身的物质需求降低到最低以求获得精神和道德上的升华。他不无偏激地放出豪言："我比康科德的任何一个农夫都更具有独立性，因为我没有抛锚固定在一座房屋或一个农场上，我能随我自己的意向行事，那意向是每一刹那都变化多端的。况且我的光景已经比他们的好了许多，如果我的房子烧掉了，或者我歉收了，我还能跟以前一样地过得很好。"[①]他大声地呼吁，"简朴，简朴，简朴"！梭罗一方面希望广大民众尽量多地付出，尽量少地向社会索取；另一方面他也希望个人通过简朴的生活最终提高自身的道德修养，促进精神文明的发展。梭罗对"简朴"做了这样的诠释："世上有两种简朴，一种是近乎愚昧的简朴，另一种是明智的简朴。智人的生活方式是外在简朴而内涵丰富。野人的生活方式是内外都简朴。"[②]梭罗到底推崇哪一种简朴，他没有给出一个明确的答复。他不关心经济和商业发展，自身所需少，经济对他的束缚力微乎其微。他生活在社会中，不像那些被物质利益所奴役的人们，他是社会的主人，是自己的主人。

爱默生指出，必须保持商业文明和个人道德修养的和谐发展，这关系到个人价值的实现和社会进步的协调性。爱默生赞同梭罗的观点，但不主张以降低个人的物质需求来实现精神道德的提升。他在《诗人》这篇文章里探讨了人对自身和对社会的需求，认为个人追求物质利益是一种"人性的本能冲动"，是可以理解和接受的行为。物质财富固然重要，精神财富也不能放弃，物质财富的多寡不能成为衡量个体精神道德和幸福感的唯一标准。爱默生还指出，并非越是贫穷的人越是道德高尚，贫穷与道德不成正比，他的这个观点与梭罗正好相反。"贫穷使人道德沦丧。一个负

---

① 亨利·戴维·梭罗：《瓦尔登湖》，徐迟译，长春：吉林人民出版社，2003，第50页。

② 亨利·戴维·梭罗：《山·海·湖》，台湾蓝瓶子文化编译小组译，北京：中国对外翻译出版公司，1999，第33页。

债者的地位与奴隶相去不远；而华尔街却认为，一个百万富翁很容易恪守诺言，成为讲信用的人；但是在失败的环境中，绝不可指望此人的道德良知。……在一个男人或女人陷入经济困境时，几乎不可能指望他们保持道德上的完整坚定——这好比美德突然地变成了一种昂贵的奢侈品，或者如柏克所说，'它成了普通人不可企及的高档商品。'"[①]人们渴望财富、追求财富本身无可厚非，这是人类生存的条件，也是个人价值实现的一种方式，但是，财富的获得必须适度适量。爱默生非常欣赏孔子的财富观，说孔子既承认个人的利益，又对此做了一定的限制："如果追求财富一定能成功，即使让我变成一个手持长鞭驱策他们的人，我也去做；因为对财富的追求不一定成功，所以我只能做我热爱的事情。"[②]《论语》里孔子的原话是："富而可求也，虽执鞭之士，吾亦为之。如不可求，从吾所好。"[③]孔子的意思非常明确。只要合乎于道，富贵就可以去追求；不合乎于道，富贵就不能去追求。那么，他就去做自己喜欢做的事情。孔子不反对做官，不反对发财，但必须符合于道，这是原则问题，孔子表明自己不会违背原则去追求富贵荣华。

爱默生理解了孔子关于富贵与道的关系的论述。他批评当时存在于美国所有成年人的头脑中的一个所谓的信念：每一个人只要有聪明的头脑和良好的品行，锲而不舍地奋斗，最终一定能发财致富，这种物质利益至上的信念长盛不衰。爱默生反对盲目的物质崇拜，也反对梭罗极端的节俭行为。在如何实现物质利益和保持个体精神道德完美的问题上，爱默生和孔子一样，选择了比较入世的切合社会实际的行为方式。

爱默生和梭罗相信教育是治国平天下的前提条件，也是实现个人道德修养及防止精神危机的一条重要途径。爱默生在《历史》一文中说到："世界之所以存在，就是为了教育每一个人。历史上没有一个时代，没有一个社会形态，没有一个行为方式，不跟每个人的生活有某种相符之处的。每一件事物都倾向于用奇妙的方式展示自己，并把自己的优点贡献给每一个人。他应该看到他可以亲身体验历史。他必须足不出户，免受国王、帝国欺凌之苦，却知道他比世界上的一切地理、一切政府都要伟大；他必须把普通读史的观点从罗马、雅典和伦敦转移到自己身上，他必须确信他就是法庭，如果英国或埃及有话要对他说，他就要审判这个案件；如

① 拉尔夫·沃尔多·爱默生："财富"，吉欧·波尔泰编：《爱默生集》，赵一凡、蒲隆、任晓晋、冯建文译，北京：生活·读书·新知三联书店，1993，第1103—1104页。

② 拉尔夫·沃尔多·爱默生：《生活的准则》，金叶译，北京：蓝天出版社，2004，第23页。

③ 《论语·述而》。

果没有，就让它们永远保持沉默。”[①]儒家思想一贯否定物质生活，蔑视世俗享受，崇尚一种超脱的精神情操。爱默生和梭罗希望人们在谋求物质财富的同时学会自我教育，“大多数虔诚、自私的金钱崇拜者……尽管是慢慢地、不自觉地，打算去过一种有知识、有精神的生活”[②]。一个人人都有良好的道德修养的社会是“一个人们无比满意的社会，一切话都可以开诚布公地说，一切人都能获得真挚的回报；生活中充满了民主与自由的气氛，充满了纯朴、智慧，人与人之间完全会出于好意而互相忍让。所有这一切都会使生活在这个社会里的人的生命价值倍增，妒忌永远被拒之门外。”[③]

（四）小结

文明代表着人类的进步，同时也意味着某些方面的退化。孔子高度赞扬了文明的进步性和它的价值。他曾说：“鸟兽不可与同群，吾非斯人之徒与而谁与？”[④]“斯人之徒”是指超越了自然状态的人，是“社会化、文明化了的人”。当个人主义遭遇现代文明，梭罗以消极隐退的方式反对商业文明，以保全人性的完整以及个人的独立和自由。爱默生肯定了个人价值的重要性，但认为商业文明和科技进步不可全盘否定。面对这种文明，他不主张梭罗的生活方式，认为隐居森林，远离尘嚣并不能解决问题。商业文明是大势所趋，个人的道德修养一定能最终克服人性的贪婪和堕落，要坚信人性中善的因素，要在实践中履行善。“在商业状态下，我们应当坚定这样一种信心：我们自己知道自己是个诚实人，其他所有人也就会知道我们是诚实人。但我们却不是这样，我们怯懦地依赖他人的美德，因为追溯到最后的根源，永远只是社会中某些人的美德在维持着法律的尊严与权威。这岂不是可耻的事吗？——我之所以能安然占有我的房屋和地产，并不是因为国人都认识到我是个有用的人，而是因为他们都尊重其他一些我并不认识的名人，这些名人的美德共同保证了法律的声望。”[⑤]商业和科技促进了社会的进步，在物质财富日益丰富的同时最大

① 拉尔夫·沃尔多·爱默生：“论历史”，吉欧·波尔泰编：《爱默生集》，赵一凡、蒲隆、任晓晋、冯建文译，北京：生活·读书·新知三联书店，1993，第 259 页。

② 转引自罗伯特·米尔德：《重塑梭罗》，马会娟，管兴忠译，北京：东方出版社，2001，第 21 页。

③ 拉尔夫·沃尔多·爱默生：《生活的准则》，金叶译，北京：蓝天出版社，2004，第 19 页。

④ 《论语·微子》。

⑤ 拉尔夫·沃尔多·爱默生：“保守党”，《美国的文明》，孙宜学译，桂林：广西师范大学出版社，2002，第 132 页。

限度地实现个人的自由、独立和人生价值，爱默生以实用主义的态度主张积极入世的生活方式。

第三节　政治观念的新诠释

（一）社会权益的不公正

追求最大利益，实现个人价值，是人类的自然本性，是人生的支点和基石，也是超验主义个人主义思想的一个重要组成部分。个人价值是一个表示个人在社会中的地位、作用和意义的概念，它来源于劳动和创造，衡量个人价值的主要标准要看个人对社会的责任和贡献，以及社会对个人的尊重和满足。一个没有社会责任感的人必难有作为。即使偶有成就，也很难在历史的长河中行之甚远，甚至有可能会走向历史的反面，渐行渐远。

国家产生以后，不论是贵族制还是君主制，非正义和不平等等一系列社会问题自然而然地会随之产生。按照西方的文化传统，人是上帝的选民，政府是人民建立起来、用来管理民众的社群机构。所谓政府，"是在臣民与主权者之间所建立的一个中间体，以便两者得互相适应，它负责执行法律并维持社会的以及政治的自由"①。在人与政府的关系上，有美国"革命之子"称号的潘恩认为，人天生是社会的人却不一定是政府、国家的人。社会是永恒的，政府则是暂时的，可以因人们的需要而建立或废除。潘恩不承认政府有什么神秘性，认为它不过是经过人们同意后建立起来的一种政治秩序和政治结构而已。在此基础上，人民天然具有支持或反抗政府的权利，完全可以根据民众的意志随时推翻或放弃之。由此，个人在追求个人的价值和社会认同时，不需要顾忌作为政府管理对象的个体间的等级差别，只需要考虑自我作为上帝选民的身份。这样，由平等的人组成的社会及其制度应该而且必须服务于全体公民。

在反对加尔文主义、唯一神教的基础上，爱默生和梭罗发展了他们的个人主义思想，认为人是万物的尺度，个人利益的保障和个人价值的实现是个人在社会中生存与发展的前提。但是，在现实中，个人利益往往受到政治、经济、法律等制度的制约和打压。19 世纪的商业文明掩盖了很多

---

① 让·雅克·卢梭：《社会契约论》，何兆武译，北京：商务印书馆，1982，第 76 页。

不平等和不公正的社会现象。爱默生和梭罗指责政府从少数人的私利出发,处处设置障碍,事事干涉人民,将自己的意志强加于民众。在二人的眼中,“政府充其量不过是权宜之计”,“是由人民选择来执行他们意志的一种模式”。梭罗直接将矛头指向了统治者,指责政府制定和默许了很多不公正的法律条款,很多人的权力位于权利之上。广大人民盲目地顺从政府,缺乏主人意识和自我保护意识。面对这种不正常的社会现状,梭罗反问道:“我们会甘愿服从它们、或努力修正它们,且一直服从下去直到我们成功的那天吗?”①政府的功能是保护公民的个人自由,不干涉其个人行为,做有利于人民的事。政府本身无凌驾于公民之上的权力。然而,在漫长的社会历史进程中,个人与政府的关系从来都不是单纯的平等和对话关系。“整个的历史,从古到今,都充满着国王和统治者的愚蠢行为。他们是一个更应被可怜的阶层,因为他们不知道自己应做什么。纺织工人为面包而罢工,国王和他的大臣们束手无策,就用刺刀对付他们。”②梭罗谴责美国政府历年来所做的一切罪恶的事情,包括沿用奴隶制,卷入各种非正义战争等。“政府从未主动促进过任何事业。而只是满足于制造麻烦。……从前取得的所有成就,皆赖于美国人民的性格;如若政府不曾时时作梗,取得的成就还会更大。……而这帮人,倘若完全以其行为的效果来判断,而不考虑到其行为的意图,他们自该给当成阻塞铁路的捣蛋鬼,并因而受到惩罚。”③他在《公民不服从》里直言不讳:“人民为什么要被迫去支持一个作恶多端的政府?”梭罗是一个有着强烈政治意识和社会责任感的思想家。

按照卢梭的思想,一个理想的政府必须是正义和德行的结合,必然是维护理想的市民社会的,并且以市民社会为终极目标的,而不是以政府自身作为终极目标的。从这个意义上理解,超验主义理想的社会是在“文明程度最高的国家中,在最虔诚、最有教养的人中间,就没有对道德情感的依赖,没有对事物统一的充分信仰使他们相信:没有人为的条条框框,社会也能维持得像太阳系一样好;没有监狱和私产充公的暗示,平民百姓也会通情达理,成为一个称心如意的好邻居。令人奇怪的是,任何人身上也从来没有过对正直力量的充分信任去激发他一展宏图,要根据公正和仁

① 斯蒂芬·哈恩:《梭罗》,王艳芳译,北京:中华书局,2002,第72—73页。

② 拉尔夫·沃尔多·爱默生:“拿破仑,或世界之子”,《美国的文明》,孙宜学译,桂林:广西师范大学出版社,2002,第211页。

③ 亨利·戴维·梭罗:“在康科德和梅里马克河上一周”,罗伯特·塞尔编:《梭罗集》,陈凯、许崇信、林本椿、姜瑞璋译,北京:生活·读书·新知三联书店,1996,第114—115页。

爱的原则，复兴国家。”①

在不公正的政府统治强盛不衰的趋势面前，梭罗曾以身说教，哀叹在这个充满失落与失望的世界上，一个自由主义者早已无路可逃，他真正归宿只能是监狱。这位崇尚自然、追求超灵境界的超验主义者在瓦尔登湖畔离群索居，思考人类自由的真理之源。他的行为与提倡革命的“自由的使者”潘恩大相径庭，恰似一位在现世之外修道的“云游仙人”。在《公民不服从》一文的结尾，梭罗表达了他对一个美好的政府的愿望：“它努力使一切人保持公正，并像尊重邻居一样对待个人；它甚至不将少数如其邻居与伙伴一样尽了义务的人，企图脱离之，疏远之，不依附之的行为，视为不见容于其自身的和谐。若有一州产生了这种成果，能够任其瓜熟蒂落，它便会为更加完美辉煌的州开拓了道路——这一点我曾经有所设想，却不知何处可以见到。”②“政府一定不能只是一个教区牧师，一个兼理一般司法事物的地方官。它必须在任何国家危机中都拥有一个独裁者才会拥有的那种绝对的权力。现在的政府有义务保证最大程度的公正。与我们曾熟悉的任何管理执行机构相比，这个政府更应该以其天使般的美德而为人感激。我希望在人们身上看到这样一种精神，如果政府不能遵守同样的精神，他们就能立刻抛弃眼前的政府，而创造一个他们所需要的手段和管理者。”③因此，真正的美国学者“应当把自己为社会而获得的知识，真正用于造福社会。他应当使人们具有一种真正需求的感觉，并向他们介绍满足这些需求的手段”④。爱默生和梭罗提出了一种美国式的预言，指出了现实与理想的差别。他们同时也认为人们只有学着回归现实，才能实现自己的人生理想和政治抱负。

（二）“非暴力抵抗”

很长时间以来，奴隶制一直是一个困扰美国社会的政治问题，种族歧视和种族冲突时有发生。这自然阻碍了社会文明的发展进程，也与超验主义认同的“人人平等”、“人人皆为自己的主人”等思想格格不入。内战以后，美国的法律废除了蓄奴制，在理论层面实现了人与人之间的身

---

① 拉尔夫·沃尔多·爱默生：“论政治”，吉欧·波尔泰编：《爱默生集》，赵一凡、蒲隆、任晓晋、冯建文译，北京：生活·读书·新知三联书店，1993，第631页。

② 梭罗：“公民不服从”，何怀宏编：《西方公民不服从的传统》，长春：吉林人民出版社，2003，第38页。

③ 拉尔夫·沃尔多·爱默生：“论自然”，《美国的文明》，孙宜学译，桂林：广西师范大学出版社，2002，第49—50页。

④ 费希特：《论学者的使命》，梁志学、沈真译，北京：商务印书馆，1984，第11—12页。

份平等。实际情况远远没能达到人们预期的希望。很多黑人要么被白人限制在农场继续着多年的奴隶生活，要么即使获得了自由，却找不到赖以生存的生活方式。他们过着非人的生活，公开与白人发生冲突，想方设法逃离白人的掌控。在这旷日持久的种族对抗运动中，大批超验主义者积极的加入到了废奴运动，爱默生和梭罗名列其中。二人身先士卒、不惧权威，公开发表演说、呼吁政府彻底解放奴隶，甚至还冒着生命危险解救奴隶。

在《公民不服从》这篇著名的政论文中，梭罗曾义愤填膺地说道："有时我奇怪，何以我们如此轻率，我几乎要说，竟然实行了罪恶昭彰的、从外国带进的黑奴的奴役制度。有那么多苛虐而熟练的奴隶主，奴役了南方和北方的奴隶。一个南方的监守人是毒辣的，而一个北方的监守人更加坏，可是你们自己做起奴隶的监守人来是最坏的。谈什么——人的神圣！看大路上的赶马人，日夜向市场赶路，在他们的内心里，有什么神圣的思想在激荡着呢？"[①]很多人将贩卖奴隶作为谋取暴利的商业运作模式。他们为经济利益驱动，不择手段地寻找目标、贩卖和管制奴隶。个人的私欲一旦占据主导位置，奴隶只能被视为能说话、能干活的劳动工具，奴隶主对他们施行严厉的管理和监控。爱默生举例说在古巴岛上，奴隶制度从来都没有被禁止过，奴隶被明码标价。甚至因为性别差异，奴隶的售价也各有不同。在这毫无人性的奴隶交易过程中，有些种植园主只愿意购买男性奴隶，然后命令他们拼命地干活，直至最终悲惨地死去。造成这样的局面正是现行的残酷的商业制度，"一种自私自利的制度。它不受人性的高尚情操支配，不以平等互利的严格法则来衡量。更不是仁爱与侠义大度所能测度的。它与之相反，是一种猜疑、隐秘而又极其贪婪的制度，它不是要赠与，而是为了占便宜"[②]。

卢梭毫不客气地指出，"奴役权都是不存在；不仅因为它是非法的，而且因为它是荒谬的，没有任何意义的。"[③]这种惨无人道的剥削，为奴隶主带来极大的经济利益，大批奴隶却在繁重的体力劳动中付出了生命的代价。爱默生和梭罗批判奴隶主的残忍与冷酷，反对蓄奴制。他们也看到了缺乏公平与公正的社会制度是一切赖以存在的社会基础，政府甚至还默认或者支持这些现象的存在，使之得以名正言顺地持续下去。政府颁

① 亨利·戴维·梭罗：《瓦尔登湖》，徐迟译，长春：吉林人民出版社，2003，第6页。

② 拉尔夫·沃尔多·爱默生："人即改革者"，吉欧·波尔泰编：《爱默生集》，赵一凡、蒲隆、任晓晋、冯建文译，北京：生活·读书·新知三联书店，1993，第149页。

③ 让·雅克·卢梭：《社会契约论》，何兆武译，北京：商务印书馆，1982，第20页。

布逃亡奴隶法，派专门人员负责追捕、审理逃亡奴隶。“上个星期日傍晚读到把逃亡黑奴运回来重新当奴隶的报道，也读到那个在码头上发出恳求的人是康科德的丹尼尔·福斯特，我不禁有了一点自豪感……”[①]梭罗以反讽的手法报道奴隶的命运掌控在一个倡导人人自由、人人平等的国家的法庭之内，所谓的人身自由根本无从谈起。梭罗也赞赏那些有良知的社会斗士，他们把政府颁布的奴隶逃亡法令踩在脚下，义无反顾地走上了反对蓄奴制的革命道路。他们认为政府的这个“法令并非处于有头脑的或理性的层次。它原本产生自污泥。它只是在垃圾和泥潭里降生而有了生命，与脚处于一个平面，自由行走的人不免会踩到它，将它踩在脚下”[②]。

爱默生和梭罗的一生是战斗的一生，他们的斗争思想是对卢梭的回应：“放弃自己的自由，就是放弃自己做人的资格，就是放弃人类的权利，甚至就是放弃自己的义务。对于一个放弃了一切的人，是无法加以任何补偿的。”[③]“我愿自由而有危险，但不愿安宁而受奴役。”[④]卢梭的豪言壮语激励了两位学者，令二位更加斗志昂扬。1851 年，爱默生在反对奴隶制的运动中写道：“废除君主专制、奴隶制、封建主义、倒霉的垄断，推翻绞刑，粉碎教士权术，向所有移民敞开海上的大门。组建临时政府，加利福尼亚、得克萨斯……所有这些都适于自治，都基于同样的信念，既然人民能建立一个政府，他们就能建立起另一个。”[⑤]在瓦尔登湖生活期间，梭罗以极端的行为来反对蓄奴制。他与世隔绝，拒交“人头税”，否定自己是社会的政府的人，只因为对现实太过失望。梭罗最终在监狱中度过一个不眠之夜。这一晚，梭罗思考了很多，结合自己的亲身体验，完成了那篇至今脍炙人口的政论文《公民不服从》。后来的回忆中，梭罗再次谈及此番经历，他援引了孔子和季康的对话，希望一个好的众望所归的政府并不是单纯地依靠武力来解决一切社会问题。

> 季康子问政于孔子曰：“如杀无道，以就有道，何如？”孔子对曰：“子为政，焉用杀。子欲善，而民善矣。君子之德风，小人之德草，草

---

① 亨利·戴维·梭罗：《梭罗日记》，朱子仪译，北京：北京十月文艺出版社，2005，第 56 页。

② 同上书，第 57 页。

③ 让·雅克·卢梭：《社会契约论》，何兆武译，北京：商务印书馆，1982，第 16 页。

④ 同上书，第 90 页。

⑤ 小罗伯特·D. 理查森：《爱默生：充满激情的思想家》，石坚、李竹渝译，成都：四川人民出版社，2001，第 702 页。

上之风，必偃。”①

梭罗引用这段对话说明了他和孔子政治思想的相通。1845年的消极反抗之后，梭罗又完成了《马萨诸塞州的奴隶制度》一文，与之前的《公民不服从》互为姊妹篇。他和爱默生一起支持过约翰·布朗。1859年10月，废奴运动者布朗企图袭击哈泼斯渡口失败而被捕，11月的刑庭判处布朗以绞刑，梭罗在市会堂里发表了《为约翰·布朗请愿》的演说。布朗死后，当地不允许给布朗开追悼会时，梭罗又跑到市会堂敲响大钟，召集群众举行了追悼会。梭罗一系列的文章和行动强烈地抨击了当时的政府。当美国对墨西哥发动非正义的战争，梭罗异常愤怒。他不断反思自己和政府的关系，宣布个人从此独立于政府，公然与之对抗。早在此次事件之前，梭罗就在波士顿发表了《保守家与改革者》的演说。他阐释自己的政治观点，公然挑衅权威，嘲笑当权者将广大普通民众的利益置身度外，只关心所谓的集体主义和公共机构的改革和正常运转。梭罗主张民众要依靠个人的力量，独立于政府，独立于社会，要用“非暴力抵抗”的方式继续斗争。梭罗的斗争思想对后来的印度民族解放运动领袖甘地和美国黑人领袖马丁·路德·金产生了很大的影响。

内战后，解放黑人奴隶的宣言确实从法律上废除了蓄奴制。但是，根深蒂固的奴隶制的后期效应久未消散，很多庄园主依旧保留了大量的奴隶。即便有一些获得人身自由的奴隶重新回归社会，却发现社会早已不能接纳他们，找不到容身之处。梭罗看到了宣言的历史性的进步，同时指出不公平的种族现象依然存在，蓄奴制问题还是没能得到彻底的解决。“解放奴隶宣言是文明的要求。这是一种原则，其他一切都是阴谋。这是一种进步的政策，它将所有人都置于健康、多产和舒适的地位，使南方的每一个人都与北方的每一个人保持一种公正、自然的关系，那种劳动者与劳动者之间的关系。”②宣言改变了南方社会，提高了南方贫穷白人的地位，使他们与北方白人的利益保持一致，而黑人始终没能真正地从蓄奴制的阴影下彻底走出来。所以，解放黑人奴隶宣言仅仅是解放了南方社会的白人而已。废奴运动的路还很漫长，爱默生和梭罗还将继续走下去。他们坦言要在宣言的基础上，坚持不懈地对奴隶制实施有针对性的反击，最终实现彻底推翻奴隶制：“在这个马萨诸塞州的政府里，即使有成千上

① 《论语·颜渊》。

② 拉尔夫·沃尔多·爱默生：“论自然”，《美国的文明》，孙宜学译，桂林：广西师范大学出版社，2002，第50页。

百的人，而只要列举出有十个不再蓄奴——即使只有这十个正直的——即使只有一个正直的人，他们也会撤出这种合伙关系，也许因此还会被关进县监狱，而这将是美国奴隶制的废除过程。”[1]

爱默生和梭罗不是从政者，也没制定具体的解放黑人奴隶的方案，他们甚至对政府制定的废奴方案表现出了模棱两可的态度。他们根深蒂固的个人主义思想和彻底的自我依靠论与当时的废奴运动存在一定的冲突。因为所有的运动都是有组织有纪律的统一行动，这必定削弱个人的自我意识。因此，他们一方面组织运动，一方面又自相矛盾地抵触有组织的改革。他们还认为彻底的有效的改革应该从个人道德改革开始。通过不断地提升个人的道德修养来促进社会全面的改革和发展。这种温和的改革思想在爱默生的《人即改革者》、《新英格兰改革者》和《论自助》和梭罗的《改革和改革者》、《瓦尔登湖》中都显露无遗。爱默生和梭罗的这些思想也注定了超验主义运者参与的废奴运动最终只能停留在理论的层面，不可能从根本上废除蓄奴制。

（三）政府为个人而设

圣贤孔子生活的时代，普通人民深受阶级压迫，个人几乎没有任何权利；统治者任意奴役广大劳苦大众，人民生活在水深火热之中。此起彼伏的明争暗斗，国与国之间的战争和厮杀，生灵涂炭，民不聊生。真正享受生活的，则是那些有权有势的当权者和王公贵族。这些生活奢侈的家族，世代相传，“只需要一代接一代地尽力培养两种长处：战争中的勇猛和搞阴谋的技巧。结果就造成了这样一个世界：没有人关心人的尊严和人的幸福，因为这些都是需要平心静气地深思熟虑后才能获得的”[2]。孔子希望也很积极地去参与改革他那个时代的社会政治。同时，他也清楚地认识到，就算改革成功，实现了更多的社会公平与公正，等级制度不可废除。广大民众要服从政府，政府的官员也不能有特权，要无条件地接受君主的统治，君臣之礼不可乱。孔子思想中的等级观念从来都没有减弱。良好的政府离不开开明的君主。他们拥有最高统治权，社稷的命运掌握在他们的手中。而且，如果他们不作为，不懂得选贤任能，社会就无法安定，人们的基本生活也得不到保障。既然君主都有可能有所为有所不为，作为一个普通人而言的孔子，他永远都无法左右政治局势。“孔子事实上也没有办法强迫他们……，则是教育以及来自受过教育的公众所形成的舆论

---

① 斯蒂芬·哈恩：《梭罗》，王艳芳译，北京：中华书局，2002，第73页。

② 顾立雅：《孔子与中国之道》，郑州：大象出版社，2000，第172页。

的社会压力。在孔子的时代,这场运动正处在早期,还没有收到多少实际效果,但在接下来的几个世纪的历程中,它终于形成了不可抗拒的力量。"[1]所以,孔子的很多思想虽然源于他对社会的观察和思考,但最终都无奈地停留在理论的层面。

爱默生和梭罗生活的时代,美国政府劳民伤财,时不时出台一些新的政策法规,却没有为社会的发展做出实质性的变革,反而不断地制造了很多麻烦,阻碍了社会的发展和进步,造成广大民众对政府的不信任。梭罗甚至故意放大个人的社会价值,认为现有的很多事业其实都是美国人民中那些杰出人物所为,与政府没有关系。相反,政府还时时碍事,否则会有更大的成就。历史的进步一直都是从绝对君主制到有限君主制,从有限君主制到民主制,都是朝着真正尊重个人的进步,而不是普遍意义上的社会的进步。遗憾的是,政府从来都只关注并保护少数人的利益,从来不会以服务于人民大众为终极目标。国家成立了政府,制定了法律。法律的目的是为了抓住窃贼和凶手,而法律本身却不受约束。因此,法律并不时时代表公正和正义。梭罗认为,两者比较,应以正义为先,违背正义的法律是罪恶的。因此,每个公民都有权利和义务拒绝服从不公正待遇。

梭罗本人对政治毫无兴趣,他的时代将他不由自主地卷入了政治的漩涡。对于一个允许奴隶制存在的政府,梭罗对之置之不理,否认政府,否定政府的权威。面对一个缺乏仁德的政府,梭罗痛定思痛,用孔子的话做了有力的反驳:"邦有道,贫且贱焉,耻也。邦无道,富且贵焉,耻也。"[2]面对没有正义的政府,梭罗提出了两种可供选择的生活方式:或者隐退或者逆流而上以自己的方式继续参与政治。梭罗在发表《公民不服从》之时,巧妙地借用了柳下惠的故事与之呼应:"柳下惠,不羞污君,不辞小官,不隐贤,必以其道。遗佚而不怨,阨穷而不悯。与乡人处,由由然不忍去也。尔为尔,我为我,虽袒裼裸裎于我侧,尔焉能浼我哉?故闻柳下惠之风者,鄙夫宽,薄夫敦。"[3]梭罗高度赞扬了柳下惠,"治亦进,乱亦进",甚至有些效仿柳下惠。他对后者的言论和思想感同身受,厌恶政府施行惨无人道的蓄奴制,对广大民众充满了同情。梭罗以极端的方式拒绝纳税而遭遇了短暂的牢狱之灾,但是他宁愿独自痛苦也不愿放弃自我最后的尊严和价值观。梭罗引用的这段话恰好也印证了他高尚的品行:"民也,使先知觉后知,使先觉觉后觉。予,天民之先觉者也。予将以此道觉

① 顾立雅:《孔子与中国之道》,郑州:大象出版社,2000,第193—194页。
② 《论语·泰伯》。
③ 《孟子·万章下》。

此民也。”[①]1845年，梭罗选择了独居瓦尔登湖畔的方式远离社会和政治，他骨子里颠覆社会道德观念和秩序法规的念头却从未打消，并很好地用伯夷的例子堂而皇之地解释他暂时的隐退并非消极厌世，而是为了提升道德修养的需要，“治则进，乱则退”，“当纣之时，居北海之滨，以待天下之清也”。

梭罗是个识实务且能面对现实的人，他从来都不相信仅仅凭借个人的能力可以把一种秩序、“统治”或“霸权”强加于人类社会或是自然世界：“我希望世界上的人，越不相同越好，但是我愿意每一个人都能谨慎地找出并坚持他自己的合适方式，而不要采用他父亲的、母亲的或邻居的方式。”[②]在《公民不服从》一文中，梭罗一再鼓励任何对于现存政权异议的智者，希望他们以个人的良知作为衡量事物的准则，并采取积极的入世的行为，借以改变当局的态度：智者不应任由机运决定他个人的权利，也不必期待他的权利压倒大多数的权利。政府与正义之间存在的矛盾，不是因为政府被迫允许奴隶制存在，而是因为政府积极强化人与人之间人为的统治关系，坚持权力优先而不是权利优先。梭罗辩论说，对于政治，在当代的新闻界及非正式的语言中，有“左翼”、“右翼”、和“中间道路”的说法，而政府的尴尬位置并不存在于这一序列的任何一处。它甚至要诱使人们说它根本不是政治的，而是道德的。或者更确切地说，它拒绝将为共通的政治路标作为其行动指南，而本来这一点有利于道德的根本内化。[③]

简单而言，政府存在的目的有两个：保护公民以及保护公民财产。儒家思想将政治道德化，主张“安人即为政”。所谓为政，是将孝悌等道德“施于有政”，统治者要“为政以德”。道德在维护和巩固社会秩序方面有着法律不具有的特殊功能，对社会的稳定起着关键的作用。对民众的管理要以道德教化为主，政令刑罚只能是治民的辅助手段，“道之以政，齐之以刑，民免而无耻；道之以德，齐之以礼，有耻且格”。孔子反对统治者以刑罚的方式治民，认为那不过是残民的暴政，“不教而杀谓之虐”[④]，不利于社会的稳定和发展。孟子把孔子的“为政以德”思想发展为“仁政”学说。孟子仁政学说的中心思想是“民为国本”，他继承了前人的民本思想，认为得民心者得天下，失民心者失天下。从性善论出发，孟子提出的存心养性、反身而诚、养浩然之气等道德修养方法和仁政思想，都大大地深化

---

① 《孟子・万章下》。

② 亨利・戴维・梭罗：《瓦尔登湖》，徐迟译，长春：吉林人民出版社，2003，第48页。

③ 斯蒂芬・哈恩：《梭罗》，王艳芳译，北京：中华书局，2002，第68页。

④ 马振铎、徐远和、郑家栋：《儒家文明》，北京：中国社会科学出版社，2000，第31页。

了孔子的修己、安人学说。[1]

梭罗接受了儒家“为政以德”的政治主张。“一切政治斗争的目的也就是将道德建设为一切立法的基础,自由的体制不是终结,共和也不是终结,民主也不是终结,不是的,它们都不是,而只不过是方法。道德才是政府的目标。”[2]爱默生和梭罗理想的政治观是超验主义的民主思想的基本体现。爱默生崇尚建立一个开明的社会,主张废奴主义,积极地支持印第安人的权利,反对墨西哥战争,支持非暴力抵抗。19 世纪 50 年代,他不断反思政府的恶劣行径,在 1856 年 9 月举行的一次赈灾会议上,爱默生慷慨激昂地发表演说,承认他自己“并不尊重政府”,认为政府只在建立之初才具有良好的特征,之后则通过颁布各种政策法规慢慢毁掉了其最初在民众心目中所留存的良好形象,而人们最初对政府的恐惧和依赖感也随之逐渐消失。他举例说马萨诸塞州在历史上最光荣的时刻就是没有政府,实行无政府统治,而社会的发展依旧井然有序。爱默生并不是可以要求各州都实现无政府统治,他更希望的结果是“自治”。“每个人靠自己的双脚站立,每个人都是他自己的主人。”[3]爱默生并不了解中国的政治制度,但是热爱中国文化的本能增强了他对中国浓厚的兴趣。1868 年,在波士顿欢迎中国大使访美的宴会上,爱默生发表了一篇演说,他说:“我们对中国的政治很感兴趣。我相信在座的各位均有同感……我们希望我国的政治候选人应该从政之前先通过文化考试。而中国,像英国和法国一样,已经远远走在了我们的前面。”[4]这里的“文化考试”是指中国的科举考试,爱默生似乎非常欣赏这种层层选拔的考试制度,但之后他并没有极力去推广。

如前文所言,托马斯·潘恩认为“较完善的文明是,政府少有用武之地,因为政府更多的责任是管理自己的分内事务和约束自己的行为”。早在潘恩之前,孔子已经表达了类似的思想:“让人们自由生活,政治会好,没有人们,政府就会衰败和停止。”[5]梭罗也主张政府不仅要为政以德,还

① 马振铎、徐远和、郑家栋:《儒家文明》,北京:中国社会科学出版社,2000,第 35 页。

② 拉尔夫·沃尔多·爱默生:“论自然”,《美国的文明》,孙宜学译,桂林:广西师范大学出版社,2002,第 54 页。

③ 小罗伯特·D. 理查森:《爱默生:充满激情的思想家》,石坚、李竹渝译,成都:四川人民出版社,2001,第 755 页。

④ Quoted from Frederic Ives Carpenter. 1968. *Emerson and Asia*. New York: Haskell House Publishers Ltd., p. 240.

⑤ Christy, Arthur. 1978. *The Orient in American Transcendentalism*. New York: Octagon Book, p. 136.

要尽量少地管理社会，给人民足够的空间和自由，无为而治。政府为个人而存在，不是个人为政府而存在。因此政府无权强迫人民从事不公正的社会事务，因为这些有违反公民人身自由和道德自由之嫌疑。“我完全赞成这一句格言——‘最好的政府掌管最少’；我希望看到，它更加迅速系统地得以实行。我也相信，一旦实行，其最终结果便是如此——‘最好的政府一无所掌’；当人们为此准备停当，这将是他们所能得到的政府。政府充其量不过是权宜之计；往往大部分政府——有时所有的政府，却总是并不得计。”①

早在《代表人物》中，爱默生就流露了这样的思想：“现代的思想宣扬国家是为个体而存在。”他还在其他的论文中做了进一步的诠释：“我们进行的统治越少越好——统治越少，法律就会越少，私人授权也越少。要消除合法政府的这种弊端，只有依赖个性的影响和个人的发展，依赖主事人出面替换代理人，依赖圣贤的出现；必须承认，现存政府只不过是对圣贤的蹩脚的模仿而已。实践万物所衍生，以及自由、修养、交流、革命所形成和提供的正是个性；自然的目的，就是给她的国王完成这种加冕。国家之所以存在，就是为了培养圣贤。圣贤一出现，国家就随即消亡。”②爱默生的政治主张是国家应该有统治者，这样才能有良好的社会秩序。而且，他也不排斥次序和等级差别，这是任何一个文明的国家正常运转不可缺少的因素。“我们应该有国王，我们也应该有贵族。大自然为每个社会提供了这样的机会——我们唯一的要求是选择真正的领袖，而不要那种有名无实的家伙。在每个社会中，总有一些人生来要当统治者，一些人天生就是顾问参议。让权力获得正确的指导吧，由仁爱来指引它，这样官员们就会四处受到欢呼和拥戴。领袖就是领袖，全世界都是如此。而不是凭借他的王冠和羽饰来发号施令。”③

爱默生和梭罗以个人主义为中心发展了他们的政治观，个人的独立、自由和利益高于政府。他们被很多学者称为“爱人类”的无政府主义者，尤其是梭罗更加饱受质疑。许多政治家和评论家都和爱默生一样隐约感觉到梭罗身上过于强烈的无政府主义思想，虽然这种思想成就了他敏锐的思维能力，但也带来了一定的危害性。甚至有评论家怀疑梭罗是否心

---

① 亨利·戴维·梭罗：“公民不服从”，何怀宏编：《西方公民不服从的传统》，长春：吉林人民出版社，2003，第 16 页。

② 拉尔夫·沃尔多·爱默生：“政治”，吉欧·波尔泰编：《爱默生集》，赵一凡、蒲隆、任晓晋、冯建文译，北京：生活·读书·新知三联书店，1993，第 628—629 页。

③ 同上书，第 245 页。

智依旧正常，他们觉得在瓦尔登湖的深处潜伏着一个险恶的妖王之女，把梭罗的魂给勾走了。梭罗经常和英国文学家布莱克通信。从他们的书信交往中，布莱克也感觉到梭罗内心隐藏着一种强烈的否定情绪。“我上一次在康科德时，你提到要进一步远离我们的社会文明。我问你难道对社会对朋友一点依恋之情都没有吗？你的回答大概是：‘没有，我微不足道。’”[①]梭罗显然又区别于无政府主义，他从未在公开场合宣称自己要彻底独立于政府，做一个绝对的无政府派。他无非是想立即要一个更好的政府罢了。于是，在这里出现了一种很奇特的矛盾的结合：爱默生和梭罗一方面在骨子里对政府和政治不抱大的希望，另一方面饱含热情去关注政治，直指根本，毫不妥协，甚至直接采取行动。“超验主义的政治轨迹始于哲学的自由，终于民主的个人主义。”[②]当然，“爱人类”的无政府主义者比不爱人类的无政府主义者可取得多。

（四）小结

爱默生和梭罗不是政治家，他们的政论文不能和他们富有个人特色的散文、游记、日记和演讲词相比。在他们的思想里，个人的生活、个人的追求和个人的价值比政府占有更为重要的地位。人首先是人，然后才是接受统治和裁决者。他们强调个人、强调个性，对政府制定的民主制度抱有一种警惕性。梭罗推崇的个人主义政治观带有他个人的色彩。何怀宏在《西方公民不服从的传统》的《引言》部分说，梭罗在《公民不服从》中表现了他“根深蒂固的对国家的冷淡，对政治以及多数的不信任，以及想随时撤出政治生活的心态。我按自己的方式生活，人们的生长、开花、结果以及最后的死亡，都不必互相等待，互相看齐。他说他将给予政府以尽可能少的关心，因为人并不总是生活于一个政府之下，甚至在这个世界上亦是如此，说他有许多其他的事物要关心，他来到这世界，主要不是为了使它成为一个好的生活环境，而是为了在这里生活，无论这环境是好是坏”[③]。一个不怎么关心政府的人自然不会对政府抱多大希望。最好的政府是管得最少的政府，这是爱默生和梭罗政治思想的真实写照。

---

① 小罗伯特·D. 理查森：《爱默生：充满激情的思想家》，石坚、李竹渝译，成都：四川人民出版社，2001，第651页。

② 同上书，第351页。

③ 亨利·戴维·梭罗：“公民不服从”，何怀宏编：《西方公民不服从的传统》，长春：吉林人民出版社，2003，第22—23页。

第四章　对儒家思想自然观的接受

“自然”概念的发展，与人类认识、改造自然的进程是一致的。从一个历史阶段到另一个历史阶段，自然的含义总在不断地演变，经历了一个由“生长”到“自然物之本性”、“自然物之集合”、再到“人化自然”、“生态自然”的演变过程。在古希腊，“自然”的含义主要指“本性”，即人类所生活的世界的根本规律。到了近代，“自然”主要指“自然物之总和”，指我们所生活的物质世界，即通常所说的“大自然”、“自然界”。爱默生和梭罗在这两个层面上展开了他们对“自然”理解，并发展了超验主义的自然观，他们关于“自然”的定义也有别于以往的概念：“在其普通的意义上，是指人无法改变的本质；空间、空气、河流、树叶。”[①]“一切自然事实都是精神事实的象征。自然界的每一种外表都和一种心灵状态相呼应，那种心灵状态只有在把那种自然的外表作为它的图像提供出来时，才能被描摹出来。”[②]因此，超验主义的“自然”既包括通常意义上所指的“大自然”、宇宙、世界，也指存在，即世界与人共有的本质、精神、根本规律。超验主义的自然不是纯粹的、单调的、尚未开化、隶属历史范畴的平凡的物质世界，而是精神或上帝的象征，是超灵的外衣。当个人完全沉浸于自然世界，与世界融为一体，人的精神也将得以升华。超验主义从个体出发，思考人与自然的关系，主张人类重返自然，在自然中重新认识人和自然的关系：一方面人要适应、改造、征服自然界，以满足、改造、完善自身的需要，促进自己的发展；另一方面，自然界有其自身的客观规律，不以人的主观意志为转移，人的一切活动都受到它的限制和约束。从人和自然的关系出发，超验主义投向了儒家思想的“天人合一”的自然观，试图在认识、改造儒家思想自然观的基础上实现两种文化的互动和对话。

---

① 拉尔夫·沃尔多·爱默生：“论自然”，《美国的文明》，孙宜学译，桂林：广西师范大学出版社，2002，第2页。

② 同上书，第13—14页。

第一节 自然寓于个体

(一) 自然是精神的反映

受欧洲浪漫主义思潮的影响，爱默生和梭罗否定了传统基督教的一些教义教规，将自然精神化，重新解释了自然。爱默生用一种比较抽象、模糊、神秘的眼光来看待自然的起源，认为自然是“绵延不绝、无可解释上帝之网，既无起点，又无终点，却带着循环的力量，不断返回它自身”[①]。他强调精神第一、直觉第一，主张发挥人的超验作用。“自然界的每一种外表都和一种心灵状态相呼应，那种心灵状态只有在把那种自然作为它的图像提供出来时，才能被描摹出来。”[②]“世界和人的肉体一样，都发源于同一种精神。”[③]世界万事万物都统一于自然这个循环不已的统一体系中，既有纯粹的物质，又有绝对的精神，是物质和精神的统一。人存在于物质世界，人的思想和灵魂则存在于抽象的精神世界，二者和谐地统一于自然之中，人依靠直觉和顿悟的方式认识自然。自然有如一面镜子，折射着人的内心世界，反应人的精神世界，达到人与自然的融合。

梭罗眼里的自然和精神世界形影相随。他相信自然中存在一种精神，“最接近万物的乃是创造一切的一股力量”[④]。个人如果能调整好自己的精神状态和心态，就能融入那个看不见摸不着的精神世界。在《河上一周》和《瓦尔登湖》两部书中，梭罗一次次自我探寻，试图获得最终的心灵的宁静，实现精神的提升，实现心灵和自然合而为一的境界。瓦尔登清澈见底的湖水，自由嬉戏的水鸟，它们象征着纯洁纯真的自然，代表了一种早已有之的精神，人类最早的祖先亚当和夏娃都不能和它相比。“远在亚当和夏娃被逐出伊甸乐园时，那个春晨之前，瓦尔登湖已经存在了。甚至在那个时候，伴随着轻雾和一阵阵的南风，飘下一阵柔和的春雨，湖面不再平静了，成群的野鸭和天鹅在湖上游着，它们一点都不知道逐出乐园

① Cowley, Malcolm & Carl Bode (eds.). 1981. *The Portable Emerson*. New York: Penguin Books, p. 68.

② 拉尔夫·沃尔多·爱默生：“论自然”，《美国的文明》，孙宜学译，桂林：广西师范大学出版社，2002，第 14 页。

③ 同上书，第 37 页。

④ 亨利·戴维·梭罗：《瓦尔登湖》，徐迟译，长春：吉林人民出版社，2003，第 127 页。

这一回事，能有这样纯粹的湖水真够满足了。”[①]

一方面，自然是人的精神世界的反映，每一个自然过程都承载着一定的象征意义。另一方面，自然又如同一面镜子，折射人的内心世界，起着沟通人和精神世界的媒介作用。人要获得与自我精神世界的自由交流，首先必须与自然取得一致。在精神与自然的感应过程中，感受自我生命的扩展。自然充当着一个媒介，人的精神在自然中得以升华。“站在空旷的土地上，我的头脑沐浴在清新的空气里，思想被提升到无限的空间中，所有卑下的自私都消失了。我变成了一个透明的眼球；我是虚无；我看见一切；宇宙本体之流在我体内循环；我是神的一部分或一片段。……自然总是带着精神的色彩，对于在灾难中劳作着的人，它自己的火散发出的热也含着悲哀。”[②]爱默生认为类经历几乎人人都能感受。一个人在某个风和日丽的日子依靠一棵大树席地而坐，心怀宁静，与自然归于同一的感觉凝视世界，和世界融合为一体。“爱自然的人是内外的感觉还真实地互相调节着的人，是把幼年时代的精神甚至保留到成年时代的人。他与天和地的交感变成了其每日食粮的一部分。”[③]爱默生的这种抽象的自然观是对人的精神与自然契合的论述，其目的是为了认识人本身，自然则是人认识自我的途径和工具。自然也不是纯粹因为人类的存在而存在，它为世间万物，包括有生命的和没有生命的一切而存在。

人与自然存在着对应关系，自然是人类精神世界的反映，是人类心灵的记忆，它的每一个部分都与心灵息息相应。人与自然相互关联，存在着一种和谐的关系，自然的意义必须从人和自然的关系中来理解：“自然史中的一切事实若就事论事的话，是毫无价值的，不育的，犹如单性。但和人类历史一结婚，便充满了生命。”[④]世界不是多种力量的产物，而是出于一个意志，一个心灵。那心灵四处活跃，万物源于同一精神，都与它同心协力。这种和谐的关系表现为“一切最小的自然形式，一片树叶、一束阳光、一刻光阴、一滴水珠都是与整体相联，并分享整体的美”，“一片树叶是自然的缩影，整个自然就是一片巨叶”[⑤]。“内脏由最小的内脏构成；骨骼

---

① 亨利·戴维·梭罗：《瓦尔登湖》，徐迟译，长春：吉林人民出版社，2003，第170页。

② 拉尔夫·沃尔多·爱默生：“论自然”，《美国的文明》，孙宜学译，桂林：广西师范大学出版社，2002，第4页。

③ 同上书，第3—4页。

④ 拉尔夫·沃尔多·爱默生：“自然的方式”，吉欧·波尔泰编：《爱默生集》，赵一凡、蒲隆、任晓晋、冯建文译，北京：生活·读书·新知三联书店，1993，第129页。

⑤ 小罗伯特·D. 理查森：《爱默生：充满激情的思想家》，石坚、李竹渝译，成都：四川人民出版社，2001，第31页。

由最小的骨骼结合；小小的血珠汇在一起构成血液；黄金由颗颗金沙聚合，大地由粒粒细沙凝缩，滴滴水珠集结成水，点点火星连成熊熊烈火，大自然完全存在于最渺小的事物中”[①]。自然寓于个体，个体反映自然，自然之美是人的心灵之美，自然的规律反映人类思想的规律。

人生活在自然中，是自然的一部分，其他所有的事物都是自然的一部分，要遵循自然的法则。自然就像小草一样寂寞繁茂地生长着，远离人们的视线。自然在人类之前已经存在，一切都受制于它。“把世界想象成空旷的庙宇，任何个体的思维都代表着其中某个神圣的部分，仿佛每个人都是一团火焰，附在某根柱头、某个结点、某个屋角、某个三角槽、某个花饰或某个拱顶之上，熠熠闪耀着，展示自身的美丽和匀称。可是当光亮消失后，庙宇的穹棱或凹形柱却美丽依然，还可以立即再次燃亮以示众人。”[②]爱默生用这样的话语表明所有的秩序存在于自然之中，人生活在秩序之中，理所当然要接受自然的约束。在《瓦尔登湖》中，梭罗将自然人格化，流露出人遵循自然在自然的环境中与自然和谐共处的美好心愿。鸟兽是他的访客，潜水鸟的“狂笑”透露出一种胜利的喜悦，蚂蚁的厮杀更是两个帝国的作战……诸如此类的描绘在《瓦尔登湖》中不胜枚举。于是梭罗反问，“难道禽兽不是跟人类一样，也存在一种文明吗?”[③]在梭罗眼中，瓦尔登湖是有生命的、活生生的自然之物，是天然而成的秩序，人也罢，动物也罢，都在它设定的秩序中和谐地生活着。

儒家思想的天人之学包含了一些重要的人和自然关系的思想。它强调的是人与自然和谐相处，天人合一，将人置于大自然中，认为人是大自然的一部分，与大自然处于平等的地位。董仲舒的“天人相类相应说”中谈到：“人有三百六十节，偶天之数也；形体骨肉，偶地之厚也……人之形体，化天数而成；人之血气，化天志而仁……人生有喜怒哀乐之达，化春秋冬夏之类也……天亦有喜怒之气，哀乐之心，与人相副。以类合之，天人一也。”[④]这说明在儒家思想中，人不但与大自然是平等的关系，人还是大自然的另外一种呈现方式。天人合一是中国传统思想中具有代表性的自然观，与西方的自然观相比，它是一种比较独到的思想。儒家认为人和天地、自然万物合而为一，把认识世界和认识人自身紧紧联系在一起，即人

① 拉尔夫·沃尔多·爱默生：“伟人的作用”，《美国的文明》，孙宜学译，桂林：广西师范大学出版社，2002，第85页。

② 小罗伯特·D. 理查森：《爱默生：充满激情的思想家》，石坚、李竹渝译，成都：四川人民出版社，2001，第668页。

③ 亨利·戴维·梭罗：《瓦尔登湖》，徐迟译，长春：吉林人民出版社，2003，第256页。

④ 《汉书·董仲舒传》。

的意志、情感、品德和自然精神、自然规律合一。因此，自然的产生是一个自发的、自我生长的过程，它循环反复，生生不息。人和自然的存在，无须探究它的起源，也无须预测它的终结。人是自然的产物，是自然的一部分，与自然界处于“一体”、即不可分割的联系之中。人人身上具有各种自然属性，人受自然规律的支配。自然界是人赖以生存的条件，人从自然界取得维持其生存的物质资料，人能利用和改造自然，正所谓“尽其心者，知其性也。知其性，则知天矣”①。

爱默生和梭罗没有直接引用儒家思想的自然观，但他们关于人与自然的和谐关系以及自然规律与人的思想规律的一致性明显受了儒家的影响。儒家思想的自然观追求人与自然的和谐共处，轻视人对自然的主观能动性。超验主义运动有着强烈的个人主义倾向，强调个体价值以及人控制、改造自然的能力，因此，爱默生虽然也谈人与自然的和谐，二者依然有着本质的差别。

（二）自然是物质的存在

爱默生借用了一个法国哲学家的话说，“物质客观性必然是造物主的主体性思想的种种衍生物，……自然在最初级的形式上是我们生存的物质基础，即‘物用’。”②物质的自然世界是人类通过实践、工业和技术活动与自然打交道的过程中呈现出来的“人化自然”。实践、工业和技术活动是联系人和自然的中介，技术是通向认识和改造自然的手段、途径，要理解和把握自然就不能不涉及技术。在这个意义上，“世界是技术所展示给我们的自然形象”③。这和爱默生在前文中的论述是一致的：“我们指的自然是多种多样的自然物体所造成的印象的完整性，就是这一点使伐木工人的树枝和诗人的树枝区别开来。”④

爱默生的自然观和梭罗的自然观有些相似。他对自然的兴趣部分原因是因为他认为科学能教给人们有关自然的知识。爱默生阅读了一些关于科学和科学史的作品，对很多的科学知识和科学的思维方式非常着迷。他对科学的开放态度帮助他把对自然的思考建立在事实和观察的基础之上，他的文学创作总能立足于现实世界，甚至想方设法解决现实生活中的

① 《孟子·尽心上》。

② 拉尔夫·沃尔多·爱默生：《自然沉思录》，上海：上海社会科学出版社，1997，第13页。

③ 转引自陈其荣：《自然哲学》，上海：复旦大学出版社，2004，第44页。

④ 拉尔夫·沃尔多·爱默生：“论自然”，《美国的文明》，孙宜学译，桂林：广西师范大学出版社，2002，第3页。

一系列问题。《论自然》里爱默生依照从次要到重要的顺序描述了自然的一系列功能，如物用、美、语言等，以及自然带给人类的利益和教训。自然的更高意义是精神方面的，但自然首先要为人提供物质享受。“自然，就其对人类的服务来说，它不仅仅是材料，而且也是过程和结果。它的各个部分都在为人类的利益不停地携手相助。风播着种子，太阳蒸发着海洋，风把水蒸气吹到田野里去，在行星另一边的冰将水凝聚成雨，雨滋养着植物，植物养着动物。”[①]在没有了解人类可能对自然造成多大危害的时代，爱默生把自然描述成人们谋取原材料的仓储。

在人和上帝的沟通中，自然起着中介的作用。它传达上帝的意识，反映精神的存在。上帝无法言说，但可以从物质现象中预见上帝。“大自然的神秘从未如此快乐地展示过。稻谷和醇酒就在这个世界里得以交流。多么宽广，多么富饶，自然从自己的每一样财富中赋予人的各种才能对人是多么大的鼓励！富饶多产的土地，可供轮船航行的海洋、聚藏着金属和石头的山脉，所有的森林，所有的动物、化学元素、光、热、磁、生命的力量和轨迹，所有这一切都值得伟人以自己的全副身心和同情去征服和享用。”[②]在自然中穿梭，在自然中沉思，梭罗将上帝比作人类的父亲，自然比作人类的母亲。他发现一个普通的人总能在自己身上感觉到大自然的魅力，它不是父亲，而是母亲的影子，他则随着母亲的永存而获得永生。梭罗以浪漫主义诗人的身份饱含激情地表达了人在自然中所获得的彻底的自由与自在。他认为一个人生活在自然世界中不仅需要精神上的超凡脱俗，还需要放弃那些早已经被世俗所污染的东西，彻底地自然化，风儿是他的呼吸，季节是他的情绪，而且他应该将自己的安详平静传给大自然本身。

超验主义主张和谐的自然观，渴望人能在自然中享受宁静而又和谐的生活。梭罗说：“我过去经常伫立康科德河岸，看河水流逝。它是一切进步的象征，与宇宙、时间和万物遵循同一法则。河岸低地的杂草朝河水微微弯曲，在潮湿的风中摇晃，依然在它们的种子落地处生长，但不久以后便会死去，同样没入尘埃。怡然自得的光亮的卵石、叶片和杂草，还有偶然随水漂过、结局已定的木料和树干，这些物体都引起我特别的兴趣，

① 拉尔夫·沃尔多·爱默生：“论自然”，《美国的文明》，孙宜学译，桂林：广西师范大学出版社，2002，第6页。

② 拉尔夫·沃尔多·爱默生：“对神学院毕业班的演讲”，《美国的文明》，孙宜学译，桂林：广西师范大学出版社，2002，第76页。

最后我决定投入这条河的怀抱，任它载我漂向何方。”[①]如何协调人和自然的关系，爱默生借用了培根的话：“开放自然之途，点亮自然之灯，将不会降低人们灵魂深处的信仰，也不会导致灵魂对神性的奥秘的无知。他似乎预见到现代人必然如此：他战胜自然和取得辉煌效率的代价是失去洞察力；在获得完美物质权力时他总是在精神上失去体面。”[②]精神和物质的同时获得总是不能两全其美，爱默生反对以降低精神需求为代价而过度地追求物质生活。

梭罗认为人并不是自然的主宰而是自然的孩子，人与自然万物的关系是平等的兄弟关系。人不可能超越自然，自然的智慧远远超出人的想象，变幻莫测。梭罗以《瓦尔登湖》中的潜水鸟为例，它嘲笑划船者的算计，突然在他最意想不到的地方浮出水面。潜水鸟有点像麦尔维尔的著名小说《莫比・迪克》中欢快的不可预料的精神水柱。它吸引着梭罗上前，在池塘的最遥远处出现，从而不至于完全压倒他，使人备尝可望不可即之苦。追不上潜水鸟，梭罗试图在思想上超越他，然而潜水鸟却证明自己是更灵巧的表演者。它意外地在梭罗的小船的那一头突然出现，发出一声“怪笑”来确认自己的高明。人类的智力远不能与之匹敌，“根本谈不上他所梦想的预料自然，梭罗发现自己只不过是无助地跟踪它而已”[③]。

在对待自然的态度上梭罗有点像个“虔诚主义者”，经验使得他不得不承认，物质世界和精神世界的裂痕不是人类现有的知识或者方法所能跨越的，而只能依靠偶尔触动心灵的感觉事实的模糊直觉。通过融入自然，与自然交流，人最终还是得回到精神的世界里去。如果过多地与物质对象进行交流，只会满足于肉体的享乐，灵魂就会变得低俗，收获的也只能是悲哀。因此，无论是爱默生还是梭罗，他们都认为个人的发展绝不能仅仅依靠占据极大的物质财富，而是要不断地充实精神生活，促进人格的提升，在与自然达到和谐的同时实现人自身以及人与人之间的多元和谐。

（三）人是万物的中心

万物在对话对抗的过程中蜿蜒发展，人和自然充满了不平等与不和谐。人类繁杂的社会活动总是扰乱原本宁静的自然，也惊扰了平静

---

① 亨利・戴维・梭罗：“在康科德河和梅里马克河上一周”，罗伯特・塞尔编：《梭罗集》，陈凯、许崇信、林本椿、姜瑞璋译，北京：生活・读书・新知三联书店，1996，第 13 页。

② 美国《人文》杂志社编：《人文主义：全盘反思》，北京：生活・读书・新知三联书店，2003，第 27 页。

③ 罗伯特・米尔德：《重塑梭罗》，马会娟，管兴忠译，北京：东方出版社，第 240 页。

的心灵。“我们不知道像玉米和苹果呀，土豆和葡萄呀，这不多的几类植物的功用。是否每一线风景都很壮观，都是它的脸？然而，这也会向我们显示：人和自然之间是多么不和谐啊，因为如果农夫正在附近的田里辛苦地耕作，你就不能自由自在地赞赏高贵的风景了。诗人在自己的快乐里觉得有些滑稽，直到离开人的视界为止。”[①]人类生活在自然中，整个自然充满了“统一”和“超灵”，人在扰乱世俗的物质的自然的同时，也扰乱了代表宇宙精神的自然，因为“具体的自然事物是具体的精神事物的符号”[②]。

梭罗在《瓦尔登湖》里引用了下面一段有关“鬼神”的对话：

> 季路问事鬼神。子曰：“未能事人，焉能事鬼？”敢问死。曰“未知生，焉知死。”[③]
>
> 务民之义，敬鬼神而远之，可谓知矣。[④]

孔子承认宇宙中存在着超自然的力量，强调此岸非彼岸，现世非来世。孔子等儒家思想家将人的生活置于此岸，人与自然的关系完全不同于基督教中的人与上帝、人与自然的关系。基督教认为人与上帝是一对矛盾存在，儒家思想则认为人与天共同处于宇宙这个宏大的循环体系中，人性与天性具有同一性。因此，在天的面前，人没有原罪，不是背负永恒罪恶的囚徒，天也不具备对人最终审判的权力。既然天没有对人的绝对权威，人就不需要像基督徒那样彻底地无条件地服从上天的安排，将自己的命运毫无保留地交到上帝的手中。这样，人从至高无上的上天的权威下彻底解放出来，再也不需要去揣摩天的意图和心思，只需心存敬意，一切都安宁。儒家这种注重现世的思想为爱默生和梭罗重视个体、重视当下提供了思想来源，并在探讨人和自然的关系过程中进一步深化他们的个人主义思想。

超验主义者崇尚个体自由，在实现个人价值的基础上重视人和自然的关系。爱默生写道：“我以前的一代代人直接面对着神和自然，但我们则是借他们的眼睛来看这些的。为什么我们不应该也与宇宙保持最原始

---

① 拉尔夫·沃尔多·爱默生：“论自然”，《美国的文明》，孙宜学译，桂林：广西师范大学出版社，2002，第37页。

② 小罗伯特·D.理查森：《爱默生：充满激情的思想家》，石坚、李竹渝译，成都：四川人民出版社，2001，第324页。

③ 《论语·先进》。

④ 《论语·雍也》。

的关系呢?”[1]要建立一种更直接的关系,必须将人“放在存在的中央,而关系的光线则从每一种别的存在传到他身上。没有这些物体,人就得不到理解;没有人,也就不能理解这些物体。自然史上的一切事实,就其本身来说,都没有什么价值,但就像单性那样,是不会结果实的。但是,如果使它和人的历史结婚,它就充满了生命”[2]。爱默生在讲述自然的重要性的同时,明确提出了以人为中心的人类中心论。“对大自然来说,一个人就是一个中心,他通过每一件事物贯穿自己的关系之线,无论是液体的还是固体的,无论物质的还是元素的。”[3]爱默生所指的人,是生活在社会中的人,不是脱离社会、脱离自然的人,是实实在在生活在社会中的人。他满怀激情地面对宇宙,渴望获得完全的独立,他高声呐喊:“他是谁,想要控制我?为什么我不用整个自由来做、来写、来思考呢?对宇宙来说,我算什么呢?或者对我来说,宇宙是什么呢?谁造就了对与错的锁链?谁带来了观念与习俗禁锢?我必须受它们束缚吗?”[4]爱默生认为在人类社会中,个人不属于任何团体,他就是自我,是完全的绝对的自我:“在一个观察世界,观察人类、动物和无生命的自然——我在他们中间,但我不属于他们;我听见风暴在怒吼……我看见城市、国家,和目击燃烧着的激情……但我不参与……我完全否认它们。”[5]这是一种绝对无疑的对自我价值的认同,一种非常自我的断言,一种野性的浪漫的沉思。爱默生将自然精神化,将自然的价值隶属于人类的价值,在某种程度上使自然失去了它本身的魅力。

关于人与自然关系的思想,梭罗认为一方面个人应认识并尊重自然的存在,另一方面,也是更重要的方面,则是个人首先且必须是独立的自由的个体,是自己的主人。唯有如此,人的灵魂才能平等地和自然直接对话,才有可能达到人和自然的完美结合与完美融合。无论是在《科德角》还是在《旅行散记》里,梭罗一生热爱自然,却从来都没有将自然归为人类的朋友。但是,在这两部散文式的论著里,梭罗在自然的寂寞中从俗世生活的羁绊中摆脱出来,他重新反观自我,努力重塑一个崭新的自我。这也

---

① 拉尔夫·沃尔多·爱默生:“论自然”,《美国的文明》,孙宜学译,桂林:广西师范大学出版社,2002,第1页。

② 同上书,第14页。

③ 拉尔夫·沃尔多·爱默生:“伟人的作用”,《美国的文明》,孙宜学译,桂林:广西师范大学出版社,2002,第157页。

④ 小罗伯特·D.理查森:《爱默生:充满激情的思想家》,石坚、李竹渝译,成都:四川人民出版社,2001,第72页。

⑤ 同上书,第2页。

正如他在一首诗中所说：

让我的灵魂伴随
我心灵燃烧的地方。
诗句也永远会留下
岁月也不会改变
上帝留下的诗章。

(四) 小结

超验主义和儒家关于自然的思想都是以现实生活为基础的世俗的道德哲学。他们都否定了绝对权威：超验主义否定了上帝的绝对权威，儒家思想则否定了神的作用。超验主义以个人主义为基础的自然观和儒家思想强调人与自然和谐共处的自然观存在很多差异。在爱默生和梭罗看来，人与自然紧密相连。在这个大的宇宙体系中，人与自然并不是平等的存在。人是宇宙的中心，而不只是与物质的自然相对等的自然的一部分。同时，外部世界反映着人的思想，人不仅仅是自然这个整体的一部分，还是一个完整的独立的整体。人是主动的、有思想、有感情的，而自然充其量是一面镜子，充当了人与精神世界交流的工具，包括人在内的自然界的各个部分不仅彼此平等，而且可以相互转化，最终形成天人合一的和谐状态。

第二节 自然清涤个体

(一) 至善的精神世界

19 世纪初，整个美国社会百废待兴，很多人在追求物质利益最大化的过程中，忽视了个人的道德修养和教化，人类精神文明的荒漠在无形之中逐渐扩大。现代文明要求人类在享受物质生活的同时回归自然，在自然中清涤那已被现代物质文明浸染的灵魂，实现道德上的升华。爱默生和梭罗认为世界万事万物都统一于自然这个循环不已的统一体系中，既有纯粹的物质，又有绝对的精神，是物质和精神的统一。自然是宇宙精神的反映，自然和人有相通的思想。他们倡导个人在与自然和谐共处的过程中实现人的精神道德的升华。

在商业文明日益发达的社会里，个人内心的成长是一个漫长而艰难的过程，爱默生和梭罗尤为感同身受，二人对当时的拜物主义反应激烈。在当时的新英格兰，资本主义商业经济带给人们极大的创造力和日益丰富的物质财富，但是人和人、人和自然却在无形中疏远了，以至于"人成了他自己产品和事物的奴隶"，人际关系也被烙上了物质交换的痕迹。在早期的日记和大多数的作品中，梭罗表达了长期生活在社会中产生的不自在、虚度光阴和失败的感觉，他认为人只有在大自然中才是完整无损的。1841 年，梭罗很无奈地写道："天天与人打交道的困难使我几乎退缩"，"希望自己在社会中就像在大自然中一样毫无顾忌、无拘无束"。① 在现实的社会中，"没有任何地方的人过着自然的生活，葡萄藤从四面缠附它，榆树心甘情愿地为它遮蔽。一个人以自己的接触亵渎它，因此世界的美将永远对它掩藏真相"②。梭罗认为人们应当反省当前的社会现实和自身的状况：

> 我们只有认清，当我们一点点地卸去自身的污垢，直到完全洁净时，包裹着我们的人性法则将会焕然一新。而我们只有依靠内心赐予我们的直觉，才有可能学习真理。我们带着满身污垢，怀疑自己毫无信仰可言，可我们并非如此。我们不知道，那些法律与法律观念其实是一回事；自有当足够的法律进入我们的思想，与我们融为一体时，我们才是真正的活人——并且因为法律的不朽而变得永久。在所有这些表象之下，存在着事物的本质、生命以及原本理由。这些不断变化更新的表象坐落在真实之上，一种活的真实。③

爱默生对现实社会持批判的态度。他批判人们盲目地追求物质利益，丧失了自我，生活的目的不是为了实现自我价值，而是为了活在别人的眼中。那些真正昂贵的东西，比如智力、良心、美与信仰，反而不值钱。爱默生直截了当地否定了这样的生活方式，认为一味追求财富，只会让人更加缺乏思想，而缺乏思想的人才是真正贫穷的人。他的"人屈从于事物，人被他自己的创造压倒了"的观点和梭罗的"人成了他制造的工具"思想惊人的巧合。"这就是我们听说的那个地球，那个在混沌和古老的黑暗

---

① 罗伯特·米尔德：《重塑梭罗》，马会娟，管兴忠译，北京：东方出版社，2001，第 5 页。

② 亨利·戴维·梭罗："在康科德河和梅里马克河上一周"，罗伯特·塞尔编：《梭罗集》，陈凯、许崇信、林本椿、姜瑞璋译，北京：生活·读书·新知三联书店，1996，第 342 页。

③ 拉尔夫·沃尔多·爱默生："关于时事的报告"，吉欧·波尔泰编：《爱默生集》，赵一凡、蒲隆、任晓晋、冯建文译，北京：生活·读书·新知三联书店，1993，第 184 页。

中造出的地球。这里绝不是人类的花园，而是未被开发的地球……人类是不会和地球联系在一起的。地球是物质的，广阔的，奇妙的，并非我们听说的人类的大地母亲，也不是给人类踩或埋葬的大地。”[①]

梭罗一生都在观察自然，以领悟宇宙万物永恒的真谛。透过《瓦尔登湖》，梭罗对人类沉溺于物质文明的追求深感痛心。在《瓦尔登湖》里，梭罗将“财富”重新定义为自我的充实，“生意”定义为走向充实的旅程，“资本”定义为使这一旅程能够成形的头脑的智慧，“利息”是从时间和奉献的明智投资而得到的精神股息的增加，“经济”本身则是按照“严格的商业习惯”对事业的日常管理。梭罗的这种定义说到底是从人的精神出发，主张用更高的规律来约束人的行为。他希望人类能更多地接近自然，发觉人类更高的良知的本性，“直观的自然经历可以产生实实在在的自然智慧”。梭罗远离文明，过着一种近乎原始的生活，希望通过这种体验，尝试“一种经历审查的生活，去面对人生最本质的问题”。为此他几乎放弃了一个世俗的人应该追求的东西——财富、名利、安逸的生活等。他呼唤人类走近自然，在自然中敞开胸怀，和自然保持密切的关系，接受世俗的生活所不能给予的东西。“我想和太阳建立起更为直接的关系。”[②]他不断重复这句话，在自然中支起了他的精神帐篷。

人和自然的接近是一种必要，接近自然，就是接近“生命不竭之源泉”。只有在自然中，人的精神生活才能更新和改善。《瓦尔登湖》的《春天》篇里，梭罗把春天的早晨这个万物更新的时刻宣布为人重生的日子：“在一个愉快的春日早晨，一切人类的罪恶都得到了宽赦。这样的一个日子是罪恶消融的日子。阳光如此温暖，坏人也会回头。由于我们自己恢复了纯洁，我们也发现了邻人的纯洁。在这春天的第一个黎明，世界重新创造。”[③]在梭罗看来，在自然中生活是一种崇高的宗教生活，一种让人身心健康的生活。上帝存在于自然之中，人在自然中生活就是朝圣。梭罗关注人的内心和精神世界，他在瓦尔登湖畔的生活经历获得的精神和道德上的富有与崇高远远超过物质的享受。

爱默生在《论自然》里有关“自然总是带着精神的色彩”的论述。他认为自然就像一剂良药，对苦闷的工作和群居的生活所束缚的肉体和精神有很好的恢复作用。“商人和律师从街道上的喧嚣和奸诈中走出来，看到

---

① 罗伯特·米尔德：《重塑梭罗》，马会娟，管兴忠译，北京：东方出版社，2001，第 66—67 页。

② 同上书，第 25 页。

③ 亨利·戴维·梭罗：《瓦尔登湖》，徐迟译，长春：吉林人民出版社，2003，第 293 页。

了天空和树林，于是又恢复为'人'了。在它们永久的宁静中，他发现了自己。眼睛的健康似乎需要看到地平线，只要我们能够看得足够远，我就绝不会疲倦。"[①]这种至美、理想的精神世界，不是对现世的逃避，而是对信念和理想的不懈追求。

（二）道德修养的升华

自然像一本静静地等待阅读的书：个人必须投入足够的时间去读懂它的语法和语言，学习它的句法和节奏，才有可能读懂自然之书。"大自然在自己所有的作品中都贯穿着一种崇高的相似，就像一家人似的；大自然最喜欢在人们最意想不到的地方，给出让我们大吃一惊的相像。"[②]梭罗对自然秩序的信心使他坚信，自然中有某种规律适合所有的事物，任何勤奋的人都可以掌握，这就是自然法则。自然法则约束人类生活的方方面面，包括政治、经济、思想道德等等。"一切自然的过程都是道德命题的改写本。道德法则横在自然的中央，并向四周辐射。它是一切实体、一切关系和一切过程的心髓，我们所处理的一切事物都在向我们说教着。……自然对每一个人的道德影响是它显示给他的那些真理。"[③]这些法则具有思想与道德的本质，它们也就能获得人们思想与道德上的遵从。爱默生在一次演讲中用这样一段话来结尾："自然是一种语言，人们所学的每一个新的事物都是一个新词汇；但它又不是一种一个个词被拆卸开并呆滞在字典中的语言。我希望我能掌握这种语言。"他宣称："并不是我可以了解一种新的文法，而是我能读懂用那种语言写成的伟大作品。"[④]爱默生希望人类能科学系统地掌握并运用自然法则，在自然中培养美好的品德。"人类依赖大自然的恩赐而取得的所有成就也是美好的思想和勇敢的心灵的胜利。"[⑤]

爱默生和梭罗总在不经意之间流露出对自由的向往和追求。1841年4月26日，梭罗搬到爱默生家中居住，尽管爱默生一家对他热情款待，

① 拉尔夫·沃尔多·爱默生："论自然"，《美国的文明》，孙宜学译，桂林：广西师范大学出版社，2002，第7页。

② 拉尔夫·沃尔多·爱默生："历史"，《美国的文明》，孙宜学译，桂林：广西师范大学出版社，2002，第235页。

③ 拉尔夫·沃尔多·爱默生："论自然"，《美国的文明》，孙宜学译，桂林：广西师范大学出版社，2002，第23页。

④ 小罗伯特·D.理查森：《爱默生：充满激情的思想家》，石坚、李竹渝译，成都：四川人民出版社，2001，第217页。

⑤ 拉尔夫·沃尔多·爱默生：《不朽的声音》，张世飞、蒋旭东译，北京：当代世界出版社，2002，第228页。

但梭罗似乎并不领情，觉得“花园客厅的生活对我来说没有什么意思”。5月1日他继续抗议：“这样的生活缺乏粗犷和没有必要，没有引起人们的兴趣。”[①]梭罗毅然选择在瓦尔登湖畔与飞鸟为伴，禽兽为邻，相互依存处于松散、独立但和谐的关系之中。松鼠、飞鸟在他的房中、房前觅食，美洲翁在他屋中筑巢，野鼠肆无忌惮坐在他的手掌中吃光所有的干酪扬长而去。而千百年来，人们却“仿佛都在赎罪一样，从事着数千种的苦役”，“除了做一架机器外，他没时间来做别的”，“过着静静的绝望的生活”。动物没有过多的物质追去，一切都是这样的简单而美好。太多的欲望是人生的一种痛苦，而与自然和谐共处则是一件非常美妙的事。倘若人愿意放下一切，彻底放松自己，就能获得平日无法体验的自由和快乐。“我几乎已经和万物的本体化为一体，这一生中我还没有过这样的体验，我恐怕我的思想是不会回来了。”“接近大自然，或喜爱大自然——大自然这悠闲的胜利是多么美丽呀！人们接近我们，他们都是以美著称、以成就著称的人，他们的魅力和天才堪与一切奇迹媲美。他们将自己的全部能力都贡献给了时间和朋友——结果却是非常不完美。”[②]梭罗尤其羡慕生活在荒野中的印第安人，羡慕他们在大自然中自由地，无拘无束地生活，从容地穿梭于大自然之间，他们不是自然的客人，遗憾的是现代的所谓的文明人，“有造屋而居的习惯。他的房屋是一所监狱，他住在里面感到的是压抑或拘束，并没有受庇护和受保护的感觉”[③]。

自然促进了人类的道德修养，自然界的山水、草木代表自然的简朴、纯洁和美，是衡量人类道德的参照物。瓦尔登湖是那样的迷人，“是风景中最美、最有表情的姿容。它是大地的眼睛；望着它的人可以测出他自己的天性的深浅”[④]。超验主义相信人性本善，人人内心都有善的因子，人类道德的恶主要来源于世俗的社会。不公正的社会制度和法规导致了恶，自然则是医治道德罪恶的最好处方。如何去除身上累积已久的“恶”，梭罗希望人们“时不时地挪动挪动，到田野和森林里远足，以晾晒我们的生命，饿死我们身上的罪恶”[⑤]。罪恶自然没办法被饿死，但远离了培养

① 罗伯特·米尔德：《重塑梭罗》，马会娟，管兴忠译，北京：东方出版社，2001，第25—26页。

② 拉尔夫·沃尔多·爱默生：“心灵法则”，《美国的文明》，孙宜学译，桂林：广西师范大学出版社，2002，第264页。

③ 亨利·戴维·梭罗：《梭罗日记》，朱子仪译，北京：北京十月文艺出版社，2005，第112页。

④ 亨利·戴维·梭罗：《瓦尔登湖》，徐迟译，长春：吉林人民出版社，2003，第175页。

⑤ 同上书，第124页。

罪恶的沃土，罪恶也就会慢慢消减，或者被“饿死”。爱默生赞同自然的象征作用，尤其表现在它的道德训诫作用上，“所有的事物都是属于道德的，在其无限的变化中永不间歇地指向精神的自然。……这种伦理品格是如此渗透自然的精髓，以至于它似乎就是自然被造出来的目的”①。按照梭罗和爱默生的思想，人类所接触的大自然中有很多东西都能向世人传递真、善、美的信息，向人们进行道德说教和劝诫，如冲击礁石的海浪教人坚定，深邃的天空给人宁静，就连最简单的美丽的风景也指向了精神的或道德的因素，美其实是上帝在德性上做的记号。

大自然充满生机，能净化人的心灵。在对自然有了进一步的认识之后，爱默生痛批他们那一代人，尤其是更多的年轻人依然饱受原罪、命定论等神学问题的困扰。这些影响非但没能解决人们在现实生活中面临的各种实际问题，更不能陶冶人的性情。相反，自然总在那里，静静地提供培养人类美德的养料，人只要自觉地在自然中修养，就一定能实现道德的升华。一个人愿意过自然的生活，精神就可以保持纯洁、健康。梭罗时常觉得被现代文明压得喘不过气来，他选择暂时离开文明，在荒野中寻找自我、认识自我，希望通过这样自我反省的方式来净化心灵。表面上看，梭罗主动走入瓦尔登湖畔，感受湖水的静谧和林区四季的变化，在四季的轮回中寻回在俗世中丧失的自我。实际上，他在宇宙中选择了一块属于自己心灵的圣地，通过这块小小的土地来透视外面的世界。在讲述大自然对人的道德的净化作用时，梭罗间接引用了孟子的话，“美德的萌芽多次被阻止生长之后，那么夜间的有益气息也不足以保全他们了。一旦如此，那么人性便和兽性相差无几了。人们看这人的人性如兽性一般，就认为他从未有过理性的天赋。这些都是人的真实自然的感情吗？”这段话出自《孟子·告子上》：“虽存乎人者，岂无仁义之心哉？其所以放其良心者，亦犹斧斤之于木也，旦旦而伐之，可以为美乎？其日夜之所息，平旦之气，其好恶与人相近也者几希，则其旦昼之所为，有梏亡之矣。梏之反复，则其夜气不足以存；夜气不足以存，则其违禽兽不远矣。人见其禽兽也，而以为未尝有才焉者，是岂人之情也哉？”孟子在孔子思想的基础上提出“性善论”，也承认人后天的行为并不一定代表他的本性。梭罗看到了“大自然存在着于人的有益气息”，来说明自然对人的道德的净化作用，至于人该如何利用这种有益气息，梭罗没有进一步论述。

---

① 拉尔夫·沃尔多·爱默生：“论自然”，《美国的文明》，孙宜学译，桂林：广西师范大学出版社，2002，第 18 页。

爱默生和梭罗主张简朴生活的思想不仅是他们个人主义自我修养论的一部分,也是他们自然观的重要组成部分。简朴是一种美德,是人类高尚的品行,或者说是一种神圣的仪式。可是很多人的简朴都出于卑下动机,不堪入目,还有人抱着"今朝吃烤玉米,为着周末吃烤鸡"的节俭思想来度过所谓简朴的生活,得过且过,"做一天和尚撞一天钟"。爱默生否定了这种道貌岸然的简朴的生活方式。他们崇尚的简朴,实际是对自给自足的生活的追求,因为自给自足要比奢侈的享受更受人尊敬,是一种永久性的美德。与强调物质文明者不同,梭罗更看重人的内心探索,主张在自然中"探索我们的物质生活限制范围之外的东西,去发现新的东西,成为一个新人"。[①] 他要求人们简化身体的需要,把物质需求降到最低限度,这样精神上才会变得更加富有,才能腾出更多的时间和精力去追求更美好的东西。孔子眼中的君子是生活简朴、为人诚实、限制个人欲望的人。梭罗为了成为孔子式的君子,在林中过着"饭疏食,饮水,曲肱而枕之,乐亦在其中"的生活,体会"苟日新,日日新,又日新"的道德含义。《瓦尔登湖》多处记载了他在林中的简朴生活:少衣、少食、少尘世生活中繁杂的活动,向世人昭示了简朴生活是提升个人精神生活的良好途径。"在原始的松林中,我的天性变得更加年轻。"[②]米尔德对梭罗的评价是:"对外隐退,从内找营养,自给自足,对赞扬和职责毫不在意,致力于最崇高的理想;在他的所得中,在他观点所及的范围内,在他执着的努力中,他必须谴责同时代人表面上所取得的成就,不切实际的抱负,微弱的努力,以及毫无代价可言的生产。"[③]

需要明白的一点是,爱默生和梭罗虽然不遗余力地主张回归自然,返朴归真,强调在自然中实现个人道德修养的提升,但是他们并不反对现代文明和社会进步,也不主张社会倒退到原始朴素的生存状态。爱默生和梭罗从来都不主张彻底抛弃现实的生活到自然中寻找一种隐退的生活。他们只是希望人们能隔一段时间回归自然,去自然中寻觅现代文明生活里丧失的宁静和归属感,以反思自身,获得精神的升华。这就解释了为何梭罗独居瓦尔登湖畔时,总不定期地回到镇上去见家人和朋友。他把瓦尔登湖的生活定义为一种实验,他认为人生是一次旅行,生活需要很多的

① Myerson, Joel. 2000, *The Companion to Henry David Thoreau*. Shanghai: Shanghai Foreign Language Education Press, p. 97.

② 亨利·戴维·梭罗:"缅因森林",罗伯特·塞尔编:《梭罗集》,陈凯、许崇信、林本椿、姜瑞璋译,北京:生活·读书·新知三联书店,1996,第729页。

③ 罗伯特·米尔德:《重塑梭罗》,马会娟,管兴忠译,北京:东方出版社,2001,第24页。

实验。通过不断的实验，人能告别暂住之地，能到达一个新的地方，在一个新的境界中反观过去和自身，获得新的知识实现顿悟，达到精神与物质的平衡。

（三）小结

梭罗在《散步》这篇散文中把自然比作人类的母亲，高度赞扬了自然之美。她如此美丽，生活在自然界里的她的孩子们，如豹子、老虎等是何等的悠闲。自然无处不在，而我们人类，早早地从自然母亲那里断了奶，进入了文明社会，然后无情地把自然排除在了人类文化之外。这种文明，注定是一种很快会达到极限的文明。只有在自然中，人类才能保全这个世界、这种文明。爱默生和梭罗热爱自然，赞美自然，批判了急功近利的商业文明。在人和人、人和自然日益“疏离”的精神荒漠中，他们号召人们回归自然去找回失落的自我。爱默生和梭罗对自然的向往和回归不是对现实的逃避，而是为了获得精神的洗涤和道德的完善，以更大的热情投入到俗世的生活中来。

第三节　自然服务个体

（一）人是自然的驾驭者

人类认识、改造自然的过程，既是自然的人化过程，又是自然对人的物化过程。一方面，人在实践活动中使得自身的人的本质力量对象化，自然界成为人的自然，为人所需要和利用的自然；另一方面在一定条件下，人的活动结果使自然摆脱人的控制，反过来成为祸害人、对抗人、奴役人的异己力量。

19 世纪，生产力的发展推动了科学技术的进步，工业文明带来了物质财富的迅速增长，也产生了废气、污水等大量的工业垃圾，人类征服自然的欲望不断地膨胀。首先对这些表示担忧和不满的，主要是当时的艺术家、作家和诗人等。法国哲学家、文学家、“浪漫主义之父”卢梭提出了“回归自然”的口号。随后的浪漫主义思潮波及欧洲大陆，英国浪漫派诗人柯尔律治、华兹华斯，德国诗人歌德、席勒等完成了大量描写和反映自然本身以及人与自然关系的脍炙人口的文学作品。这些作品都表达了一个共同的主题，“谋求一种隐喻以把好的纯朴的自然状态与（假设的）邪恶的人为行动和科学工业世界的败落及世界观相对比。因此深入我们头脑的自然观念原本是浪漫主义话语的一部分以及对肆无忌惮的机器与工业系统对所有自然的东西的入侵和破坏的批判”[1]。由于对自然充满了单纯而质朴的热爱，浪漫主义文学对自然的认识在一定程度上缺乏严密的科学的论证，但是它基本上描述了那个时代人对自然的简单而盲目的认识和改造的状态。

早期的美国文学对自然的描述充满了矛盾与消极的因素，这与美国社会的发展进程不无关系。美国的清教徒移民很早就制定了严格的宗教教义，这些都阻止了人们准确客观地认识自然，更不用说回归自然。现实的残酷迫使人们在自然中寻找精神的避难所。19 世纪 30 年代，美国工业文明迅速发展，社会结构与自然环境也悄然发生了变化，人与自然的关系逐渐变得紧张起来。到了爱默生和梭罗的时代，他们开始关注自然环境的问题。《论自然》、《瓦尔登湖》、《河上一周》，《缅因森林》《科德角》、《到沃楚西特山的散步》、《马萨诸塞的自然历史》等都表达了他们作为自然主义者的人文关怀精神。

梭罗一生都在观察自然，无论是在河上漂流，林中旅行，还是湖畔居住，他都带着博物学家的敏感和细致观察、感受着自然。山川河流，花草树木，鸟兽虫鱼无不进入他的视野，再现于他的笔端。他熟悉瓦尔登湖畔的飞禽走兽，记录康科德河里鱼群的生活习性，了解植物的生长环境和生长周期。评论家哈恩说梭罗“作为自然主义者的作品都是一些故事，关于植物繁殖、变异、生长、腐烂及其周围环境的故事，……通过观察和实验，探寻在必然性和可能性的条件与特定结果之间的内在联系，并以此为基础对自然现象进行预示”[2]。梭罗关于自然的论述极为丰富，他对自然的兴趣源于他儿童时代的生活经历。

在母亲的引导下，梭罗从小就接触了自然，对自然产生了浓厚的兴趣。《瓦尔登湖》里记录梭罗儿时的瓦尔登湖：“我四岁的时候，从波士顿迁到我这个家乡来，曾经经过这片森林和这片土地，还到过湖边。这是铭刻在我心中最早的景象之一。今夜，我的笛声又唤醒了同一湖水的回声。”[3]瓦尔登湖象征着美与和谐，这里的“世界很好地被保存了下来”。成年后他发现人和潜水鸟形成了一种捉摸不定的关系：梭罗坐在船头，

---

① 查尔斯·哈珀：《环境与社会》，肖晨阳，晋军等译，天津：天津人民出版社，1998，第 46 页。

② 斯蒂芬·哈恩：《梭罗》，王艳芳译，北京：中华书局，2002，第 101 页。

③ 亨利·戴维·梭罗：《瓦尔登湖》，徐迟译，长春：吉林人民出版社，2003，第 147 页。

潜水鸟在水面,“一人一鸟正在对弈”,“当我向一个方向望穿了秋水时,却突然听到它在我背后发出一声怪笑,叫我大吃一惊,可是为什么这样狡猾地作弄了我之后,每次钻出水面,一定放声大笑,使得它自己行迹败露呢?……它真是一只愚蠢的潜水鸟”①。这种和谐关系的变化意味着人和自然关系的微妙变化。

面对自然,人性的贪婪表现得一览无余。梭罗考察了1844年铺设的康科德到费茨堡的铁路。该铁路经过瓦尔登湖西面,工人们毫无顾忌地砍伐木材,造成了康科德地区的森林大量的毁灭。“从此要有许多年不可能在林间的甬道上徜徉了,不可能从这样的森林中偶见湖水了。我的缪斯女神如果沉默了,她是情有可原的。森林已被砍伐,怎能希望鸣禽歌唱?”②人类主宰了自然,在自然界居主动地位。人类走进荒野的动机是卑鄙粗俗的。生活在城市里的文明人为了居住得更加安逸,伐木工人为了获得那少得可怜的报酬,四处寻找木材。森林遭到无情的砍伐,天然植被严重破坏。“人类为他们房子的材料要走多么远呀!最文明城市的居民,在各个时代都要派人到远方原始森林里,到远离他们文明的疆界,在麋,熊和野蛮人居住的地方,去采集他们平常用的桦木板,而在另一方面,野蛮人很快又从城市接受了铁箭头,短柄小斧,和枪使他们变得更加野蛮。”③木材勘探者和伐木工每天按劳动获取报酬,他们不懂得热爱森林,将砍伐的木材锯开、扎成排,等待涨水的季节将其运出山林。“针枞啊,杉木啊,——头等,二等,三等,四等,不久前还是同一个质量的林木,摇曳在熊、麋鹿和驯鹿之上。”④

很多人通过对土地的不断占有获得更为丰富的财产,自然遭到了进一步的亵渎和破坏,梭罗心中美丽的瓦尔登湖只能永远停留在童年的记忆中。利奥波德指出:“我们蹂躏土地,是因为我们把它看成是一种属于我们的物品。当我们把土地看成是一个我们隶属于它的共同体时,我们可能就会带着热爱与尊敬来使用它。”⑤他呼吁每一个人都应把自己看作自然的一分子,在一个土壤、水、植物和动物同为一员的共同体中,承担起一个作为公民的责任。梭罗反对土地私有,认为任何人都没有权利占有

---

① 亨利·戴维·梭罗:《瓦尔登湖》,徐迟译,长春:吉林人民出版社,2003,第221—222页。

② 同上书,第181页。

③ 亨利·戴维·梭罗:“奇森库克湖”,罗伯特·塞尔编:《梭罗集》,陈凯、许崇信、林本椿、姜瑞璋译,北京:生活·读书·新知三联书店,1996,第751页。

④ 亨利·戴维·梭罗:《瓦尔登湖》,徐迟译,长春:吉林人民出版社,2003,第113页。

⑤ 转引自王诺:《欧美生态文学》,北京:北京大学出版社,2003,第199页。

土地。“我从未拥有过一亩地，也从未拥有过一个人和他耕种的土地：耕地应是土地的一部分，但更多的应是草地和森林，这不仅是为了眼前的利益，而是要通过植被年复一年的生长和腐烂，来为遥远的将来准备好一份物种模板。”①

《圣经·创世纪》里说，上帝要求人类“生养众多，遍满地面，治理这地”②。可是，人类似乎总是自视为世界之主宰、万物之灵长。他们脱离了自然、站到自然之外，甚至企图征服和统治自然，站到了自然的对立面。“人类，于第六日被造为男为女及被吩咐去管治这地球及其中的动植物，不是被造而为奴隶，而是作为尊贵的仆人和管理人，作为上帝在地球上的代表，有着上帝的形象。并没有明确任命某些人拥有支配他人和他物的权力，就如男性支配女性或主人支配奴隶。”③人类被上帝指派来管理这世界，人对动物有和平统治权利，没有任何“生杀予夺大权”。儒家有“天有好生之德”的思想，认为虽然人因其道德理性而优越于动物，但这并不意味着人的价值就绝对比其他的生命价值更高，人也不能因为自己的目的和私利而任意地对其他生命为所欲为。人的优越性和主动性恰恰在于他能以合乎道德的方式对待他人及其他动物，在于他是道德的主动者和代理人。

梭罗笔下的白人和印第安人，为了取得动物身上的肉和毛皮，满足人的食欲和饱暖，残酷地捕杀动物。潜水鸟曾是与之嬉戏、对弈的伙伴，而今它“像往常一样来了，在湖里脱毛洗澡，我还没有起身，森林里已响起了它的狂放的笑声。一听到它们已经来到，磨坊水闸上的全部猎人都出动了，有的坐马车，有的步行，两两三三，带着猎枪和子弹，还有望远镜。他们行来，像秋天的树叶飒飒然穿过林中，一只潜水鸟至少有10个猎者”④。《缅因森林》、《瓦尔登湖》都描述了人们进入森林残忍地猎杀动物的行为。人类为了解决自己的温饱，忽视了其他生命的存在。“有些可怜的松鼠，早晨还欢腾跳跃，他们将其剥皮开膛当作正餐。它们的躯体被我们以勉强的仁慈作为完全不必忍饥挨饿的借口可鄙地自愿抛弃了。这是为了使一种野蛮时代的习俗永世长存。看看这二者的区别吧：一个吃肉，另一个身上的肉被当作食物！前者获得片刻享受，后者却被剥

---

① 转引自斯蒂芬·哈恩：《梭罗》，王艳芳译，北京：中华书局，2002，第18页。

② 《圣经·创世纪》：1：18。

③ 罗特：《生态女性主义——对神学的挑战》，李天钧译，《基督教文化评论》，2003年1月，第18期。

④ 亨利·戴维·梭罗：《瓦尔登湖》，徐迟译，长春：吉林人民出版社，2003，第220页。

夺了生命。”[①]他不禁感慨人类从来都不愿意去怜悯一只在树林中仅仅以野草为食的动物。更可恨的是，城市中的商人在森林中穿梭忙碌，并不是以品尝松鼠肉或者麋鹿肉为目的。他们看重动物的毛皮，看到了能为他们带来巨大经济利益的商机。多年以来，一些公司垄断了毛皮买卖赚了大钱，控制了很多地区的买卖，那些生活在林区的受金钱引诱的游民们，“不知疲倦地追捕和搜寻小动物，致使你可能抢夺了某只小动物的衣服来装饰自己或加厚你的衣服，致使你可能用时髦的遮盖物来给头挡风，或披上一件合身的长袍来向你的同胞传播正义”[②]。

何谓“正义”？梭罗讽刺了那些道貌岸然、宣扬公平、公正的生活在文明社会中的人。他们的正义只是针对他们的同胞，却漠视了同样具有生命的动物，残忍地剥夺了后者的生存权。与此形成对照，梭罗认识的一个印第安向导，与美国作家威廉·福克纳的著作《去吧，摩西》里能和熊交谈的印第安人山姆大叔一样。他常年生活在荒野中，融入了自然，懂得自然的语言。“他平坐在岸上，开始用嘴唇相当用力地发出奇怪的短促而尖细的声音。我大为惊奇——我终于进入了荒野，他的确是原始人，可以跟麋说话！我不知道这两者之间谁对我来说是最奇怪的。他似乎突然放弃了人性，加入麋那一边去。”[③]但是这样和自然对话的人，随着人类不断地入侵自然，越来越少，最终消逝在自然之中了。

（二）文明的冲突

人类肆意砍伐树林，捕杀动物，整个自然界失去了往日的宁静和平衡。科学也卷入到掠夺性的技术之中，科学把自然当作客体，导致人类运用技术对自然进行剥削。在现代工业国家中，社会与自然的关系完全是由对自然力的滥用和对矿产资源的剥削决定的。“贯穿在整个人类社会中的观念就是剥削”，米切利奇写道，“迄今为止我们和大自然母亲的关系仍然是心安理得的婴儿般的、掠夺性的关系。我们剥削的能力大大提高了；但是，我们控制我们自己作为人的情绪反应和我们自己的欲望的能力

① 亨利·戴维·梭罗：“在康科德和梅里马克河上一周”，罗伯特·塞尔编：《梭罗集》，陈凯、许崇信、林本椿、姜瑞璋译，北京：生活·读书·新知三联书店，1996，第199页。

② 亨利·戴维·梭罗：《梭罗日记》，朱子仪译，北京：北京十月文艺出版社，2005，第201页。

③ 亨利·戴维·梭罗：“缅因森林”，罗伯特·塞尔编：《梭罗集》，陈凯、许崇信、林本椿、姜瑞璋译，北京：生活·读书·新知三联书店，1996，第833页。

决不能说有什么增长。”[①]人类用来创造财富的技术破坏了人类社会同自然环境的联系。

很多人原本渴望从自然中掠夺财富来提高文明程度，这些自以为是的人们逐渐遭到了自然的报复。爱默生曾两度游历欧洲国家。一直以来，英国是欧洲文明的象征。在《英国见闻》这篇散文中，爱默生记录了他在伦敦逗留期间所感受到的工业文明和环境破坏的鲜明对比。“这一工业便利的唯一弊端使天空阴暗。黑夜和白天几乎一个颜色。读书写字很费眼睛。还有煤烟。在工业城镇里，煤烟或黑尘遮天蔽日，把白色的羊变成黑色的羊，把人的唾液都染成黑色，污染了空气，毒害了许多植物，腐蚀了纪念碑和建筑物。”[②]梭罗在旅行途中曾发现一片沙漠，经过调查，他得知三四十年前那块沙漠原来是一片绿地，可供放牧羊群。因羊群被跳蚤咬得乱抓乱扒，草地被翻开，沙子被吹开。人们只需要在草场上栽上白桦树减弱风速，绿地便可被保护，可是原本很容易治理的沙地因为人们的忽略而成了今日的一小片沙漠。他不禁感叹：“有谁知道埋葬着商队和城市的撒哈拉沙漠发端于一只非洲跳蚤的一次叮咬呢？这可怜的地球啊，她一定浑身发痒！难道就没有一位神灵发发慈悲将白桦作为膏药敷在地球的疮疤上？”[③]梭罗不断思索生活的本质到底是什么。在瓦尔登湖，他发现食物、衣物、居住、劳动是必需的。“他所寻找的不是动物的勇猛或者人类的坚韧，也不是非常自负地不顾忌现代文明，而去歌颂林中伐木者、猎人、印第安人的生活。他所发现的是人类如此急切获得在文明生活中用以炫耀自己的生活必需品，从而失去了在文明生活中真正获得利益的机会。当人的物质需求逐步得到满足，人的生活并没有相应的多样化，相反，人类的生活是如此的贫乏。”[④]

生产力的发展推动了科学技术的发展，人类渴望征服自然的欲望也更加强烈。工业文明破坏了森林的植被，惊扰了动物宁静的生活，破坏了环境，也扰乱了人的心智，整个自然界变得喧嚣不安。梭罗强烈地反对人类为了盲目地实现工业文明而肆意破坏自然环境，旗帜鲜明地反对盲目

---

① 莫尔特曼：《创造中的上帝——生态的创造论》，魏仁莲、苏贤贵、宋炳延译，北京：生活·读书·新知三联书店，2002，第41页。

② 拉尔夫·沃尔多·爱默生：“英国特色”，吉欧·波尔泰编：《爱默生集》，赵一凡、蒲隆、任晓晋、冯建文译，北京：生活·读书·新知三联书店，1993，第867页。

③ 亨利·戴维·梭罗：“在康科德和魅力马克河上一周”，罗伯特·塞尔编：《梭罗集》，陈凯、许崇信、林本椿、姜瑞璋译，北京：生活·读书·新知三联书店，1996，第282页。

④ Paul, Sherman. ed. 1965. *Thoreau: A Collection of Critical Essays*. Englewood Cliffs: Prentice-Hall Inc., p. 14.

的现代化。他用一首诗表达了文明和自然的冲突：

“铁路与我何有哉？
我绝不会去观看
它到达哪里为止。
它把些崖洞填满，
给燕子造了堤岸，
使黄砂遍地飞扬，
叫黑莓到处生长。”①

科学将人与自然对立起来，把自然看成是人改造和利用的对象，人类的科学技术在改造自然过程中不断进步。然而，在强调科学技术对自然的改造的同时，必须要保持人与自然的协调统一的自然观。“自然界是一个大的生态平衡圈。在陆地上，植物提供动物所需的氧气，动物呼出植物所需的二氧化碳。海洋中动植物互为依存的情况亦是如此。这些活动是持续不断的。大自然按‘人人为我，我为人人’的规律存在、运行。一个地方的生态失衡也许与其他的地方相关，这是一种典型的休戚与共的模式。你不能从它的物产中拿取一丁点儿东西，你也不能剥夺了它的电力、引力、化学能以及与此相关的光能而仅仅留给它一个躯壳，这就是大自然，带有普遍联系性的大自然。”②爱默生的自然观倾向于人类中心论。他还指出：“自然完全是中性的。人让它为人效劳。它温顺地接受人的统治，就像耶稣骑的驴一样。它把它所有的王国提供给人，把它们作为原料，让人用这些原料塑造出有价值的东西。人从不厌倦对自然的这种调理。……他那获胜的思想一个接一个地与万物同至并且将万物制服，直到世界最终变成了一个被人了解了的意志——这是人的另一个身躯。”③

自然界作为人类的栖息之地，并非单纯的物质世界，而是物质与精神的统一。美国的清教徒很早就继承了这一思想，认为世上万物皆有灵气，人与自然和谐共生是人类发展的基本条件，超验主义将清教徒的思想朝前推进了一步。爱默生、梭罗都意识到，“对我们这个地球环境的最大的

① 亨利·戴维·梭罗：《瓦尔登湖》，徐迟译，长春：吉林人民出版社，2003，第115—116页。

② 拉尔夫·沃尔多·爱默生：《不朽的声音》，张世飞，蒋旭东译，北京：当代世界出版社，2002，第276页。

③ 亨利·戴维·梭罗：《瓦尔登湖》，徐迟译，长春：吉林人民出版社，2003，第38页。

威胁，不是那些威胁本身，而是人们对那些威胁的认识不足，是大多数人还没有意识到生态危机发展下去绝对会把人类引向坟墓。”[①]人类生活的环境不是花园，而是未被开发的地球。不是草坪，不是牧场，不是草地，不是林地，不是休闲地，不是可耕地，也不是荒地。“这是地球新鲜而自然的表面，地球是造来永远给人类居住的。大自然把它造成这样，人类能利用它就利用。人类是不会和地球联系在一起的。”[②]

（三）最后的回归

从人类诞生之日起，人类便处于与自然对抗与对话的复杂的关系网中。当人类的祖先尚未完全从自然界中分化出来，人类与自然界保持着原初的朴素的同一性。随着人的生存能力逐渐增强，人类逐渐征服自然界，生产出满足自身生存需要的各种物质资料，与自然界结成了一种对象性关系，使自己从动物界也从自然界分化出来，成为了一个特殊的种类。

人在与自然长期的交往中，从某种程度上而言确实可以把自己当作主体，而把自然当作客体。可是，人又不能随心所欲地超越自然，战胜自然。在《论自然》里，爱默生提出要建立一个“人驾驭自然的王国”。在爱默生眼里，自然被认为对人类有工具价值，人类则是其内在价值的唯一拥有者。按照传统的观念，主体只能是人，一切事物的价值都是由人决定的；只有人类有一个自觉的心灵，能对价值有欣赏、满意或失望之情；只有人有目的，人的目的具有唯一性和绝对性，因而自然界只是实现目的的手段或工具。[③] 这恰恰说明了爱默生一直以来都坚持以人为中心、一切从人的利益和价值出发去评价和对待其他所有事物的个人主义思想。爱默生视个人为价值和权利的主体，自然服务于人类。爱默生的这种观念看到了人的重要性，但忽视了人与自然相互依存的关系，也忽视了人类的存在必须以自然的持续发展为前提。爱默生的自然观，不是为了自然整体的利益，也不是为了人与自然能像兄弟般和谐共存，而是为了主宰自然，为了寻找更为广阔的知识和空间来论证人类就是自然的主宰。爱默生的自然观开始于个人，结束于个人，一切都以人为中心。在他的时代，爱默

---

① 王诺：《欧美生态文学》，北京：北京大学出版社，2003，第 109 页。

② 亨利・戴维・梭罗：“缅因森林”，罗伯特・塞尔编：《梭罗集》，陈凯、许崇信、林本椿、姜瑞璋译，北京：生活・读书・新知三联书店，1996，第 720 页。

③ 参看拉尔夫・沃尔多・爱默生：“对神学院毕业班的演讲”，《美国的文明》，孙宜学译，桂林：广西师范大学出版社，2002，第 230 页。

生确实为超验主义的发展做出了巨大的贡献。但是，在追求人与自然和谐共处的今日，爱默生的自然主义思想已经不太符合时代的需求了。

“天人合一”是中国传统文化的根本观念，它既是儒家思想的世界观和宇宙观，又是儒家处理人与自然关系的一种方法、一种思维方式，更代表着一种人生追求、一种精神境界。以这种思维方式认识自然界，自然界就是一个生机勃勃、川流不息的有机世界。梭罗借鉴了儒家思想的“天人合一”观，把美国浪漫主义的自然观推向了一个新的高度。在他的代表作《瓦尔登湖》一书中，梭罗提出了崇敬生命、保护荒野，强调自然的整体性和相互联系等主张，这与儒家思想有关“天人合一”的自然思想比较贴近。梭罗是一个描绘自然的作家，无论是对开化的自然还是未开化的自然，他都呼吁人们要真诚地对待。“梭罗”这个名字对许多人来说就是“自然”的同义词，尽管这种想法显得过于简单。在《缅因森林》里，梭罗批评了那种只知道占有和利用自然的态度，鼓励人们要像诗人般纯真，要有诗意地对待自然，并在自然中寻找诗意，去诗意地生活。他指出，“几乎没有过什么人来到森林里看松树是怎么生活、生长、发芽的，怎样将其常青的手臂伸向光明，——看看它完美的成功。但是大部分都只满足于看到松树变成宽大的板，运到市场上，并认为那才是真正的成功！”[①]如果人类持“能利用它就利用”的态度，那么，“人类是不会和地球联系在一起的”。梭罗欣赏在原始的、野蛮的荒野中过着属于自己的生活的印第安人。自然是白人的诗歌，但只停留在他们的想象中；自然是印第安人的天堂，是实实在在供他们生活的土地。印第安人在自然中歌唱、吟诗，抒发自己的感情，自然是他们真实的诗歌。“倘若我们能倾听片刻那位印第安诗人的歌，我们便会懂得为什么他不愿意以他的野蛮去换文明。世上没有异想天开的民族。钢铁和毛毯诱惑力很强，但印第安人照样做印第安人。”[②]梭罗赞美有着强烈自然意识的诗人。这样的诗人热爱自然，他们“懂得真正使用松树，诗人不会用斧子抚弄松树，不会用锯子来轻轻碰它，它不会用刨刀在它身上轻轻掠过，诗人不用在松树上砍进去就知道树心是不是虚的，他没有买下松树所在的那个地区的立木采伐权。”[③]然而，诗人太少，热爱与尊重自然的人更少，现实总是这样令人无可奈何。

---

① 王诺：《欧美生态文学》，北京：北京大学出版社，2003，第108页。

② 亨利·戴维·梭罗：“在康科德河和梅里马克河上一周”，罗伯特·塞尔编：《梭罗集》，陈凯、许崇信、林本椿、姜瑞璋译，北京：生活·读书·新知三联书店，1996，第49页。

③ 亨利·戴维·梭罗：“克诺登山”，罗伯特·塞尔编：《梭罗集》，陈凯、许崇信、林本椿、姜瑞璋译，北京：生活·读书·新知三联书店，1996，第762页。

马克思指出，“人作为自然存在物，而且作为有生命的自然存在物，一方面具有自然力、生命力，是能动的自然存在物；这些力量作为天赋和才能、作为欲望存在于人身上；另一方面，人作为自然的、肉体的、感性的、对象性的存在物，和动植物一样，是受动的、受制约的和受限制的存在物。”[①]要驾驭自然就要服从自然。人类只有主动改善与自然的关系，停止对自然的掠夺与蹂躏，平等地对待自然万物，才有可能恢复与自然的和谐关系。梭罗要求人类把自己看作自然的居民，看作自然的一个组成部分，回归自然就是回归温暖的家庭。每个人必须“彻底改变对自然界的传统态度和观念，建立起新的道德和价值标准，不再把自然界看做是人类主宰和征服的对象，而应将其视为人类生命的源泉和价值的源泉。……与之和谐相处、协调共生”[②]。

儒家思想的自然观主要表现为“天人合一”、与自然和谐共处等思想。“天人合一”的思想是中国传统文化对宇宙和自身认识的思想凝结，在道家思想中意蕴深远。《庄子·齐物论》中一段著名的话：“天地与我并生，而万物与我同一。”儒家思想的自然观认为，人是自然的一部分，人类应尊重自然秩序和生命。孔子说：“天何言哉？四时行焉，百物生焉。”[③]这里的“天”是指生生不已的自然之天，人、天、地、万物与自然共处一体，和谐相通。《中庸》曰：“万物并齐而不相害，道并齐而不相悖。”“天地之道，可一言而尽也，其为物不贰，则其生物不测。”儒家主张人与自然的和谐相处，要求人类尊重自然规律，合理开发和利用自然资源，反对滥用资源。孔子说：“节用而爱人，使民以时”[④]，“钓而不网，弋不射宿”[⑤]。孟子说：“不违农时，谷不可胜食也；数罟不入洿池，鱼鳖不可胜食也；斧斤以时入山林，材木不可胜用也。谷与鱼鳖不可胜食，材木不可胜用，是使民养生丧死无憾也。”[⑥]孔子从道德伦理的高度要求人们要有爱护自然之品德：“伐一木，杀一兽，不以其时，非孝也。”[⑦]孔子将尊重自然提高到了孝悌的高度，掠杀动植物的行为与违背孝道同日而语。孟子将自然比作人类居

---

① 马克思、恩格斯：《马克思恩格斯全集》(第42卷)，北京：中央编译局，1966，第167—168页。

② 陈其荣：《自然哲学》，上海：复旦大学出版社，2004，第216页。

③ 《论语·阳货》。

④ 《论语·学而》。

⑤ 《论语·述而》。

⑥ 《孟子·梁惠王上》。

⑦ 《孝经》。

住的最佳空间,"五亩之宅,树之以桑"[①]。只有在这样的自然的环境中生活,才能安居乐业。很明显,儒家思想的"天人合一"观就是指人与自然从来都不是二元对立的,人与自然不可分,你中有我,我中有你。自然既不是人类加工和改造的对象,也不是人类任意肆虐的对象,自然与人类被看做圆融无碍的统一。

人与自然的关系不仅存在人认识、利用和改造自然的一面,而且还有保护自然和参赞化育的一面。后者包括两点:保护自然和赞天地之化育。儒家思想认为,"人者,天地之心也。"[②]作为宇宙理性体现者的人有责任保护自然界,人这样做也有利于人类本身。儒家所倡导的这种对自然资源不作掠夺性、破坏性的利用开发成为儒家文明中人与自然关系的重要原则。儒家思想还认为,人在认识自然物质性质和规律的基础上可以帮助自然界万物生长和繁荣,"能尽物之性,则可以赞天地之化育"[③]。儒家所提出的这个关于人和自然保持和谐共存关系的思想,希望人们不要消极地保护自然,而是积极地参与天地万物的生长过程;不要只懂得维持自然界的本来状态,即原始面貌,而是要尽量地使自然变得更美好。儒家思想确立的人和自然关系的原则,在今天仍具有实用性和重要的现实意义。

(四)小结

人类与自然的和谐相处,不只是儒家思想的目标,也是全人类所有文化的共同追求。以爱默生和梭罗为代表的美国超验主义运动者同当时以威廉·华兹华斯为代表的英国湖畔派诗人遥相呼应。他们关注自然,对资本主义盲目发展导致的人与自然的异化表达了强烈的不满。爱默生和梭罗的思想里渗透着很多儒家的自然观,他们将人视为自然不可分离的部分,自然是人类的老师、朋友。他们主张人必须与自然为伴,与自然对话、保护自然、合理地利用自然,在自然中实现精神的升华和道德的完善。20世纪环境保护运动兴起后,梭罗关于自然的思想逐渐获得了新的解读,并成为环境伦理学的标志和象征,梭罗本人也成为美国文学史上第一位主要的自然阐释者,美国环境保护主义的第一位圣徒。美国著名环境保护思想家纳什在谈到梭罗有关"凡物,活的总比死的好;人、鹿、松树莫不如此"的观点时,说梭罗虽然没有使用现代人所使用的"环境伦理"这个

① 《孟子·尽心上》。

② 《中庸·礼运篇》。

③ 《中庸》。

词，他的意识早已包含了某些环境伦理的观念。[①] 卡特总统称赞梭罗是“在瓦尔登湖畔简陋的木屋中孤独的自然热爱者”[②]。

① Buell, Lawrence. 1995. "*Thoreau and the Natural Environment*", In Joel Myerson (ed.). *The Cambridge Companion to Henry David Thoreau*. Cambridge: Cambridge University Press, p. 171.

② Bennett, Jane. 2002. *Thoreau's Nature: Ethics, Politics, and the Wild*. Lanham: Rowman and Littlefield Publishers, Inc., p. 81.

第五章　对《四书》的多元接受模式

儒家思想是中国传统文化的代表，很早就受到了西方社会的关注。从元代的马可波罗到大航海以后的门多萨，他们关于中国文化的著作在西方产生了广泛而深远的影响。马可波罗没有深入中国人的生活，他基本上是以一个威尼斯商人的眼光来看中国的。门多萨的《中华帝国史》较为深入和系统地介绍了中国，但他本人并未到过中国，他的书只是一个综合的报道。真正深入了解中国文化精神的是耶稣会传教士利玛窦，也是西方汉学之父。他的《中国传教史》以亲身的经历，第一次全面而深入地向西方报道了中国，产生了长期的影响。他第一次用拉丁文翻译了中国儒家经典《四书》。利玛窦不仅仅是"西学东渐"的先行者，也是"中学西传"的奠基人。经过他的倡导和努力，中国文化逐渐传向欧洲。后来入华的传教士们把中国的哲学、宗教、科学、技术、艺术等相继介绍到欧洲，在18世纪的欧洲大陆引起了"中国热"。18世纪以前，美国商船穿梭于中国和美国之间，最初的几十年都以单纯的贸易为主。由于缺乏对包括中国在内的东方文化的认识，在来华的美国人眼里，整个东方都充满着野蛮、愚蠢和异教徒。到了爱默生的时代，这种印象慢慢发生了改变，"伴随着丝绸和香料的进口，东方的精神和价值观也进入了美国"①。由欧洲人翻译的包括《四书》在内的儒家文化典籍被介绍到美国，深刻影响了美国文学的发展。爱默生和梭罗接受了儒家思想，根据自身思想和文化发展的需要借鉴、引用《四书》的语录，多方位、多模式地接受了儒家思想，补充和发展了超验主义思想。

第一节　吸收继承

（一）寻求儒家思想的互补

西方世界对东方的崇拜——"东方主义"——常带有某种诋毁、屈尊、

---

① Christy, Arthur. 1978. *The Orient in American Transcendentalism: A Study of Emerson, Thoreau, and Alcott*. New York: Octagon Book, p. vi.

简化、先发制人，甚至是毫不掩饰的专横色彩。现代东方学家爱德华·萨义德宣称西方帝国主义文化机制的核心是一种不同的政治观，这种政治观表明对东方人或非洲人而言是正确的东西，对欧洲人来讲并非如此。萨义德的观点走到极端，就是一种现代认识，即差异无处不在，因为有差异，我们才得以存在。

爱默生和梭罗都深刻理解了“差异与同一”的意义，并选择了站在“同一”这边。他写道：“一些人只看到事物的差异，他们成天关注一些表象的烦琐的东西，如大衣和手表、人的面孔和城市……另一些人则能遵守事物间的同一性，他们是东方人、哲学家、有信仰有神性的人们。”①他们醉心于东方文学和文化，是因为他们相信东方文化是一种证据，证明这个不属于西方文化的文化深处，东方人和西方人是如此相似，甚至是等同的。

理查森说：“19世纪三四十年代的康科德，是爱默生和梭罗的康科德。他们对美国文学的影响，就像歌德的魏玛时代对德国文学的影响。超验主义运动时间不长，范围小，却代表了这个国家优秀的文化。”②爱默生和梭罗是超验主义发展到顶峰时期的代表人物，他们的思想代表了超验主义成熟的思想。他们从美国本土思想文化出发，以开放的视野、宽阔的胸怀接受了儒家思想。在整场美国浪漫主义文学运动中，爱默生发展了超验主义，传播了儒家思想和文化，被誉为“美国的孔子”。梭罗在爱默生的基础上，更加深刻地认识、接受了儒家思想，并在现实生活中身体力行，实践儒家思想所推崇的理想人格和生活方式。林语堂认为，梭罗的人生观“在所有美国作家里，可以说最富中国人的特色”。

实际上，超验主义对儒家思想的认识远远落后于欧洲。早在爱默生和梭罗之前，就有德国的赫尔德、歌德、舒勒格尔于18世纪末和19世纪初阅读了威廉·琼斯、托马斯·柯勒布鲁克等传教士翻译的东方文学，这其中就包括《四书》。纵览西方学者认知、接受儒家思想的这段文化交流史，不难发现包括早年传教士在内的西方人接触儒家思想的初衷是为了更好地将优秀的西方文化传播到中国这个东方的文明古国。在这个过程中，他们意外地收获了儒家思想，爱默生和梭罗最初也没能比前人走得更远。他们对儒家思想的认识经历了一个不断反复的过程，这不仅是两种文化的冲突和对话的结果，也是爱默生和梭罗自身思想成熟和发展的过

---

① 小罗伯特·D. 理查森：《爱默生：充满激情的思想家》，石坚、李竹渝译，成都：四川人民出版社，2001，第574页。

② Richardson, Robert D. 1986. *Henry Thoreau: A Life of the Mind*. California: University of California Press, p. 33.

程。任何一个人在不同的年龄阶段对同一部作品都会有不同的感受。对于同一个人，年龄的增长不仅仅是生理规律的变化，它还表明个人感知力与判断力的增强，以及对事物的理解程度和方式都有所变化。清代学者张潮以赏月来比喻一个人阅读的境界："少年读书如隙中窥月，中年读书如庭中望月，老年读书如台上玩月。皆以阅历之深浅为所得之深浅耳。"[①]这也难怪年轻的爱默生曾对儒家思想充满了诋毁和蔑视。一开始，他并没有觉得中国文化有多少值得他学习和肯定的，甚至还有些偏激地驳斥了当时在美国流行的西方崇拜中国的一些观点。1824 年，爱默生在一则日记中写道："中华民族享有的纯粹是木乃伊的声名，将世界上最丑陋的特征小心翼翼地保留了三四千年之久。我没有这种天赋能在这个非凡民族的古老呆板的生活方式中看到任何意义。"[②]青年的爱默生还曾在日记中记下了这样一句话："我嘲笑那些打着哈欠相互凝视的人，他们却赞扬古老的中国。"[③]爱默生早期对儒家思想的认识确实充满了深深的困惑和误读。

随着时间的推移和自身阅历的逐日增长，爱默生开始反省当时的美国思想和文化现状，他惊异地发现自己的个体观、价值观乃至自然观有诸多的缺陷，而儒家思想的很多东西恰恰符合他内心的需要。他的言语不时流露出对儒家思想的关注和喜爱，他赞美东方文化有自己独特的思想和文明，而中国和日本在恪守礼仪和道德规范方面的文明成就卓然。爱默生将印度的摩奴、中国的孔子和基督教中的摩西、耶稣相提并论，称赞中国有各种伟大的发明，如印刷术、火药等。他甚至还对中国的科举考试产生了兴趣，认为当前的政府就应该学习并采用这种先进的官吏选拔制度，以利于培养优秀的人才。有了爱默生的引导，梭罗对儒家思想的认识过程似乎更为简单和顺利。抛却了对儒家思想的过多质疑，梭罗直接阅读了《四书》的多个译本，且很快为《四书》中短小简洁、寓意深刻的儒家式的道德伦理语录等吸引。

"任何一个真正深刻重大的影响是不可能由一个外国文学作品所造成，除非在有关国家同时存在着一个极为类似的文学倾向——至少是一种潜在的倾向。这种潜在的倾向促成外国文学影响的成熟。因为真正的

---

① 张潮：《白话幽梦影》，太原：山西人民出版社，1994，第 184 页。

② 转引自杨新才："爱默生与东方主义"，《南京社会科学》，2005 年第 10 期。

③ Christy, Arthur. 1978. *The Orient in American Transcendentalism: A Study of Emerson, Thoreau, and Alcott*. New York: Octagon Book, p. 125.

影响永远是一种潜力的解放。”①卢卡契表明，任何一种外来的文学和思想都能对本土文化产生影响，虽然影响的程度有所差异。在这个影响过程中，本土文化一定占据主导地位，爱默生和梭罗对《四书》的接受同样是美国本土文化和思想发展的必然结果。他们接受儒家思想的初衷很大程度上是想弥补基督教教义的缺陷和不足，发展并完善超验主义思想。克里斯蒂探讨了二人接受儒家思想的原因，他总结为两点：一是爱默生无法从自身文化中寻求一种理论满足自身过于理想化的思想来驳斥充斥着整个18世纪的理性主义。虽然洛克和休姆的哲学促进了他思想的成熟，但这些都不能满足他的宗教信仰和思想成熟的需求，也不能解决爱默生自身所面临的一系列现实的问题。在这种情况下，爱默生极度渴望并极力寻求机会，希望通过他者来认识自我，补充自我和发展自我。无论是爱默生还是梭罗，他们都抱着同样的心态去阅读、研究《四书》，并最终接受《四书》的一些思想和内容，借儒家思想之长弥补了美国基督教文化之短。二是受法国折衷主义创始人维克多·库辛的影响，爱默生在接受儒家思想的过程中，有意无意地采用了折衷和筛选的方法。比如，爱默生似乎更喜欢孔子，不太青睐孟子。他认为孔子更像是一个聪明的美国人，能比较灵活而有效的处理人和人之间的关系以及各种社会事物。②

梭罗在研读《四书》的过程中显然看到了两种文化思维的差异，但他尊重这种差异，让两种文化在他的思想深处对话。“且看东方人和西方人的差别。前者在这个世界上什么也不做；后者则积极活动。一个人凝视着太阳知道双目失明；另一个人追随太阳渐渐偏西下。甚至在西方也有像这样一类事物，但它相对比较薄弱；它是这里的保守主义。它说：且莫抛弃你的职业，不要违抗任何制度，且莫使用暴力，不要撕毁任何契约；国家是你的父母。它的德行和男子气概是至孝。在每个民族内存在着东方人和西方人的斗争；有些人将永远注视太阳，有些人则追赶落日；前一类人对后一类人说：当你到日落的地方，你也不会距太阳更近些。后一类人答复：但是这样我们就延长了白昼。……”③爱默生和梭罗所了解和接受的儒家思想都是他们认为很有必要接受的。至于其他的中国传统文化，如道家文化、佛教思想等，他们并没有机会也从没主动去接触和接受。

---

① 卢卡契：《卢卡契文学论文选》(2卷)，北京：中国社会科学出版社，1981，第452页。

② Christy, Arthur. 1978. *The Orient in American Transcendentalism: A Study of Emerson, Thoreau, and Alcott*. New York: Octagon Book, p. xi.

③ 亨利·戴维·梭罗：“在康科德和梅里马克河上一周”，罗伯特·塞尔编：《梭罗集》，陈凯、许崇信、林本椿、姜瑞璋译，北京：生活·读书·新知三联书店，1996，第124页。

如果历史可以重来，如果爱默生和梭罗在某次偶然的机会中读读《道德经》，读读佛典，二人的超验主义思想可能会呈现另一番景象。由此可见，异域文化的作品和思想的选择，一般都以自我需要为宗旨，在这个基础上两种文化才能形成互补关系。

有了自我文化占据主导地位的心理，爱默生和梭罗非常清楚自己需要什么。他们不在意这些来自东方的思想是否有"异教"之嫌疑，他们很理性地秉着"去其糟粕，取其精华"的态度，有选择地接受了《四书》，并且有意忽视了他们不需要或者不赞同的一些儒家思想和内容。在这个互动和互补的文化传播过程中，爱默生和梭罗有意识地进行了文化过滤。所谓"文化过滤"，是指"根据自身文化积淀和文化传统对外来文化进行有意识的选择，分析，借鉴与重组"①。正是通过这样艰难的抉择，超验主义的思想实现了空前的发展。

爱默生和梭罗的思想代表了成熟的超验主义思想，他们用实际行动证明了自己是新文化时代的发言人和译介者。他们对《四书》的认识和接受有力地说明了他们对待儒家思想的态度和方式。在他们之前以及之后很长的一段时间，再也没有一位超验主义运动者如此深刻地认识、接受《四书》，甚至整个美国文学史上也没有几位作家能像他们那样深刻地去了解和认识儒家思想。爱默生和梭罗接受《四书》，将儒家思想有机地融入了美国文化，在美国思想文化界既是一个伟大的开始，亦是一个巅峰。

（二）对儒家思想的吸收和继承

爱默生和梭罗所处的时代是美国开始由农业社会向工业社会过渡的转型时期，资本主义开始受到普遍的关注。在美国民众为美国的发展深感自豪的同时，奴隶制度、工业文明、战争等带来的社会问题、传统宗教和文化导致的精神危机都深深刺激了超验主义者的思想。爱默生和梭罗反思了美国社会的现状和民众的生活状况，肯定了人具有超越感觉的能力，认为人依靠直觉，潜心思考，就能与圣灵直接对话，实现人、自然、上帝的和谐统一。在儒家思想的框架中，他们最欣赏的是其个体道德观、人的整体性、宇宙的整体观，和谐的自然观等。爱默生和梭罗对儒家思想的直接吸收和继承表现出了多样化的方式。

一、大段的摘录和引用。抱着将世界优秀文化经典介绍给美国民众的思想，爱默生和梭罗在 1843 年 4 月刊和 10 月刊的《日晷》上的专栏里

---

① 乐黛云、陈跃红、王宇根、张辉：《比较文学原理新编》，北京：北京大学出版社，2002，第 92 页。

摘录了《四书》的语录。这是他们摘录《四书》内容最丰富、篇幅最完整的两次。后来的《四书》摘录和引用主要出现在二人的日记和散文等作品中。其中,4 月刊的摘录全部出自《论语》,以孔子的语录为主。10 月刊的摘录内容涉及《中庸》、《论语》、《孟子》,不包括《大学》。《大学》的一些思想后来在梭罗的作品中有所引用和体现。二人专门将该期的《四书》语录摘录分门别类,还专门附上小标题,便于读者阅读和理解。这种方式在他们之前和之后编辑其他的东西方经典著作中再没有出现过。爱默生和梭罗对《四书》兴趣不减,甚至有些痴迷。他们在日记和作品里引用的《四书》为数不少,甚至有时会盲目地不加考虑地将一些语录随心所欲地增加到日记或作品里,在某种程度上增加了读者阅读和理解其作品的难度。在欣赏马什曼翻译的孔子格言警句时,爱默生兴致所至,专门摘抄了好几页,诸如"交友必像自己"("无友不如己者")、"勿怨人不知吾,怨吾不知人"("不患人不己知,患不知人也")等。梭罗对《四书》的摘录和引用可以说远远超出爱默生,他不仅摘录短小的语句,还整段整段地摘抄。在他未出版的日记里有这样一段话:

> 子路、曾皙、冉有、公西华侍坐,子曰:"以吾一日长乎尔,毋吾以也。居则曰:不吾知也。如或知尔,则何以哉?"子路率尔对曰:"千乘之国,摄乎大国之间,加之以师旅,因之以饥馑,由也为之,比及三年,可使有勇,且知方也。"夫子哂之:"求,尔何如?"对曰:"方六七十,如五六十,求也为之,比及三年,可使足民。如其礼乐,以俟君子。""赤,尔何如?"对曰:"非曰能之,愿学焉。宗庙之事,如会同,端章甫,愿为小相焉。""点,尔何如?"鼓瑟希,铿尔,舍瑟而作,对曰:"异乎三子者之撰。"子曰:"何伤乎?亦各言其志也。"曰:"暮春者,春服既成,冠者五六人,童子六七人,浴乎沂,风乎舞雩,咏而归。"夫子喟然叹曰:"吾与点也。"三子者出,曾皙后,曾皙曰:"夫三子者之言何如?"子曰:"亦各言其志也已矣。"曰:"夫子何哂由也?"曰:"为国以礼。其言不让,是故哂之。""唯求则非邦也与?""安见方六七十如五六十而非邦也者?""唯赤则非邦也与?""宗庙会同,非诸侯而何?赤也为之小,孰能为之大!"①

梭罗没有就这段话做过多的解释,也没有谈及自己的感受。但是他的执着足以说明他对儒家思想的热情。更有趣的是,在《瓦尔登湖》与《河上一

---

① 《论语·先进》。

周》中，梭罗会突然在文章的中间和末尾插入《四书》的语录。有些语录似乎文不对题，有些则比较贴切地契合了梭罗要表达的意思。比如他在《瓦尔登湖》里有这样一段引用：

> 牛山之木尝美矣，以其郊于大国也，斧斤伐之，可以为美乎？是其日夜之所息，雨露之所润，非无萌櫱之生焉，牛羊又从而牧之，是以若彼濯濯也。人见其濯濯也，以为未尝有材焉，此岂山之性也哉？
>
> 虽存乎人者，岂无仁义之心哉？其所以放其良心者，亦犹斧斤之于木也，旦旦而伐之，可以为美乎？其日夜之所息，平旦之气，其好恶与人相近也者几希，则其旦昼之所为，有梏亡之矣。梏之反复，则其夜气不足以存；夜气不足以存，则其违禽兽不远矣。人见其禽兽也，而以为未尝有才焉者，是岂人之情也哉？[①]

上述这段话是梭罗根据博迪耶的法译本的《四书》自行翻译成英文的摘录。参考梭罗之前的原英文翻译，不难发现梭罗的翻译虽然有不妥之处，但基本表达了这话的中心思想，同时传达了梭罗对自然万物的热爱之情。类似的摘录在《瓦尔登湖》其他的章节中还有一些。有些，或多或少贴合了作品的主题思想，有些，几乎是毫无关联性，甚至有为引用而引用之嫌疑。梭罗毕竟是梭罗，他在引用《四书》的过程中，似乎并不关注《四书》的原意，或者说他认为这些摘录的思想就是他所理解和认同的，其他一切都不重要了。

《河上一周》中有这样一章，梭罗本来专注于论述人的命运。他突然笔锋一转，插入了这样一段话："孟子曰，'人有鸡犬放，则知求之；有放心，而不知求。学问之道无他，求其放心而已矣。'"[②]梭罗这种盲目地借鉴引用儒家思想的方式确实令读者产生了困惑。爱默生似乎也好不到哪里去。卡朋特对爱默生的评价是，如果当年爱默生对儒家思想了解更多，参考更多批判中国社会的书籍，也许不会这样崇拜孔子和中国文学，或许可以更加客观地从孔子和儒家思想那里学到更多。爱默生文集里涉及到中国文学和文化的内容总是洋溢着崇拜之情，他引用儒家思想就是希望可以以此验证自己的信仰，这也是造成了爱默生不能系统客观地认识儒家思想的一个重要因素。

二、对个体道德观的热衷。克里斯蒂说，"儒家思想对美国超验主义

---

① 亨利·戴维·梭罗：《瓦尔登湖》，徐迟译，长春：吉林人民出版社，2003，第293—294页。

② 亨利·戴维·梭罗："在康科德河和梅里马克河上一周"，罗伯特·塞尔编：《梭罗集》，陈凯、许崇信、林本椿、姜瑞璋译，北京：生活·读书·新知三联书店，1996，第238页。

的最大贡献就是它的实用道德观。因为印度吠陀哲学强调人和上帝的关系，并不重视人和人的关系。印度哲学和波斯诗歌里有关人和上帝的主题在儒家思想的经典著作里很难找到。通过阅读儒家经典著作，爱默生和他的朋友们从中发现儒家思想的一些观点正是他们生活的写照。没有人能够完完全全的神秘化，也不可能超出我们用二元论来衡量的范围。也就是说，肉体是不能被具有实用功能的思维拒绝。”[①]无论是最初摘录在《日晷》上的《四书》语录，还是后来在日记和作品中的大量引用，爱默生和梭罗都很热衷于儒家思想有关个体道德修养的论述。

超验主义倡导个人主义，期待通过个人道德修养的提升来最终实现个人价值和绝对的个人主义，儒家思想有关这方面的论述正好满足了他们的需要。纵览《日晷》里两次摘录的《四书》语录以及爱默生和梭罗在日记和作品里的引用，不难发现，个体的道德修养、治学、教育的论述确实占据主要的位置。《日晷》4 月刊摘录的《论语》19 则全部是关于君子修身养性、交朋结友，实现内圣外王之道的学说。10 月刊摘录《四书》语录分为“学者篇”、“道篇”、“改革篇”之类。表面上看，这些分类思路清晰，涉及政治、经济、改革等各个方面。如果深入地分析，我们会发现爱默生和梭罗的摘录和分类缺乏科学的依据。或者说，他们摘录的《四书》基本是以君子的道德修养为中心。虽然每篇附加了小标题，但是各篇选录的内容并不贴合标题的意思且内容有重合之处。比如，“改革篇”里第 22 则引用是“子路有闻，未之能行，唯恐有闻”，这句话的中文意思是：“子路在有所闻而还没有能施行的时候，唯恐又听到其他的事情”。这是孔子赞扬子路的处事方式，并不属于“改革”的范围。

在他们的作品和思想中，爱默生和梭罗本着为我所用的态度借鉴了儒家思想。亚瑟·路易斯曾总结道：“爱默生对儒家伦理道德的接受集中表现在两个方面，一是儒家思想强化了爱默生对个人道德修养的强调，二是儒家对个人即君子在礼仪、学问、修养方面的要求深深吸引了爱默生，使他在面对梭罗隐居到瓦尔登湖畔、其他一些超验主义者居住到布鲁克农场的时候他依然能清楚地认识自我。”[②]爱默生和梭罗首先吸收了孔子主张“性相近，习相远”以及孟子提出的“性善论”观点。他们用儒家的“性善论”来支持自己的超验主义的理论，驳斥了加尔文主义的“原罪论”，

---

① Christy, Arthur. 1978. *The Orient in American Transcendentalism: A Study of Emerson, Thoreau, and Alcott*. New York: Octagon Book, p. 29.

② Arthur Versluis. 1993. *American Transcendentalism and Asian Religions*. New York: Oxford University Press, p. 71.

倡导个体的独立和自由，加强自身修养。他们赞同儒家以人为本的思想，“厩焚，子退朝，曰，伤人乎？不问马”。孔子非常明确地表明了他的重人态度，人是宇宙的中心，并把这种思想贯彻到道德、政治、知识论中去。这种质朴的人本主义思想和超验主义的个人主义思想在一定程度上不谋而合。为了完善个体修养，儒家主张的简朴的生活方式，安贫乐道的思想以及“饭蔬食，饮水，曲肱而枕之，乐亦在其中”的人格境界。“苟日新，日日新”，君子日新其德。梭罗居住在瓦尔登湖期间，每日清晨都会到湖水中洗浴，清凉的湖水清透梭罗的思想和灵魂，实现人和自然的无障碍对话。爱默生认为一个伟大的人首先是一个有道德的人，是独立的人，也是愿意帮助别人的人。他说，“我接受中国孟子的名言：‘圣人，百世之师也，伯夷、柳下惠是也。故闻伯夷之风者，顽夫廉，懦夫有立志。’”[①]

从人本主义出发，爱默生和梭罗接受了儒家思想的部分社会政治观。儒家的君子是品德高尚的人，看重血亲关系，“弟子入则孝，出则悌，谨而信，泛爱众，而亲仁”。爱默生和梭罗坚持个人主义，也重视家族血亲关系，无论是他们的思想还是言行，都受到了儒家这种传统的家庭观念的影响。但是爱默生和梭罗的家庭观念始终坚持以不损伤个人的独立和个体价值为前提。

爱默生和梭罗对政治不感兴趣也从来都不愿意卷入政治的漩涡。但是，他们依然非常赞同儒家思想的一些政治观，认同一个有德行的政府才是好的政府。“子为政，焉用杀？子欲善，而民善矣。君子之德风，小人之德草。草上之风，必偃。”[②]梭罗在孟子思想的基础上直接指出“政府为人而设”，梭罗的思想比孟子走得更远。事实上，儒家的政治观与超验主义的政治观截然不同，爱默生和梭罗也只是比较模糊地借鉴了儒家思想的一些政治观。

儒家思想和超验主义都涉及到了人与天的关系，并围绕天人关系展开他们的自然观。不论是爱默生和梭罗，还是儒家思想，都把人放在天人关系之上。这里的天指自然以及自然界的一切事物，不包括儒家思想中抽象的天或者基督教里的上帝。但是，儒家的自然观似乎不为二人所喜爱，他们极少引用这方面的论述。自然在爱默生心中一直处于极高的位置。他在《论自然》中表现了对自然的热爱，但是他思想的核心仍然是人。梭罗的自然观似乎更接近儒家思想。在面对日益遭到工业文明破坏的自

① 拉尔夫·沃尔多·爱默生：“伟人的作用”，《美国的文明》，孙宜学译，桂林：广西师范大学出版社，2002，第161页。

② 亨利·戴维·梭罗：《瓦尔登湖》，徐迟译，长春：吉林人民出版社，2003，第163页。

然面前，梭罗呼吁人们要像儒家那样，实现人和自然的和谐统一。

三、对孔子的极度推崇。很长一段时间内，有些学者认为与其说爱默生和梭罗接受了儒家思想，接受了《四书》，还不如说他们仅仅接受了孔子的儒家思想。这样的说法确实有它的合理性。从二人引用《四书》语录的出处来看，大部分的摘录均出自《论语》，所涉及的内容也是孔子与其弟子的对话。他们4月刊的摘录出自马什曼的译本，并将这期取名为《孔子著作》。爱默生和梭罗崇尚个人主义和英雄主义。在他们的眼里，孔子是东方的伟人，圣人，甚至英雄，这些，都很符合他们个人主义思想的需要。爱默生曾在日记中写道："孔子，民族的光荣，绝对东方的圣人，他是个中间人。他是哲学中的华盛顿、仲裁人，现代史中的中庸之道。"1868年，爱默生向一位访问美国的中国大使说了这样一段话："我们现在所认为的耶稣的金科玉律，孔子早在五百年前就已经说过了。虽然他生活的社会和我们不一样，但是他的道德观，我们今天读来依然受益匪浅。在孔子的思想中，他独特的感悟力，互惠互利的主张，准确无误的洞察力，能时刻指出我们行为的不当。"[①]爱默生本人被卡特总统誉为"美国的孔子"。梭罗在日记中第一次提及东方文化就说："这些古书是多么动人心魄，荷马、孔子的情趣是多么高贵！"[②]爱默生和梭罗对孔子的崇拜、对孔子个体道德修养等论述的推崇时时在他们的语言和作品里熠熠闪光。

（三）小结

评论家理查森说："超验主义并没有改变美国人的生活，但它的确改变了——而且在继续改变着——美国人作为个体的生活。超验主义不仅仅是一种文学、哲学和宗教运动，它不可避免地也是一种社会和政治运动。"[③]作为一场复杂的思想文化解放运动，超验主义糅合了太多的异质文化因素。在这个文化传播的过程中，任何一种外来文化都有可能被他们所吸收和继承，也有可能最终又被他们所舍弃，是一个不断的循环的接受和放弃的过程，也是超验主义思想成长和成熟的必然选择。因此，无论是爱默生，还是梭罗都不会也不可能毫无保留地接受儒家思想，他们总是选择他们认为重要的能和自己的思想形成互补的部分儒家思想，使自己

① Arthur Vesluis. 1993. *American Transcendentalism and Asian Religions*. New York: Oxford University Press, pp. 70-71.

② Christy, Arthur. 1978. *The Orient in American Transcendentalism: A Study of Emerson, Thoreau, and Alcott*. New York: Octagon Book. p. 187.

③ 小罗伯特·D.理查森：《爱默生：充满激情的思想家》，石坚、李竹渝译，成都：四川人民出版社，2001，第350页。

的思想得以完善，而骨子里依然保留着对本土文化的热爱和信仰。

第二节　借鉴佐证

（一）为我所用的借鉴

18 世纪以来，儒家思想中“西方启蒙思想家所倾心的‘内在超越’精神，即排斥宗教迷狂但不排斥道德修养、不是到彼岸世界寻求解脱而是在此岸世界的生活中超越物质现实和自然生命而凸现出道德自我；那种以把握高尚宏远的人生目的为专长的哲学智慧；那种顶天立地、视万物皆备于我的人格理想；那种顺乎自然、融于自然的飘逸气度；那种强调体验和意境的美学风格，都是中华民族宝贵的精神财产”[①]。这简短的评论将儒家思想的文化价值升华到了世界文化瑰宝的高度。超验主义作为建立在美国基督新教文化之上的思想解放运动，对本土的文化从未彻底否定，它的代表人物爱默生和梭罗希望更大限度地发展和完善超验主义。本着这个宗旨，二人对儒家思想的接受从未背离本土宗教和文化传统。

不管怎样，爱默生和梭罗对儒家思想的接受基本建立在他们有限的中国文化和知识的基础上。除去阅读《四书》的各种英译本并认知了相关的中国文化传统，他们并没有致力于中国文化的深层研究，似乎也没用更多的时间和精力来从事该方面的研究。因为这有限的了解和认识，二人在接受儒家思想的过程中虽然有着开放的国际视野，虽然会在某个特定的时刻表露出对儒家思想的无比热爱，但他们依然小心翼翼，保持着难得的理性和冷静。他们的个体观，社会观和自然观等思想在很大程度上都受到了儒家思想的影响。文化的差异促使他们在接受《四书》的过程中，必须抱着审慎的态度，并尽可能地寻找两种文化的契合点。从二人接受儒家思想的状况来看，一方面是爱默生和梭罗大量的甚至有些漫无目的的摘录和引用《四书》的语录，吸收继承了儒家的一些思想，另一方面则是二人总在有意识地借鉴儒家思想的某些观点或精辟的语录来佐证自己的思想和观点，最终实现完善超验主义思想的目标。超验主义运动因而具备了顽强的生命力并得以在美国蓬勃发展。

超验主义运动倡导个体独立和自由，主张在以人为中心的基础上重

① 冯崇义.《罗素与中国——西方思想在中国的一次经历》，北京：生活·读书·新知三联书店，1998，第 218—219 页。

新审视人自身、人与社会、人与自然的关系。它摒弃了传统宗教中的一些不合理教义和教规,建立了新的思想观念。爱默生和梭罗的超验主义思想的核心是个人主义,他们所建立的思想因此被一些超验主义研究专家称为是关于人的学问。儒家思想将人作为反思和反省的对象,主要包括四个层面的思考:一是个人的问题,即自我;二是个人和群体的关系,即群己关系;三是人和自然的关系;最后是人和天的关系。通过对比和类比,超验主义回避了儒家思想的人和天的关系,而在其他三方面,爱默生和梭罗总在无限和有限之间游离,和儒家思想保持了千丝万缕的关联。

关于人和天的关系,台湾学者房志荣在《儒家思想的"天"与〈圣经〉中的"上帝"之比较》一文中对天与上帝进行了多方面的比较。他总结说儒家的天就是《圣经》所启示的上帝,"人人可以为尧舜"与"人人可以为基督"并无区别。简单地说,儒家思想的天与基督教的上帝确有很多相似之处,但还不能说二者处于完全对等的地位。在基督教的教义教规中,人和上帝是一对矛盾的存在。天在他们的眼中就是那看不见、但拥有绝对权威的上帝,与儒家思想所认同的天乃"不可捉摸的一种意象"截然不同。儒家思想里的人与天的关系自然不适用于解读基督教中的人和上帝的关系。爱默生和梭罗对儒家思想了解有限,他们在阅读《四书》的过程中,几乎不太可能区分儒家的"天"和基督教的"天"。最聪明的方式,就是避而不谈儒家思想有关人和天的关系等问题,并将注意力集中在其他三个方面思想的借鉴和佐证上。

(二) 多元化的借鉴模式

一、思想观念的借鉴。超验主义和儒家思想都是注重当下,以现实生活为取向的世俗的道德哲学。超验主义思想中的个人是从传统基督教义下彻底解放和独立出来的个人,是自我的主人。爱默生在反对传统基督教的基础上提出了"自我依靠论",梭罗在爱默生的基础上将美国的个人主义发展到了顶峰。在人性的善恶等问题上,孟子提出了"性善论",即"人性之上也,犹水之下也。人无有不善,水无有不下"。孟子的这个思想在爱默生和梭罗的心中激起千层浪,产生了强烈的共鸣和共振,为他们反对原罪说,否定人性本恶的本质,肯定人性向善,彻底地反对传统基督教义教规寻得了最好的理论指导。

两千年以来,儒家思想的个体价值观对中国的社会制度和广大民众的生活影响极为深远。儒家思想历来重视作为个体的人在社会伦理关系中的"分"。个体总是被各种伦理关系限定和关联而存在。人生活在社会中，必须严格按照社会道德原则来生活和工作，个人的任何思想和言行既不能“过分”，也不能“非分”，凡人凡事有礼有序。所以，尽管儒家思想重视自我，强调个人人格的完整和独立，但实际上儒家思想总认为个人的彻底的自由基本上不存在，也不可能实现。儒家的个体其实是社会中的相对独立的个体，是社会的目的。超验主义对儒家思想的伦理观念并不感兴趣，对等级制度也持批判的态度。他们认为个人是生活的中心，人在很大程度上是一个独立的个体。超验主义寻求的是个人的绝对的独立、自由和完美的理想化境界。个人的美德和幸福依赖于自我实现，依赖于两种心理状态的协调：一是渴望通过自我体验了解外部世界，另一种是渴求保持独特的独立，对自我负责且自我主张意识。超验主义的个体是自我的个体，是社会的手段。爱默生和梭罗忽略了两种个体观不同的文化背景，借鉴了儒家思想一些关于个人道德修养的思想来完善他们的个人主义思想。

儒家思想里理想的学者乃近乎完美的个体：拥有智慧、脱离贪欲、博学多才、彬彬有礼。爱默生和梭罗受这一思想的影响，认为真正的美国学者应该提高自身的修养和素质，实现个人价值，尽可能地为社会作贡献。但是，超验主义思想中的学者不是统治阶级的工具，他们是世界的眼睛、心灵和心脏，是为了实现人性中最高的真善美而存在。所以，虽然以孔孟为代表的儒家思想和以爱默生和梭罗为代表的超验主义都主张个人要尽可能地接受教育，提高自我、完善自己，但是二者所主张的教育思想和目的并不完全一致：前者希望教育服务于政府和政治，“学而优则仕”；后者注重教育服务于个人，自我的教育是为了塑造完美的个人英雄主义形象。

儒家思想历来有“内圣外王”之说，说明儒家思想把内在的道德修养与外在的政治修养紧密相连。费正清先生说：“中国人的生活是以环境为中心，而不是像美国那样以个人为中心的。”[①]作为社会成员的个人，中国人非常重视其所在的社会环境和现实世界中人与人的关系网络，因此不会像西方文化那样极力凸显个人的地位。个人的存在与社会荣辱与共，“中国式的人文主义包括个人尊严的问题，但那是从社会的观点来关心的……人的价值并不像西方所认为的那样是每个人固有的品质，而是需要从外界获得的。”[②]这个外界就是个人必须生活于其所处的团体和社会中。儒家思想重社会轻个人，尤其在政治生活中，个人并不享有普遍的

① 张立文、李梗平编：《中外儒学比较研究》，北京：东方出版社，1998，第 332 页。

② 同上书，第 330—331 页。

公民平等和自由权。超验主义的社会观以个人为中心，在此基础上提出“政府为个人而设”，即一切社会制度和法规都应该且必须以维护和实现个人利益为出发点和最终目标。爱默生和梭罗的社会伦理观在这一点上与儒家思想有所差别。这样，他们在接受儒家思想的过程中剔除了带有强烈封建色彩的政治学说，强调其中关于个人道德修养的内容。不难理解，从美国文化和历史的角度看，美国文明很早就继承了西方的人文主义精神，强调以个人主义为中心，“个人应处于生活的中心，人在很大程度上是一个人，他有不可剥夺的照自己的样子做人的权利”①。个人生活的目的，是个体在社会的经济、政治、宗教等领域的自由。

在人和自然的关系问题上，西方传统历来坚持个人中心主义或人类中心主义的思想，儒家则总是持集体主义、天下为公的态度。儒家的自然主义思想以现实生活为基础，否定了神的作用，认为人是自然中不可或缺的一部分，要尽量与其保持稳定与和谐的关系。超验主义认同的自然起着沟通人和精神世界的作用，同时又是人类通过不断的实践、工业和技术活动过程中呈现出来的“人化自然”。超验主义的自然观否定了上帝的绝对权威，人和自然紧密相连。但是，人和自然并不是平等的存在。他们认为人不仅仅是自然这个整体的一部分，更是宇宙的中心和主人。人本身是一个完全独立的整体，自然充其量不过是一面镜子，充当了人与精神世界交流的工具。爱默生和梭罗对儒家思想的自然观的借鉴和引用并不是很多，只有在面对物化的自然时，爱默生和梭罗表现出对儒家提倡的人与自然和谐相处观念的欣赏和赞同。

不管是爱默生还是梭罗，他们一生静心阅读，见多识广。他们精通西方文化，对东方文化也表现出了深厚的兴趣。在接受《四书》的同时，爱默生和梭罗也发现儒家思想并不能完全满足他们多元化的文化需求。印度哲学、波斯诗歌等其他一些优秀的东方文化在一定程度上同样契合了他们内心的需要。和当初认知并接受儒家思想一样，爱默生和梭罗也吸收、借鉴了这些东方文化。如梭罗所言：“婆罗门的信条，我们倒不关心他们所持的是什么教义，只要这些教义有人信奉就好。我们能容忍各种哲学，原子论者、圣灵论者、无神论者、有神论者——柏拉图、亚里士多德、留基伯、毕达哥拉斯、所罗亚斯德以及孔子。比起这些人物所作的任何观点交流，他们的态度更使我们感兴趣。诚然，他们与注释者之间存在没完没了的争论。但假如事情果真到了这种地步，以致你将注释加以比较，那么你

① L. J. 宾克莱：《理想的冲突》，马元德译，北京：商务印书馆，1983，第 181 页。

就完全错了。”[1]

二、语录和观点的借鉴。在接受儒家思想的过程中，爱默生和梭罗对儒家思想似乎总是缺乏整体的系统的认知。为了能更深入地了解儒家思想，使其服务于自我，他们甚至会根据自我需要、斩首结尾、断章取义，想当然地主观地去理解和借鉴一些儒家思想。在二人的引用中，《四书》的一些语录不可避免出现了语义含混甚至误读。例如梭罗为了表达人应该注重精神层面的个体感悟，引用了《大学》里的这样一段话：

> “心不在焉”。曾子说过：“视而不见，听而不闻，食而不知其味。”[2]

梭罗的本意指入口的食物可能不会玷污一个人，但是吃某种食物的胃口可以玷污一个人，不利于精神上的提升。他没有加上这段引文的后面部分：“此谓修身在正其心”。《大学》的这段话旨在说明“正心”，梭罗引用这段话中的一部分来说明个人提高精神感悟的途径，在某种程度上亦是正心。梭罗还引用了“人之所以异于禽于兽者几希”，孟子说，“庶民去之，君子存之。”[3]他认为每个人的身体里存在着一只野兽，它可以使人动物性的一面表现出来，因此人必须控制情欲和身体的外在官能，尽可能地保持纯洁的心灵。孟子认为，人与禽兽的不同之处就在于人有人性，即仁义。这一点本是人人都具有的，但是只有圣贤、君子才保存了人性，而其他人却或多或少的丧失了。孟子将理想化的个人定义为“圣人、君子”，梭罗则将人宽泛地定义为“所有普通的个体”。再如，梭罗论述了人“要知道永不衰老的故事，那才是更重要得多”！接着他很突兀地引用了这样一段话：

> 蘧伯玉使人于孔子。孔子与之坐而问焉，曰：“夫子何为？”对曰：“夫子欲寡其过而未能也。”使者出。子曰：“使乎！使乎！”[4]

这段话表达了两个意思，一是蘧伯玉的使者态度谦逊，二则反映了蘧伯玉本人严于自律的处世态度。梭罗对此话的理解明显偏离了原文的意思。爱默生在他的论述中引用了很多儒家思想的语录。其中，他在论述一个

---

① 亨利·戴维·梭罗：“在康科德和梅里马克河上一周”，罗伯特·塞尔编：《梭罗集》，陈凯、许崇信、林本椿、姜瑞璋译，北京：生活·读书·新知三联书店，1996，第133—134页。

② 亨利·戴维·梭罗：《瓦尔登湖》，徐迟译，长春：吉林人民出版社，2003，第205页。

③ 同上书，第206页。

④ 《论语·宪问》。

人做任何事情都一定会被别人发现的时候，借用了孔子的话说，“孔子惊叫道：‘人怎会被隐藏？人怎会被隐藏？’”①一般而言，爱默生和梭罗借鉴儒家思想的某些语录来论证他们思想的时候，表面上而言，这些引用似乎比较贴切地论证的他们的观点，但是细细推敲，他们对儒家思想的理解总是存在或多或少的误解。

三、未出现引文的思想借鉴。潜移默化中，儒家思想的一些观念深入爱默生和梭罗的心中，他们的言行和思想时时流露出来对儒家思想的喜爱。梭罗在《瓦尔登湖》里曾说自己丢失了猎犬、栗色马和斑鸠。实际上，他的这些隐喻均借鉴了《孟子·告子上》的一段话：“人有鸡犬放，则知求之；有放心，而不知求”。梭罗巧妙地借鉴了孟子的思想来批判工业化进程中人的美德的丧失。爱默生对孔子的态度可谓是爱恨交加。1837 年，他在《亚洲期刊》上讽刺“中国的外交政策堆积了大量的废话”。对中国的这种印象后来再次出现在他 1841 年发表的政论文《保守主义者》中。文中，爱默生将孔子与中国联系起来，认为孔子代表了中国，他对孔子的指责包含了对中国的指责。当然，儒家思想的“性善论”从来都为爱默生所欣赏，他在《在神学院毕业班的演讲》这篇演讲稿中呼吁人人都要努力向善、为善，他的散文《经验》也借鉴了很多孟子的思想。

（三）小结

超验主义一方面吸收继承了儒家思想有关个体、社会和自然的一些论述，一方面也很理性地察觉到了两种文化的差异带来的心理的冲突。爱默生和梭罗比谁都更理智，非常清楚盲目地全盘地吸收和传播儒家思想既不能更好地发展和完善超验主义思想本身，也不利于两种文化的对话和融通。他们看到了二者的同一，也看到了同一背后的差异。在尽量寻求同一的过程中，爱默生和梭罗运用借鉴佐证的方式来论证和发展他们的超验主义思想。他们在探讨个人主义思想、社会观和自然观等具体问题的过程中，一方面充分发掘儒家思想中与之契合的内容，一方面尽量地寻找两种文化的交集，让他者服务于自我，为我所用，使儒家思想更符合他们自身发展的需要。

---

① 拉尔夫·沃尔多·爱默生：“心灵法则”，《美国的文明》，孙宜学译，桂林：广西师范大学出版社，2002，第 271 页。

第三节　误读改造

(一) 文本误读和改造

自近代以来,东西方文化从遥远的陌生开始走向理解和对话。这期间充满了很多的文化冲突、误译和误读。由于文化和语言的差异,爱默生和梭罗从来都没能真正地阅读中文版本的《四书》。他们只能依靠为数不多的英译《四书》来认知和接受儒家思想,对儒家思想的误读不可避免。曾有评论家毫不掩饰地说道,无论超验主义如何热爱和接受《四书》,他们永远都只能用"貌合神离"来形容。虽然这样的评论听上去不是那么中听,但他确实看到了中西文化对话过程中客观存在的一些文化差异和误读的必然性。

"误读"一般指错误的或不恰当的阅读和理解。耶鲁大学的文学教授布鲁姆首次使用"误读",指文本阅读过程中的有意误读,"一个诗人'偏移'他的前驱,即通过误读前驱的诗篇,以引起相对于这首诗的'克里纳门'。这在诗人的诗篇里体现为一种矫正运动"[①]。乐黛云先生指出,"由于两种文化的差异性,当两种文化接触时,就不可避免地产生误读,'是指把文化看做文本在阅读异文化时很难避免误解。人们总是按照自身的文化传统、思维方式和自己所熟悉的一切去解读另一种文化,一般说来,他只能按照自己的思维模式去认识世界。他原有的'视阙'决定了他的'不见'和'洞见',决定了他对另一种文化如何选择,如何切割,然后又决定了他如何解释。'"[②]

布鲁姆将误读分为有意误读和无意误读。有意误读是有意的偏移和创造,是对前人的超越。无意误读则是指在不理解文本基础上的一种错误的阅历和理解。国内学者根据误读的内容和性质又把误读分为六种:偏移重点的误读;偏移作者本义的误读;猜测不确定性的误读;文化差异性带来的误读以及偏移主流文化的误读。误读难以避免,却往往在文化交流中起着很好的推动作用。爱默生和梭罗对儒家思想的误读既有文本的误读,也有文化的误读。

---

① 哈罗德·布鲁姆:《影响的焦虑》,徐文博译,北京:生活·读书·新知三联书店,1989,第13页。

② 乐黛云:《比较文学与比较文化十讲》,上海:复旦大学出版社,2004,第32页。

译者的误译是导致误读的一个重要因素。爱默生和梭罗阅读的《四书》由马什曼和科利借助法文版翻译而成。梭罗本人还曾直接阅读和翻译法译本的《四书》。他们早年在《日晷》上摘录《四书》语录的时候，并没有真正地理解《论语》中的一些话语，并想当然地认为《论语》是孔子的著作，还直接借用了马什曼翻译《四书》时所用的书名：《孔子著作》。不仅仅是爱默生和梭罗，马什曼和科利对中国的儒家思想也知之不多。科利是个虔诚的传教士，在以传播"福音"为唯一目标并排挤其他宗教和文化的立场和观念上，他在翻译《四书》的过程中时时流露出充满着傲慢无礼甚至蔑视的态度。尤其是在给《四书》作注解的时候，他带着宗教思想上固有的"老师巨子之常态惯技"①的偏见无端地指责孔子，说孔子狂妄，目中无人，而他自己则是那无所不知无所不能高高在上的上帝。科利的译本还充斥着大量的误译。比如他并未真正理解儒家文化中的"鬼神"、"天"、"一"、"仁"、"义"等这些含义深远的词，只能从字面意思草草翻译了事。因为这种误译，它直接影响了爱默生和梭罗在阅读这个译本过程中对儒家思想的理解和对儒家文化的价值判断。梭罗似乎比爱默生要明智得多。当他发现科利的翻译错误太多，无法继续阅读，干脆自己借助法译本的《四书》自行阅读和翻译。《瓦尔登湖》中引用的《四书》全部出自他本人的翻译。梭罗的翻译虽然有值得赞赏的地方，但其内容几乎不可能完全真实地表达《四书》原文的意思。

翻译作为一种语言对另一种语言的理解、阐释和实践行为，它不仅仅是单纯的信息转换和交流的过程，更是文化的传递和传播。事实上，"翻译总是一种创造性叛逆"②。作为读者或译者的爱默生和梭罗将目光投向中国文化的时候，他们所处的政治、经济、文化和宗教背景等决定了他们的翻译和阅读活动必然带有不可抹去的本民族的文化色彩。爱默生和梭罗在译者创造性的对原著的叛逆的基础上阅读、理解《四书》，是叛逆的再叛逆。

由于译者的误读和误译，读者阅读译本，对文本信息的理解难免出现错误。爱默生和梭罗在《日晷》4 月刊上摘录的第 16 则语录，可能是由于马什曼的误译，二人不假思索地借鉴和引用进来，导致学者们无法考证这句话的中文出处。也许是马什曼有意的误译，也许他本来就没读懂原文，爱默生和梭罗在这种背景下阅读和接受《四书》，认识儒家思想所导致的文化误读必然存在。比如，梭罗引用过一段孔子论鬼神的话：

---

① 钱钟书：《管锥篇》(第一册)，北京：中华书局，1982，第 2 页。

② 陈惇、孙景尧、谢天振编：《比较文学》，北京：高等教育出版社，1997，第 145—146 页。

“鬼神之为德，其盛矣乎。”

“视之而弗见，听之而弗闻，体物而不可遗。”

“使天下之人，齐明盛服，以承祭祀。洋洋乎如在其上，如在其左右。”①

梭罗在这里理解的“鬼神”是“接近万物的乃是创造一切的一股力量”以及“宇宙法则”。而后梭罗又在该段话后面增加了一句“德不孤，必有邻”。他对此话的理解是，只要我们有了思想，靠着心灵的努力，我们就可以高高地超乎任何行为以及后果之上，事物的好坏都不重要。事实上，中国古代的祭鬼神与西方的鬼神思想几乎完全不一样。他后面引用的“德不孤，必有邻”也很难从上下文或者逻辑上找到合理的解释。《瓦尔登湖》中，梭罗还引用了孔子的话：“知之为知之，不知为不知，是知也”。根据上下文，梭罗的解释是“当一个人把他想象的事实提炼为他的理论之时，我预见到，一切人最后都要在这样的基础上建筑起他们的生活来”②。实际上，孔子旨在告诫人们要谦虚，要敢于承认自己的不足，这样才是真正的智慧。很明显，梭罗的理解已经远远偏离了原意。爱默生和梭罗的作品里有关对《四书》误读的例子为数不少，不一一列出。

（二）文化误读和改造

中西方文化大融合的今日，文化误读从未停止。导致误读的最根本的原因是中西方文化的差异。这种差异主要表现为中西方民族、心理、价值观等不同，这既是无意识，也是有意识的行为。爱默生和梭罗没有来过中国，他对中国有限的认识来自他们阅读的一些介绍中国文化的英译书籍。在宏大的中西文化背景下，二人对儒家思想有限的了解和东西方文化由来已久的文化和传统的差异导致了他们对儒家思想存在着文化误读之处。

曾有一段时间，爱默生对英国从中国进口茶叶充满了仇恨。“英国议会已经授权给东印度公司出口茶叶到美洲，唯一的目的就是从这里增加税收。英国规定美洲有职责增加上缴税收，为了使这一计划破产，我们镇，我们自己，或者其他任何一种茶叶，我们的家人也不会忍受使用这种茶叶。”“所有买过、卖过、使用过这种茶叶的人，将来都会被不友好地视为

① 亨利·戴维·梭罗：《瓦尔登湖》，徐迟译，长春：吉林人民出版社，2003，第127页。
② 同上书，第10页。

英国的走狗。”[①]甚至有一回，爱默生读到一本介绍中国的书，突然滑稽地说道：“崇祯皇帝，该死的崇祯皇帝！我恨北平。”他为何痛恨中国的贸易，原因不得而知。至于崇祯皇帝和北平，今人现在也很难考证其令爱默生愤怒的原因。

爱默生和梭罗认识《四书》是一个偶然，他们推崇《四书》并将儒家思想巧妙地“革新”、改造，然后融入到了自己的作品和思想中。《爱默生文集》里记载道，爱默生说他的一个好朋友把萨默塞特宫的博学之士比作这样的一个孩子，他问孔子，“天上有多少星星?”孔子答道，“他只关心他身边的事情。”孩子又问道，“你有多少根眉毛?”孔子答道，“他不知道，也不在乎。”[②]这句话的出处同样无从考证。不过，爱默生根本不在乎这段对话的原意，他对此话的理解旨在说明一个博学的人首先是一个勤学好问的人，多少令人啼笑皆非。

梭罗曾引用了孟子关于“浩然之气”的论述：“‘我知言，我善养吾浩然之气。’”“‘敢问何谓浩然之气?’曰：‘难言也。其为气也，至大至刚，以直养而无害，则塞于天地之间。其为气也，配义与道，无是，馁也。’”梭罗对此话做出的理解是“我们称此综论为存在……我们可以为宇宙欢呼。我们抵达的不是一座墙，而是浩瀚大海。人类生命或许尚未揭示未来的道路，尚未呈现已经荒诞的百物，但是却隐然暗示了此弥漫天地宇宙的浩然之气”[③]。不知道梭罗参考什么样的文献资料，他对中国文化是这样理解的：“中国人收受贿赂用罐子或中空的芦秆把鱼卵从一个省带到另一个省，或是用水禽将鱼卵运到山间小湖河内地湖泊里。”[④]梭罗还借用孔子的话说，“你可以从一支有三个师的军队中夺走将军使之一片混乱，但你不能夺走一个最可怜、最粗俗的人的思想。”孔子的原话应该为：“三军可夺帅也，匹夫不可夺志也。”[⑤]孔子原本强调个人意志的重要性，梭罗此处引用孔子的话，误将“志”理解为“思想”，一方面表明他和孔子一样看重个人意志的自由，一方面也说明要尊重个人思想的发展和自我道德的提高，以此勉励自己在任何贫困、恶劣的环境中都应该依然如故，“庶民去

① 拉尔夫·沃尔多·爱默生：《不朽的声音》，张世飞，蒋旭东译，北京：当代世界出版社，2002，第29页。

② 拉尔夫·沃尔多·爱默生：《英国特色》，吉欧·波尔泰编：《爱默生集》，赵一凡、蒲隆、任晓晋、冯建文译，北京：生活·读书·新知三联书店，1993，第1009页。

③ 转引自陈长房：《梭罗与中国》，台北：三民书局股份有限公司，1995，第5页。

④ 亨利·戴维·梭罗：“在康科德河河和梅里马克河上一周”，罗伯特·塞尔编：《梭罗集》，陈凯、许崇信、林本椿、姜瑞璋译，北京：生活·读书·新知三联书店，1996，第22页。

⑤ 《论语·子罕》。

之,君子存之”。《日晷》中摘录的《四书》语录里,类似的文化误读的例子比比皆是。儒家的“知”不仅是指“知识”、亦指“智慧”。爱默生和梭罗又怎么可能了解这有着几千年文化传统的中国文化的“知”呢?能够理解为简单的“知识”,也算是不错的结果了。二人在引用《四书》的过程中,由于文化误读,他们在一定程度上偏移了中国文化的轨迹,却“恰到好处”地服务了他们思想发展的需要。

爱默生也没能理解儒家思想的社会背景,他还否定和误读了儒家思想的宿命论。在《命运》这篇文章中,爱默生用大量的篇幅批判儒家主张消极接受命运的罪恶,甚至在日记中大胆放言,宣称东方主义是宿命主义,西方则代表着自由和意愿。西方人因而更加优秀和伟大。与重实用性的西方哲学紧密联系的西方文学不同,东方文学文字优美,极富个人思想和激情。“东方思想确实不错,可是谁会无所事事地来做得这么完美呢?贫苦的美国人每日都生活在焦虑中呢。”[①]爱默生误读中国文化的根源来源于他总认为中国是一个以家为国的国家,中国人思想保守消极,不思上进。而且,中国人还不关心天下大事,很多人终日无所事事。在这种思想指导下,爱默生对中国文化的整体印象自然不会太好。爱默生一直宣称自己不问政治,凡事置身事外。但现实是他有太多放不下的、不得不关心和担忧的事情,他必须时时置身在现实世界里观察和思考。

爱默生还发现在中国,妇女并没有社会地位,这可不是一向追求个人独立和自由的爱默生所能接受的。他阅读了吉尔编著的《中国文学史》,对其中的一段话很有共鸣:“在野蛮落后的国家里,妇女的社会地位一般都很低下——东方社会比西方社会低。女孩刚出生,她睡在地板上,被紧紧地裹起来,她的玩具是碎磁片,她无法分辨善和恶。”[②]吉尔对当时中国妇女低下的社会地位的认识确实是正确的,但是他在书中所描述的具体细节与事实有出入。爱默生没有来过中国,没能亲眼见证中国妇女的生活现状,吉尔的这番描述无疑成为他了解中国妇女社会地位的最好读本。

一般而言,文本误读只是对著作本身的误读,而文化误读不仅仅指对作品本身的不准确理解,还包括对整个作品的创作背景和其所传递的文化信息的误读。文本误读和文化误读相辅相成,利弊同在。爱默生和梭罗对《四书》乃至整个儒家思想的文本和文化误读和改造服务于他们的超

① Quoted from Carpenter, Frederic Ives. 1968. *Emerson and Asia*. New York: Haskell House Publishers Ltd., p. 37.

② Quoted from Carpenter, Frederic Ives. 1968. *Emerson and Asia*. New York: Haskell House Publishers Ltd., p. 239.

验主义思想，就像庞德在完全不懂得中文的情况下翻译《华夏集》那样，但他们各种各样的误读方式，都为中西文化的交流注入了新的思想，带来了新的活力。

（三）小结

并不是所有的文本和文化误读都会产生积极作用，不恰当的误读甚至会造成相当严重的后果。在对中国儒家思想认识的过程中，爱默生和梭罗不断地以自己的方式误读它，而这些误读都是以他们自己的需要为宗旨，有些有益于超验主义的发展，有些也不利于两种文化的交流和对话。他们只是众多的误读中国文化的西方学者中的两人，或者说他们只不过沿袭了长期的西方文化对中国文化误读的传统。儒家思想对超验主义的影响，超验主义对儒家思想的接受是文化互动的过程，是接受者误读对方和自我认同的过程。我们不能要求爱默生和梭罗非常学究地、像大多数研究中国传统文化的学者们那样精确地解读《四书》，也不能奢望儒家思想必须丝毫不差地被借鉴吸收到超验主义思想之中。在不断的文本和文化误读以及文化的同化中，超验主义自身的文化心理结构逐渐发生变化，最终达到了新的平衡。

结　论

“中国人已经发现了一种生活方式，并且已经实践了不少世纪，如果它能够被全世界所采用，它将会造福于全世界。……”

——罗伯特·罗素[英]，《中国的问题》

全球范围内多元文化的对话、交融和进步是当今世界发展的必然趋势。如何对待本土文化和异域文化，实现自我和他者的文化互动，是广大文化研究者共同关心的重要问题。作为世界文化体系中的杰出代表，儒家思想不仅属于中国，属于东方，而且属于世界。了解儒家思想在世界的传播状况，对于认识世界文化多元化的现状，加深中西文化的对话和交流具有重要的意义。超验主义产生于19世纪的美国，它的代表人物爱默生、梭罗突破了本土文化的束缚，以宽阔的胸怀、开阔的视野接受了包括儒家思想在内的东方文化。经过不断的文化选择和过滤，儒家思想的一些内容最终为超验主义所接受，为美国浪漫主义文学和文化的发展做出了积极的贡献。超验主义对儒家思想的接触、解读乃至吸收借鉴，是世界多元文化对话、融合中的一个重要事件。

本书选择了“超验主义对儒家思想的接受研究”这一中西文化比较研究课题，在吸取前人丰富研究成果的基础上，从比较文学的视野研究了超验主义的发展及其代表人物与《四书》的碰撞、对儒家思想个体价值观、社会观与自然观的接受以及对《四书》的多元接受模式等五个方面内容展开研究，并得出如下三个结论。

一、应系统地从宗教、哲学、文学、文化等角度解读超验主义思想对儒家思想的多领域接受。

超验主义是19世纪30年代兴起于美国的一场带有宗教色彩的思想文化解放运动。它涉及宗教、哲学、文学艺术等领域，深刻影响了美国文化的发展。因此，在解读超验主义思想对儒家思想的接受过程中，应系统地从宗教、哲学、文学、文化等多学科领域来进行研究。

本书考证了前辈学者钱满素先生、陈长房先生对照整理的《日晷》英译《四书》的摘录，肯定了两位前辈学者为超验主义研究所做的重大突破。

在两位前辈学者研究的基础上，本书廓清了以往研究中的中英文对照错误，补充完善了《日晷》英译《四书》的中英对照，纠正了一些字词上的翻译错误，为研究爱默生和梭罗对《四书》的接受提供了翔实、科学的史料依据。本书以中西文化为背景，在参考了国内外各类学术论文和专著的基础上，以爱默生和梭罗对《四书》的多方位多模式接受为中心，在影响研究的视阈下重点探讨了爱默生、梭罗对儒家思想的个体价值观、社会观以及自然观的接受。通过分析总结超验主义对《四书》的多方位接受模式，梳理了超验主义的发展过程，论证了超验主义与儒家思想的融通。

超验主义思想丰富、内容繁杂，爱默生和梭罗参考的英译《四书》和法译《四书》都存在误读，给超验主义研究造成了一定的难度，爱默生和梭罗作品里的一些引用甚至无法考证，有待更加深入的研究和考证。

二、应从个体观、社会观、自然观等方面具体探讨超验主义思想对儒家思想的多方位接受。

在文化发展的历史长河中，儒家思想曾以其恢宏的气势、博大精深的理论体系和对人类、自然的深切关怀而放射出绚丽夺目的光彩，深远地影响了东方乃至世界文化的历史与发展。同样，超验主义对于儒家思想的接受也是多方位的，包括个体观、社会观和自然观。

爱默生、梭罗倡导个人主义、为美国文化最终摆脱加尔文主义和唯一神教的束缚做出了很大的贡献，为个人主义在美国的发展起了极大的推动作用，也为美国文化最终脱离欧洲大陆的文化母体、形成自己独立的思想文化起了积极作用。同时，爱默生、梭罗吸收借鉴了儒家思想的个体道德伦理观、价值观等，进一步完善了超验主义的个人主义思想，从而使超验主义运动更具有人文精神和现实意义。

超验主义所提倡的人人自由平等的社会观，是建立在个人主义基础上的，这既区别于有着封建次序和等级观念的儒家思想的社会观，也不同于个人和社会全然二元对立的西方传统理念。爱默生和梭罗解读儒家思想的社会观，赞同其仁义孝悌、忠恕之道、为政以德等家庭社会伦理观，在生活中实践了他们对上述观念的理解和认可。

超验主义倡导个体感情和直觉高于理性，崇尚个体解放和自由，鼓励个体回归自然，在自然中感悟真理。超验主义的“自然”实质上是精神的反映，有着强烈的个人主义倾向，与儒家思想中“天人合一”的自然观有着根本的区别。爱默生和梭罗积极地认识了儒家思想的自然观，他们所倡导的回归自然、与自然和谐相处、自然规律与人的思想规律一致等观念，明显受到了儒家思想的影响。

三、超验主义对儒家思想的接受从比较文学视野证明了儒家文化的魅力和中西文化对话的可能性和可行性。

研究超验主义对《四书》的接受对于认识儒家思想和中西文化交流有着重要的启示。

儒家文化有着悠久的历史和文明的思想传承，长时间是中国和亚洲意识形态的主导思想，影响着社会经济、政治、文化等方方面面。“尊德性而道问学，致广大而尽精微，极高明而道中庸”，[①]精辟地概括了儒家思想的本质特征。儒家思想以人为本，具有强烈的入世情怀和人文关怀精神。帮助处理人与人、个人与家庭、个人与社会、人与自然，乃至国与国之间的关系是儒家思考的终点。儒家文化作为世界文化体系中的一个重要组成部分，不但属于中国，而且属于世界。超验主义接受儒家思想并非世界文化交流史上唯一的例子。早在秦汉之际，儒家思想就开始对外传播。在亚洲地区，儒家思想首先传入朝鲜和日本，后来又传入南亚和欧美。朝鲜、日本等亚洲国家把儒家思想作为一种先进的思想予以接受。他们主动积极学习儒家思想，将儒家思想移植到自己的本土，建构了以儒家思想为核心的本土文化，从而形成了儒家文化圈。

但是，17世纪以后，中国社会的发展逐渐落后于西方国家。到了19世纪，由于封建制度的腐朽、衰败极大阻碍了社会的发展，儒家思想的魅力也因此蒙上了一层阴影。我们不能绝对地指责西方传教士眼里落后衰退的中国形象，也不能忽视否认马什曼、科利在翻译《四书》的过程中对孔子、孟子，甚至整个儒家文化带有的一种轻蔑的态度。从一定程度上而言，他们看到了中国社会发展的一面，也看到了衰败落后的一面。他们的评述有如一面镜子，让我们能更加清楚地认识儒家文化的现状、中国社会的现状。然而，通过超验主义接受《四书》的研究，我们也看到了爱默生、梭罗等人眼中对儒家文化中个人观、社会观和自然观的一些思想的赞同和接受，甚至将其吸收、借鉴和融入到超验主义思想中，为西方现代文化思想的进步做出了积极的贡献。这样的事实证明，儒家思想所包含的丰富思想，至今仍具有强大的生命力，对指导当今世界政治、经济和文化发展仍然具有重要的意义。

研究爱默生、梭罗对《四书》的接受并不是一种陌生的文化现象，季羡林先生在《比较文学原理新编》的《序言》部分谈道：“讨论和观察中西文化之不同，不自今日始，并不“摩登”，而是古已有之，不过于今为烈

① 《中庸》。

而已。"[1]遗憾的是，多年来，无论是西方社会还是东方国家，有些学者与专家断然运用"二分对立"的方式看待中西方文化，强调"非此即彼"的文化现象。将超验主义与《四书》置于宏大的文化背景中，可以发现以爱默生、梭罗为代表的超验主义融合西方的清教思想和中国的儒家思想，使两种属于异质文化、看似毫无任何关系的思想得以渗透和融合，再次证明了儒家文化与西方文化之间对话的可能。

本书从一个中国人的视野出发研究爱默生和梭罗对《四书》的接受，不仅系统整理了二人编辑的《日晷》中英译《四书》的研究补正，讨论总结了超验主义对儒家思想的多方位接受及其接受模式，弥补了前人研究中的不足；同时更深刻地认识到：如果说儒家文化曾为世界文化的发展起了推动作用，如果说封闭和隔绝也曾使中国和西方形成了迥然不同的过去，那么，现在人类所面临的一系列全球性问题使得我们只有一个共同的未来。本书希望能从研究"爱默生和梭罗对《四书》接受"这个课题中总结出一些规律和范式，建构自我与他者对话之桥梁，以期有助于异质文化的对话和人类未来共同的崇高事业。

① 季羡林："序言"，乐黛云，陈跃红，王宇根，张辉：《比较文学原理新编》，北京：北京大学出版社，2002，第5页。

参考文献

中文文献

爱德华·萨义德:《知识分子论》,单德兴译,陆建德校,北京:生活·读书·新知三联书店,2002年。

爱德华·萨义德:《文化与帝国主义》,李琨译,北京:生活·读书·新知三联书店,2003年。

奥尔多·利奥波德:《沙乡年鉴》,侯文蕙译,长春:吉林人民出版社,2000年。

巴里·康芒纳:《封闭的循环——自然、人和技术》,侯文蕙译,长春:吉林人民出版社,2000年。

布吕奈尔·比叔瓦·卢梭:《什么是比较文学》,葛雷、张连奎译,北京:北京大学出版社,1989年。

曹顺庆:《中西比较诗学》,北京:北京出版社,1988年。

查尔斯·哈珀:《环境与社会》,肖晨阳、晋军等译,天津:天津人民出版社,1998年。

陈惇、孙景尧、谢天振主编:《比较文学》,北京:高等教育出版社,1997年。

陈长房:《梭罗与中国》,台北:三民书局股份有限公司,1995年。

陈其荣:《自然哲学》,上海:复旦大学出版社,2004年。

陈启智、张树骅编:《儒家传统与人权·民主思想》,济南:齐鲁书社,2004年。

大卫·戈伊科奇,约翰·卢克,蒂姆·马迪根编:《人道主义问题》,杜丽艳译,北京:东方出版社,1997年。

迪马:《比较文学引论》,谢天振译,上海:上海译文出版社,1991年。

狄特富尔特等编:《人与自然》,周美琪译,北京:生活·读书·新知三联书店,1996年。

董小川:《20世纪美国宗教与政治》,北京:人民出版社,2002年。

费希特:《论学者的使命》,梁志学、沈真译,北京:商务印书馆,1984年。

冯崇义:《罗素与中国——西方思想在中国的一次经历》,北京:生活·读书·新知三联书店,1998年。

F. R. 利维斯:《伟大的传统》,袁伟译,北京:生活·读书·新知三联书店,2002年。

葛兆光:《中国思想史:七世纪前中国的知识,思想与信仰世界》(一、二卷),上海:复旦大学出版社,1999年。

顾立雅:《孔子与中国之道》,郑州:大象出版社,2000年。

哈罗德·布鲁姆:《影响的焦虑》,徐文博译,北京:生活·读书·新知三联书店,

1989年。
何光沪、许志伟编：《对话二：儒释道与基督教》，北京：社会科学文献出版社，2001年。
何怀宏编：《西方公民不服从的传统》，长春：吉林人民出版社，2003年。
亨利·戴维·梭罗：《自然之书》，陶文江、吴云丽译，北京：生活·读书·新知三联书店，2000年。
亨利·戴维·梭罗：《山·海·湖》，台湾蓝瓶子文化编译小组译，北京：中国对外翻译出版公司，1999年。
亨利·戴维·梭罗：《瓦尔登湖》，徐迟译，长春：吉林人民出版社，2003年。
亨利·戴维·梭罗：《梭罗日记》，朱子仪译，北京：北京十月文艺出版社，2005年。
侯外庐：《中国古代思想学说史》，大连：辽宁教育出版社1998年。
黄维梁、曹顺庆编：《中国比较文学学科理论的垦拓》，北京：北京大学出版社，1998年。
吉欧·波尔泰编：《爱默生集》，赵一凡、蒲隆、任晓晋、冯建文译，北京：生活·读书·新知三联书店，1993年。
金衡山："自由的意义——超验主义思想探折"，《国外文学》，2002年第1期。
康德：《形而上学原理》，苗力田译，上海：上海人民出版社，2002年。
康德：《纯粹理性批判》，蓝公武译，北京：商务印书馆，2005年。
克洛德·阿莱格尔：《城市生态，乡村生态》，陆亚东译，北京：商务印书馆，2003年。
L. J. 宾克莱：《理想的冲突》，马元德译，北京：商务印书馆，1983年。
拉尔夫·沃尔多·爱默生：《自然沉思录》，上海：上海社会科学出版社，1997年。
拉尔夫·沃尔多·爱默生：《不朽的声音》，张世飞、蒋旭东译，北京：当代世界出版社，2002年。
拉尔夫·沃尔多·爱默生：《心灵的感悟》，李磊、文小勇译，北京：当代世界出版社，2002年。
拉尔夫·沃尔多·爱默生：《美国的文明》，孙宜学译，桂林：广西师范大学出版社，2002年。
拉尔夫·沃尔多·爱默生：《依靠自我》，金雨译，北京：中国商业出版社，2003年。
拉尔夫·沃尔多·爱默生：《生活的准则》，金叶译，北京：蓝天出版社，2004年。
拉尔夫·沃尔多·爱默生：《爱默生演讲录》，孙宜学译，北京：中国人民大学出版社，2004年。
拉曼·塞尔登编：《文学批评理论——从柏拉图到现在》，刘象愚、陈永国译，北京：北京大学出版社，2000年。
卢卡契：《卢卡契文学论文选》，北京：中国社会科学出版社，1981年。
李瑞智、黎华伦：《儒学的复兴》，北京：商务印书馆，1999年。
李泽厚：《中国思想史论》，合肥：安徽文艺出版社，1997年。
林语堂：《生活的艺术》，西安：陕西师范大学出版社，2003年。
刘海平编：《中美文化的互动和关联》，上海：上海教育出版社，1997年。

刘海平、王守仁编：《美国文学史》，上海：上海外语教育出版社，2000 年。
刘建年：《西方文学中的人文学观》，长春：吉林人民出版社，2003 年。
刘献彪、刘介民主编：《比较文学教程》，北京：中国青年出版社，2002 年。
卢风：《启蒙之后——近代以来西方人价值追求的得与失》，长沙：湖南大学出版社，2003 年。
罗伯特·米尔德：《重塑梭罗》，马会娟、管兴忠译，北京：东方出版社，2001 年。
罗伯特·塞尔编：《梭罗集》，陈凯、许崇信、林本椿、姜瑞璋译，北京：生活·读书·新知三联书店，1996 年。
罗素：《中西文化之比较》，见《一个自由人的崇拜》，北京：时代文艺出版社，1988 年。
罗特：《生态女性主义——对神学的挑战》，李天钧译，《基督教文化评论》，2003 年 1 月，第 18 期。
M. H. 艾不拉姆斯：《镜与灯》，北京：北京大学出版社，1989 年。
马克思、恩格斯：《马克思恩格斯选集》，北京：中央编译局，1966 年。
马克思、恩格斯：《马克思恩格斯全集》，北京：中央编译局，1966 年。
马修·阿诺德：《文化与无政府状态：政治与社会批评》，韩敏中译，北京：生活·读书·新知三联书店，2002 年。
马丁·路德著作翻译小组译：《马丁·路德文选》，北京：中国社会科学出版社，2003 年。
马振铎、徐远和、郑家栋：《儒家文明》，北京：中国社会科学出版社，2000 年。
美国《人文》杂志社编：《人文主义：全盘反思》，北京：生活·读书·新知三联书店，2003 年。
蒙田：《随笔》，潘丽珍等译，南京：译林出版社，2002 年。
米歇尔·福柯：《疯癫与文明》，杨远婴译，北京：生活·读书·新知三联书店，2003 年。
莫尔特曼：《世俗中的上帝》，曾念粤译，北京：中国人民大学出版社，2003 年。
莫尔特曼：《创造中的上帝——生态的创造论》，魏仁莲、苏贤贵、宋炳延译，北京：生活·读书·新知三联书店，2002 年。
乔治·布莱：《批评意识》，郭宏安译，桂林：广西师范大学，2002 年。
欧文·白璧德：《卢梭与浪漫主义》，孙宜学译，石家庄：河北教育出版社，2003 年。
钱满素：《爱默生和中国——对个人主义的反思》，北京：生活·读书·新知三联书店，1996 年。
钱钟书：《管锥篇》，北京：中华书局，1982 年。
让·雅克·卢梭：《社会契约论》，何兆武译，北京：商务印书馆，1982 年。
塞·埃·莫里森等著：《美利坚共和国的成长》，天津：天津人民出版社，1980 年。
赛谬尔·亨廷顿：《文明的冲突与世界秩序的重建》，周琪、刘绯、张立平、王圆译，北京：新华出版社，2002 年。
托克维尔：《论美国的民主制》，北京：商务印书馆，1988 年。
佘正荣：《中国生态伦理传统的诠释与重建》，北京：人民出版社，2002 年。

斯蒂芬·哈恩:《梭罗》,王艳芳译,北京:中华书局,2002年。
宋洁人:《亚里士多德与古希腊早期自然哲学》,北京:人民出版社,1997年。
孙昌武:《佛教与中国文学》,上海:上海人民出版社,1988年。
孙景尧:《沟通》,南宁:广西人民出版社,1991年。
孙景尧:《简明比较文学》,北京:中国青年出版社,2003年。
汤林森:《文化帝国主义》,冯建三译,上海:上海人民出版社,1999年。
王诺:《欧美生态文学》,北京:北京大学出版社,2003年。
巫白惠:《印度哲学——吠陀经探义和奥义书解析》,北京:东方出版社,2002年。
乌尔利希·韦斯坦因:《比较文学与文学理论》,刘象愚译,沈阳:辽宁人民出版社,1987年。
小罗伯特·D.理查森:《爱默生:充满激情的思想家》,石坚、李竹渝译,成都:四川人民出版社,2001年。
谢天振:《译介学》,上海:上海外语教育出版社,2000年。
徐刚:《伐木者,醒来》,长春:吉林人民出版社,2000年。
杨伯峻:《孟子译注》,北京:中华书局出版社,2003年。
杨新才:"爱默生与东方主义",《南方社会科学》,2005年第10期。
约翰J.迪尼:《现代中西比较文学》,刘介民主编,成都:四川人民出版社,1988年。
伊恩·P.瓦特:《小说的兴起》,高原、董红钧译,北京:生活·读书·新知三联书店,1992年。
余谋昌:《生态哲学》,西安:陕西人民出版社,2000年。
乐黛云:《比较文学与比较文化十讲》,上海:复旦大学出版社,2004年。
乐黛云、陈跃红、王宇根、张辉:《比较文学原理新编》,北京:北京大学出版社,2002年。
约翰·希克:《上帝道成肉身的隐喻》,王志成,思竹译,南京:江苏人民出版社,2000年。
詹姆斯·罗宾森:《尤金·奥尼尔和东方思想》,沈阳:辽宁教育出版社,1997年。
张爱玲译:《爱默生选集》,哈尔滨:哈尔滨出版社,2003年。
张立文、李梗平编:《中外儒学比较研究》,北京:东方出版社,1998年。
张隆溪选编:《比较文学译文集》,北京:北京大学出版社,1982年。
张潮:《白话幽梦影》,太原:山西人民出版社,1994年。
周桂钿:《中国传统哲学》,北京:北京师范大学出版社,2000年。
朱光潜:《西方美学史》,北京:人民文学出版社,2002年。
朱熹:《四书章句集注》,北京:中华书局,2003年。

英文文献

Ahuja, Chaman. *The Mystique of Tragedy: Exploring East and West*. New Delhi: Prestige Books, 1997.
Bassnett, Susan. *Comparative Literature: A Critical Introduction*. Oxford UK:

Blackwell Publishers, 1993.

Bellis, Peter J. *Writing Revolution: Aesthetics and Politics in Hawthorne, Whitman, and Thoreau*. Athens: The University of Georgia Press, 2003.

Bennett, Jane. *Thoreau's Nature: Ethics, Politics, and the Wild*. Lanham: Rowman and Littlefield Publishers, Inc., 2002.

Brown, Lee Rust. *The Emerson Museum: Practical Romanticism and the Pursuit of the Whole*. Cambridge: Harvard University Press, 1997.

Buell, Lawrence. *The Environmental Imagination: Thoreau, Nature Writing, and the Formation of American Culture*. London: The Belknap Press of Harvard University Press, 1995.

Burbick, Joan. *Thoreau's Alternative History: Changing Perspectives on Nature, Culture, and Language*. Philadelphia: University of Pennsylvania Press, 1987.

Carpenter, Frederic Ives. *Emerson and Asia*. New York: Haskell House Publishers Ltd., 1968.

Chevrel, Yves. *Comparative Literature Today: Methods and Perspectives*. Kirksville: The Thomas Jefferson University Press, 1994.

Chou, Yinghsung (ed.). *The Chinese Text: Studies in Comparative Literature*. Hong Kong: The Chinese University Press, 1986.

Christy, Arthur. *The Orient in American Transcendentalism: A Study of Emerson, Thoreau, and Alcott*. New York: Octagon Book, 1978.

Collie, David (trans. & ed.). *The Chinese Classical Works, Commonly Called the Four Books*. Malacca, 1828.

Deeney, John J. *Cultural Interflow——East and West*. Shengyang: Liaoning University Press, 1990.

Dreese, Donelle N. *Ecocriticism: Creating Self and Place in Environmental and American Indian Literature*. New York: Peter Lang Publishing, Inc., 2002.

F. B. Sanborn. ed. *Thoreau: The Poet-Naturalist*. New York: Biblo and Tannen, 1966.

F. Whicher, George. ed. *The Transcendentalist Revolt*. Lexington: D. C. Heath and Company, 1968.

Fokkema, Douwe Wessel. *Knowledge and Commitment Studies: A Problem-oriented Approach to Literary Studies*. Philadelphia: John Benjamins Publishing Company, 2000.

Foster, David R. *Thoreau's Country: Journey Through a Transformed Landscape*. Cambridge: Harvard University Press, 2001.

Golemba, Henry. *Thoreau's Wild Rhetoric*. New York: New York University Press, 1990.

Grusin, Richard A. *Transcendentalist Hermeneutics: Institution Authority and the*

Higher Criticism. Durbam: Duke University Press, 1991.

Hansen, Olaf. *Aesthetic Individualism and Practical Intellect*. Princeton: Princeton University Press, 1990.

Konvitz, Milton R. and Stephen E. Whicher ed. *Emerson: A Collection of Critical Essays*. Englewood Cliffs: Prentice-Hall, Inc. , 1962.

Lee, Bian. *American Fiction: 1865—1940*. London: Longman, 1987.

Leer, David. *Emerson's Epistemology: the Argument of the Essays*. Cambridge: Cambridge University Press, 1986.

Maertz, Greogory (ed.). *Cultural Interactions in the Romantic Age: Critical Essays in Comparative Literature*. New York: State University of New York, 1998.

McKusick, James C. *Green Writing: Romanticism and Ecology*. New York: St. Martin's Press, 2000.

Moran, Joe. *Interdisciplinarity*. London: Rutledge, 2002.

Mott, Wesley T (ed.). *Encyclopedia of Transcendentalism*. London: Greenwood Press, 1996.

Myerson, Joel (ed.). *Henvy David Thoreau*. Shanghai: Shanghai Foreign Language Education Press, 2000.

Myerson, Joel (ed.). *The Cambridge Companion to Henry David Thoreau*. Cambridge: Cambridge University Press, 1995.

Paul. Sherman (ed.). *Thoreau: A Collection of Critical Essays*. Englewood Cliffs: Prentice-Hall, Inc. , 1965.

Porte, Joel. *Emerson and Thoreau: Transcendentalists in Conflict*. Middletown: Wesleyan University Press, 1967.

Ribeiro, Darcy. *The Civilizational Process*. Betty J (trans.). New York: Harper Torchbooks, 1971.

Richardson, Robert D. *Henry Thoreau: A Life of the Mind*. California: University of California Press, 1986.

Rosenblum, Nancy L (ed.). *Thoreau: Political Writings*. Cambridge: Cambridge University Press, 1996.

Ruland, Richard (ed.). *Twentieth Century Interpretations of Walden*. Englewood Cliffs: Prentice-Hall, Inc. , 1968.

Russett, Cynthia Eagle. *Darwin in America: The Intellectual Response, 1865—1912*. San Francisco: W. H. Freeman and Company, 1976.

Sacks. Kenneth S. *Understanding Emerson*. Princeton: Princeton University Press, 2003.

Schneider, J. Richard. *Henry David Thoreau*. Boston: Twayne Publishers, 1987.

Seldon, Raman (ed.). *The Theory of Criticism: From Plato to the Present*. New York: Longman House, 1988.

Smith, David C. *The Transcendental Saunterer: Thoreau and the Search for Self*. Savannah: Frederic C. Beil, 1997.

Stoehr, Taylor. *Nay-Saying in Concord: Emerson, Alcott, and Thoreau*. Hamden: Archon Books, 1979.

Ueda, Makoto (ed.). *Explorations: Essays in Comparative Literature*. Lanham: University of America, 1986.

Versluis Arthur. *American Transcendentalism and Asian Religions*. New York: Oxford University Press, 1993.

Waiker, Marshall. *The Literature of the United States of America*. Hounmills: Macmillan Publishers Ltd., 1985.

Watson, Richard A. and Pattyh Jo Watson. *Man and Nature: An Anthropological Essay in Human Ecology*. New York: Harcourt, Brace and World, Inc., 1969.

Wellek, Rene & Austin Warren. *Theory of the Literature*. New York: Penguin Books, 1986.

Zhang, Longxi (ed.). *China in Polycentric World: Essays in Chinese Comparative Literature*. Stanford: Stanford University Press, 1998.

后　记

此刻，心似乎没那样沉重，似乎可以轻松一点，似乎可以随心写上两笔。

2006年4月，我的博士论文完成了，沪上春暖花开。屋中一日，世上已千年的感觉记忆犹新。记得窗外的鸡心海棠，一束束格外有生命力，在阳光下争奇斗艳。记得6月的答辩，各位专家可圈可点中肯的评价为我后来论著的修订指明了方向。记得这几年步履维艰、无从突破的困惑与迷惘。最能记住的，是这成长岁月中所受的恩惠。

从湖南的小城到湘江之滨到沪上的学思湖畔和今日我工作的地方，时常不敢回首。今天，面对这本看似完成实则才起步的论著时，依旧诚惶诚恐。记得曾对导师说："学生不才！"导师答曰："知不足然后知进步。"我资质一般，是老师们不断的教育、鼓励、甚至批评让我学会思考、学会读书、学会做人，更学会了感恩。感谢我的博士生导师叶华年教授和孙景尧教授，感谢二位老师给予我在沪上求学的机会，教给我的点点滴滴。从做人到做学问，两位导师给予我无私的关爱和教育总让我感动，受益匪浅。感谢我的硕士生导师，湖南师范大学外语学院的肖明翰教授。那些年，肖老师带着我们爬过岳麓山，走过橘子洲头，湘江的水一次次清涤浮躁的青春。而今，敬爱的肖老师也已步入花甲之年，师恩难忘，怎一个感谢了得！

感谢东华大学外语学院的殷耀教授、赵晓临教授等老师在平日的工作中给予我莫大的关心和帮助。在日常的教学和科研工作中，我时常觉得不能坚持，有挫折有失败。但是，因为有各位老师悉心的指导，我总在慢慢地进步。北京大学出版社的张冰老师和耿协峰老师对本书的出版给予了很多帮助和建议。有些感谢，言语似乎不能穷尽。

还有些感谢，是内心的感动与温暖，是平淡生活中简单而真实的快乐。感谢生命中默然相识的朋友们给予我的帮助和关爱。"无冥冥之志者，无昭昭之明；无惛惛之事者，无赫赫之功！"与所有的朋友共勉。

女儿四岁了。一千多个日日夜夜，几乎是掰着手指熬过来。她精力无限，能说会道。她会随时出现在我的四周，"帮"我做饭、洗衣、擦地板，甚至曾试图帮我修改文章，"无所不能"。她清晨睁开双眼给予我甜甜的微笑，黄昏在阳台上期盼我归来的身影。她的声音稚嫩而清脆，她的笑声欢畅而悦耳，无数次穿透我的心，触及内心最柔软的感情。孩子，谢谢你！虽然不能时时陪伴你，你总是妈妈手心的宝贝！家，永远是宁静的栖息地。快乐也好，痛苦也好，成功也好，失败也好，在这里，一切都很安宁。因为有家人的陪伴，泪水与汗水都是这样的珍贵。

立冬了，逐渐感受着上海的寒意。指尖的文字，杯中的热茶，一切都很熟悉。八年了，在这个城市默默地前行，真好！

谢志超

2011年初冬于沪上南洋瑞都

附　录　一

1843 年 4 月号《日晷》引用的《孔子著作》：

1. 子曰："朝闻道，夕死可矣。"(《论语 · 里仁》)

(Chee says, if in the morning I hear about the right way, and in the evening die, I can be happy.)

2. 君子喻于义，小人喻于利。(《论语 · 里仁》)

(A man's life is properly connected with virtue. The life of the evil man is preserved by mere good fortune.)

3. 子曰："饭疏食，饮水，曲肱而枕之，乐亦在其中矣。不义而富且贵，于我如浮云。"(《论语 · 述而》)

(Coarse rice for food, water to drink, and the bended arm for a pillow—happiness may be enjoyed even in these. Without virtue, riches and honor seem to me like a passing cloud.)

4. 子曰："贤哉，回也！一箪食，一瓢饮，在陋巷，人不堪其忧，回也不改其乐。贤哉，回也！"(《论语 · 雍也》)

(A wise and good man was Hooi. A piece of bamboo was his dish, a cocoa-nut his cup, his dwelling a miserable shed. Men could not sustain the sight of his wretchedness; but Hooi did not change the serenity of his mind. A wise and good man was Hooi.)

5. 子贡曰："怨乎？"子曰："求仁而得仁，又何怨？"(《论语 · 述而》)

(Chee-koong said, were they discontented? The sage replies, they sought and obtained complete virtue; how then could they be discontented?)

6. 子曰："衣敝缊袍、与衣狐貉者立，而不耻者，其由也与？不忮不求，何用不臧。"(《论语 · 子罕》)

(Chee says, Yaou is the man who, in torn clothes or common apparel, sits with those dressed in furred robes without feeling shame.)

7. 子曰："非其鬼而祭之，谄也。"(《论语 · 为政》)

(To worship at a temple not your own is mere flattery.)

8. 子曰："不患人之不己知，患不知人也。"(《论语 · 学而》)

(Chee says, grieve not that men know not you; grieve that you are ignorant of men.)

9. 人焉廋哉！人焉廋哉！(《论语 · 为政》)无友不如己者。(《论语 · 学而》)

(How can a man remain concealed! How can a man remain concealed! Have no friend unlike yourself.)

10. 子游问孝。子曰："今之孝者，是谓能养。至于犬马，皆能有养；不敬，何以别乎？"(《论语・为政》)

(Chee-Yaou enquired respecting filial piety. Chee says, the filial piety of the present day is esteemed merely ability to nourish a parent. This care is extended to a dog or a horse. Every domestic animal can obtain food. Beside veneration, what is the difference?)

11. 子入太庙，每事问。或曰："孰谓鄹人之子知礼乎？入太庙，每事问。"子闻之，曰："是礼也。"(《论语・八佾》)

(Chee entered the great temple, frequently enquiring about things. One said, who says that the son of the Chou man understands propriety? In the great temple he is constantly asking questions. Chee heard and replied, "This is propriety.")

12. 宰予昼寝。子曰："朽木不可雕也，粪土之墙不可杇也，于予与何诛。"(《论语・公冶长》)

(Choy-ee slept in the afternoon. Chee says, rotten wood is unfit for carving; a dirty wall cannot receive a beautiful color. To Ee what advice can I give?)

13. 人之过也，各于其党。(《论语・里仁》)知之为知之，不知为不知，是知也。(《论语・为政》)

(A man's transgression partakes of the nature of his company. Having knowledge, to apply it; not having knowledge, to confess your ignorance; this is real knowledge.)

14. 子曰："默而识之，学而不厌，诲人不倦，何有于我哉？"(《论语・述而》)

(Chee says, to sit in silence and recall past ideas, to study and feel no anxiety, to instruct men without weariness; have I this ability within me?)

15. 子曰："譬如为山，未成一篑，止，吾止也。譬如平地，虽覆一篑，进，吾往也。"(《论语・子罕》)

(In forming a mountain, were I to stop when one basket of earth is lacking, I actually stop; and in the same manner were I to add to the level ground though but one basket of earth daily, I really go forward.)

16. (待翻译)

(A soldier of the kingdom of Ci lost his buckler; and having sought after it a long time in vain; he comforted himself with this reflection; "A soldier has lost his buckler, but a soldier of our camp will find it; he will use it.")

17. 君子欲讷于言而敏于行。(《论语・里仁》)

(The wise man never hastens, neither in his studies nor his words; he is sometimes, as it were, mute; but when it concerns him to act and practice virtue, he, as I may say, precipitates all.)

18. 古者言之不出，耻躬之不逮也。(《论语·里仁》)

(The truly wise man speaks little; he is little eloquent. I see not that eloquence can be of very great use to him.)

19. 子曰："予欲无言。"子贡曰："子如不言，则小子何述焉?"子曰："天何言哉？四时行焉，百物生焉。天何言哉?"(《论语·阳货》)

(Silence is absolutely necessary to the wise man. Great speeches, elaborate discourses, pieces of eloquence, ought to be a language unknown to him; his actions ought to be his language. As for me, I would never speak more. Heaven speaks, but what language does it use to preach to men, that there is a sovereign principle from which all things depend; a sovereign principle which makes them to act and move? Its motion is its language; it reduces the seasons to their time; it agitates nature; it makes it produce. This silence is eloquent)

1843年《日晷》10月号摘录的《四书》内容涉及《论语》、《孟子》、《中庸》，梭罗将这部分摘录分为六个小节，除了第一节，每节附加一个小标题。第一节第一则附加了梭罗对《孟子》所作的简单注释，本文省略：

1. 万物皆备于我矣。反身而诚，乐莫大焉。(《孟子·尽心上》)

(All things are contained complete in ourselves. There is no greater joy than to turn round on ourselves and become perfect.)

2. 形色，天性也。惟圣人然后可以践形。(《孟子·尽心上》)

(The human figure and color possess a divine nature, but it is only the sage who can fulfill what his figure promises.)

3. 君子所性，仁义礼智根于心，其生色也，睟然见于面，盎于背，施于四体，四体不言而喻。(《孟子·尽心上》)

(The superior man's nature consists in this, that benevolence, justice, propriety, and wisdom have their root in his heart, and are exhibited in his countenance. They shine forth in his face and go through to his back. They are manifested in his four members.)

4. 夫君子所过者化，所存者神，上下与天地同流。(《孟子·尽心上》)

(Wherever the superior man passes, renovation takes place. The divine spirit which he cherishes above and below, flows on equal in extent and influence with heaven and earth.)

5. 子贡曰："古之君子，其过也，如日月之食，民皆见之，及其更也，民皆仰之。"(《孟子·公孙丑下》)

(Tsze Kung says, the errors of the superior man are like the eclipses of the sun and moon. His errors all men see, and his reformation all men look for.)

6. 孟子曰："莫非命也，顺受其正。是故知命者不立乎岩墙之下。尽其道而死者，正命也。桎梏死者，非正命也。"(《孟子·尽心上》)

(Mencius says, there is not anything but is decreed; accord with and keep to what is right. Hence he, who understands the decrees, will not stand under a falling wall. He, who dies in performing his duty to the utmost of his power, accords with the decrees of heaven. But he who dies for his crimes, accords not with the divine decree.)

7. 求之有道,得之有命,是求无益于得也,求在外者也。(《孟子·尽心上》)

(There is a proper rule by which we should seek, and whether we obtain what we seek or not, depends on the divine decree.)

8. 以生道杀民,虽死不怨杀者。(《孟子·尽心上》)

(Put men to death by the principles which have for their object the preservation of life, and they will not grumble.)

"学者"篇

9. 王子垫问曰:"士何事?"孟子曰:"尚志。"曰:"何谓尚志?"曰:"仁义而已矣。杀一无罪,非仁也;非其有而取之,非义也。居恶在? 仁是也;路恶在? 居恶在? 仁是也。义是也。居仁由义,大人之事备也。"(《孟子·尽心上》)

(Teen, son of the king of Tse, asked what the business of the scholar consists in? Mencius replied, in elevating his mind and inclination. What do you mean by elevating the mind? It consists merely in being benevolent and just. Where is the scholar's abode? In benevolence. Where is his road? Justice. To dwell in benevolence, and walk in justice, is the whole business of a great man.)

10. 仁,人心也;义,人路也。舍其路而弗由,放其心而不知求,哀哉。人有鸡犬放,则知求之,有放心而不知求。学问之道无他,求其放心而已矣。(《孟子·告子上》)

(Benevolence is man's heart, and justice is man's path. If a man lose his fowls or his dogs, he knows how to seek them. There are those who lose their hearts and know not how to seek them. The duty of the student is no other than to seek his lost heart.)

11. 尽其心者,知其性也,知其性,则知天矣。(《孟子·尽心上》)

(He who employs his whole mind, will know his nature. He who knows his nature, knows heaven.)

12. 尽信书,则不如无书。(《孟子·尽心下》)

It were better to be without books than to believe all that they record.

"道"篇

13. 诚者,天之道也;诚之者,人之道也。(《中庸》)

(Sincerity is the Taou or way of heaven. To aim at it is the way of man.)

14. 自诚明,谓之性;自明诚,谓之教。诚则明矣,明则诚矣。(《中庸》)

(From inherent sincerity to have perfect intelligence, is to be a sage by nature; to attain sincerity by means of intelligence, is to be such by study. Where there is sincerity, there must be intelligence. Where intelligence is, it must lead to sincerity.)

15. 获罪于天，无所祷也。(《论语·八佾》)

(He who offends heaven, has none to whom he can pray.)

16. 孟子曰："仁也者，人也。合而言之，道也。"(《孟子·尽心下》)

(Mencius said, To be benevolent is man. When man and benevolence are united, they are called Taou.)

17. 充实之谓美，充实而有光辉之谓大，大而化之之谓圣，圣而不可知之之谓神。(《孟子·尽心下》)

(To be full of sincerity, is called beauty. To be so full of sincerity that it shines forth in the external conduct, is called greatness. When this greatness renovates others, it is celled sageness. Holiness or sageness which is above comprehension is called divine.)

18. 是故诚者，天之道也；思诚者，人之道也。至诚而不动者，未之有也。不诚，未有能动者也。(《孟子·离娄上》)

(Perfection or sincerity is the way of heaven, and to wish for perfection is the duty of a man. It has never been the case that he who possessed genuine virtue in the highest degree, could not influence others, nor has it ever been the case that he who was not in the highest degree sincere could influence others.)

19. 有天爵者，有人爵者。仁义忠信，乐善不倦，此天爵也；公卿大夫，此人爵也。古之人修其天爵，而人爵从之。(《孟子·告子上》)

(There is a divine nobility and a human nobility. Benevolence, justice, fidelity, and truth, and to delight in virtue without weariness, constitute divine nobility. To be a prince, a prime minister, or a great officer of state constitute human nobility. The ancients adorned divine nobility, and human nobility followed it.)

20. 今之人修其天爵，以要人爵；既得人爵，而弃其天爵，则惑之甚者也，终亦必亡而已矣。(《孟子·告子上》)

(The men of the present day cultivate divine nobility in order that they may obtain human nobility; and when they once get human nobility, they throw away divine nobility. This is the height of delusion, and must end in the loss of both.)

"改革"篇

21. 道不远人，人之为道而远人，不可以为道。诗云：伐柯伐柯，其则不远。执柯以伐柯，睨而视之，犹以为远。故君子以人治人，改而止。(《中庸》)

[Taou is not far removed from man. If men suppose that it lies in something remote, then what they think of is not Taou. The ode says, "Cut hatchet handles." This means of doing it, is not remote; you have only to take hold of one handle, and use it to cut another. Yet if you look aslant at it, it will appear distant. Hence the superior man employs man, (that is, what is in man,) to reform man.]

22. 子路有闻，未之能行，唯恐有闻。(《论语·公冶长》)

(When Tsze Loo heard anything that he had not yet fully practiced, he was afraid of hearing anything else.)

23. 叶公问政。子曰："近者说，远者来。"(《论语·子路》)

(The governor of Yih asked respecting government. Confucius replied, make glad those who are near, and those who are at a distance will come.)

24. 人病舍其田而芸人之田，所求于人者重，而所以自任者轻。(《孟子·尽心下》)

(The failing of men is that they neglect their own field, and dress that of others. They require much of others, but little of themselves.)

"战争"篇

25. 孟子曰："吾今而后知杀人亲之重也。杀人之父，人亦杀其父，杀人之兄，人亦杀其兄。然则非自杀之也，一间耳。"(《孟子·尽心下》)

(Mencius said, from this time and ever after I know the heavy consequences of killing a man's parents. If you kill a man's elder brother, he will kill your elder brother. Hence although you do not yourself kill them, you do nearly the same thing.)

26. 有人曰："我善为陈，我善为战。"大罪也。(《孟子·尽心下》)

(When man says, I know well how to draw up an army, I am skilled in fighting, he is a great criminal.)

"政治"篇

27. 季康子问政于孔子。孔子对曰："政者正也。"(《论语·颜渊》)

(Ke Kang asked Confucius respecting government. Confucius replied, government is rectitude.)

28. 季康子患盗，问于孔子。孔子对曰："苟子之不欲，虽赏之不窃。"(《论语·颜渊》)

(Ke Kang was harassed by robbers, and consulted Confucius on the subject. Confucius said, if you, sir, were not covetous, the people would not rob, even though you should hire them to do it.)

29. 孟子曰："伯夷，目不视恶色，耳不听恶声。非其君，不事；非其民，不使。治则进，乱则退。横政之所出，横民之所止，不忍居也。思与乡人处，如以朝衣朝冠坐于涂炭也。当纣之时，居北海之滨，以待天下之清也。故闻伯夷之风者，顽夫廉，懦夫有立志。"(《孟子·万章下》)

(Mencius said, Pih E's eye would not look on a bad color, nor would his ear listen to a bad sound. Unless a prince were of his own stamp, he would not serve him, and unless people were of his own stamp, he would not employ them. In times of good government, he went into office, and in times of confusion and bad government, he retired. Where disorderly government prevailed, or where disorderly people lived, he could not bear to dwell. He thought that to live with low men was as bad as to sit in the mud with his court robes and cap. In the time of Chou, he dwelt on the banks of the North Ka, watching till the Empire should be brought to peace and order. Hence, when the fame of Pih E is heard of, the stupid become intelligent, and the weak determined.)

30. 伊尹曰:"何事非君,何使非民? 治亦进,乱亦进。"曰:"天之生斯民也,使先知觉后知,使先觉觉后觉。予,天民之先觉者也。予将以此道觉此民也。"思天下之民,匹夫匹妇有不与被尧舜之泽者,若己推而内之沟中。其自任以天下之重也。(《孟子·万章下》)

(E Yin said, what of serving a prince not of one's own stamp! What of ruling a people which are not to your mind! In times of good government he went into office, and so did he in times of disorder. He said, heaven has given life to this people, and sent those who are first enlightened to enlighten those who are last, and has sent those who are first aroused to arouse those who are last. I am one of heaven's people who am first aroused. I will take these doctrines and arouse this people. He thought that if there was a single man or woman in the Empire, who was not benefited by the doctrines of Yaou and Shun, that he was guilty of pushing them into a ditch. He took the heavy responsibility of the Empire on himself.)

31. 柳下惠,不羞污君,不辞小官,进不隐贤,必以其道。遗佚而不怨,阨穷而不悯。与乡人处,由由然不忍去也。尔为尔,我为我,虽袒裼裸裎于我侧,尔焉能浼我哉? 故闻柳下惠之风者,鄙夫宽,薄夫敦。(《孟子·万章下》)

(Lew Hea Hooi was not ashamed of serving a dirty Prince, nor did he refuse an inferior office. He did not conceal the virtuous, and acted according to his principles. Although he lost his place, he grumbled not. In poverty he repined not. He lived in harmony with men of little worth, and could not bear to abandon them. He said, "You are you, and I am I; although you sit by my side with your body naked, how can you defile me?" Hence when the fame of Lew Hea Hooi is heard of, the mean man becomes liberal, and the miserly becomes generous.)

"美德"篇

32. 仲弓问仁。子曰:"己所不欲,勿施于人。"(《论语·颜渊》)

(Chung Kung asked, what is perfect virtue? Confucius said, what you do not wish others to do to you, do not to them..)

33. 司马牛问仁。子曰:"仁者其言也讱。"曰:"其言也讱,斯谓之仁已乎?"子曰:"为之难,言之,得无讱乎?"(《论语·颜渊》)

(Sze Ma Neu asked, what constitutes perfect virtue? Confucius replied, it is to find it difficult to speak. To find it difficult to speak! Is that perfect virtue? Confucius rejoined, what is difficult to practice, must it not be difficult to speak?)

34. 孔子曰:"德之流行,速于置邮而传命。"(《孟子·公孙丑上》)

(Confucius says, virtue runs swifter than the royal postillions carry despatches.)

35.《诗》曰:"天生蒸民,有物有则,民之秉夷,好是懿德。"孔子曰:"为此诗者,

其知道乎!"(《孟子·告子上》)

(The She King says, "Heaven created all men having their duties and the means or rules of performing them. It is the natural and constant disposition of men to love beautiful virtue." Confucius says, that he who wrote this ode knew right principles.)

36. 子曰:"仁,远乎哉? 我欲仁,斯仁至矣。"(《论语·述而》)

(Confucius exclaimed, is virtue far off? I only wish for virtue, and virtue comes.)

37. 子曰:"吾未见好德如好色者也。"(《论语·子罕》)

(Confucius said, I have not seen any one who loves virtue as we love beauty.)

38. 子曰:"君子不器。"(《论语·为政》)

(Confucius says, the superior man is not a machine which is fit for one thing only.)

39. 子贡问君子。子曰:"先行其言而后从之。"(《论语·为政》)

(Tze Kung asked, who is a superior man? Confucius replied, he who first practices his words, and then speaks accordingly.)

40. 君子之道,造端乎夫妇,及其至也,察乎天地。(《中庸》)

(The principles of great men illuminate the whole universe above and below. The principles of the superior man commence with the duties of common men and women, but in their highest extent they illuminate the universe.)

41. 子曰:"由,诲汝知之乎! 知之为知之,不知为不知,是知也。"(《论语·为政》)

(Confucius said, Yew, permit me to tell you what is knowledge. What you are acquainted with, consider that you know it; what you do not understand, consider that you do not know it; this is knowledge.)

42. 子曰:鬼神之为德,其盛矣乎。视之而弗见,听之而弗闻,体物而不可遗。使天下之人,齐明盛服,以承祭祀。洋洋乎如在其上,如在其左右。诗曰:神之格思,不可度思,矧可射思。夫微之显,诚之不可揜如此夫。(《中庸》)

[Confucius exclaimed, how vast the influence of the Kwei Shin (spirits or gods). If you look for them, you cannot see them; if you listen, you cannot hear them; they embody all things, and are what things cannot be separated from. When they cause mankind to fast, purify, and dress themselves, everything appears full of them. They seem to be at once above, and on the right, and on the left. The ode says, The descent of the gods cannot be comprehended; with what reverence should we conduct ourselves! Indeed that which is least, is clearly displayed. They cannot be concealed.]

附　录　二

爱默生年谱

1803　5月23日生于马萨诸塞州波士顿。

1811　父亲病故，享年42岁。

1812—1817　波士顿拉丁学校学习。

1817—1821　哈佛大学学习。

1821—1825　在其兄威廉的波士顿女子学校任教。

1822　在唯一神教刊物《基督徒》上发表第一篇文章《论中世纪宗教》。

1825　进哈佛神学院中班学习，因眼疾中断。

1826　开始作为唯一神教牧师布道。

1829　被聘为波士顿第二教堂的初级牧师。9月与爱伦结婚。

1831　爱伦病逝，年仅19岁。

1832　要求改革圣餐仪式，遭拒绝辞去牧师职务，作题为《圣餐》的布道。乘船去欧洲。

1833　在意大利、法国、英国等欧洲国家游览，会见华兹华斯与卡莱尔等文化名人，从此与卡莱尔建立终身友谊。

1834　在波士顿作关于“博物学”的演讲。移居老家康科德。

1835　作关于伟人生平的演讲。9月与莉蒂亚结婚。

1836　7月开始“超验主义”俱乐部(持续到1843年)。9月《论自然》一书发表。阅读并摘引乔舒亚·马什曼译的《孔子》一书。

1837　在哈佛大学作题为《美国学者》的演讲。结识梭罗。

1838　写信给范·布伦总统，抗议政府强迫切诺基印第安人迁离故土。在哈佛大学作《神学院毕业班的讲演》。

1840　与玛格丽特·富勒共同出版超验主义刊物《日晷》。

1841　《随笔：第一集》出版。

1842　5岁的儿子沃尔多死于猩红热。

1843　阅读戴维·科利所译《中国古典：通称四书》。

1844　反对美国对墨西哥作战，发表反对奴隶制的演说。《随笔：第二集》出版。

1845　发表《代表人物》系列演说。

1846　《诗集》出版。

1847—1848　第二次去欧洲，应邀在英国各地作演讲。

1849　《论自然、演说词与讲演录》出版。

1850　《代表人物》出版，作题为《生活的准则》系列演说。富勒沉船遇难。

1851　发表反对“逃奴法”，谴责韦伯斯特维护“逃奴法”所作的演讲。

1852—1853　西部旅行演说。母亲去世，享年 85 岁。

1855　积极参加废奴运动。写信给惠特曼，赞扬《草叶集》。

1856　《英国特色》出版。

1857　在家中会见激进的废奴主义者约翰·布朗。

1860　《生活的准则》出版。南北战争开始。

1861　发表废奴演说时受到攻击。

1862　在华盛顿会见林肯总统。梭罗病逝。

1865　南北战争结束，林肯遇刺，发表演说悼念林肯。

1867　阅读詹姆斯·莱格所译《中国古典》。

1870　《社交与独处》出版。

1872—1873　第三次赴欧。

1876　《诗选》出版。

1882　4 月 27 日病逝康科德。

附 录 三

梭罗年谱

1817　7月12日出生于美国马萨诸塞州康科德镇一个小生产者之家，在四个兄弟姐妹中排行第三。10月12日接受洗礼，取名戴维·亨利·梭罗。

1818　举家随父亲经营的杂货店迁往姆斯富特小村。一次玩耍斧头时不慎砍断一截脚趾。

1821　举家迁往波士顿。父亲关闭杂货店，开始在一家中学任教。

1822　探望外祖母的时候，第一次游览瓦尔登湖。

1823　回到故乡康科德，全家生活拮据，靠制造铅笔生活。先入私立幼儿学校，后进入镇办中心学校就读，受母亲影响，能大段背诵《圣经》。外表严肃的小梭罗被同学称为"法官"。

1828　与其兄弟约翰一起进入康科德学院学习。

1833　学习多门外语，独钟自然史，喜欢散步和思考，在同学印象中"冷峻而不易动情"。

1836　因肺结核离开哈佛，几经修养，最终前往纽约，协助父亲推销铅笔。

1837　在爱默生的推荐下，受哈佛公司总裁昆西赞助，使梭罗荣获25美元奖学金；毕业后在中心学校任教，后辞职。加入非正式英格兰先验论者组织——"赫奇俱乐部"，不定期在爱默生的书房中聚会。10月22日开始写日记，最终达200多万字。研究改进铅笔芯的质量，从哈佛图书馆的苏格兰百科全书中得到启发，用巴伐利亚黏土混合石磨，研制磨粉机，生产出更精细的石墨粉。改原名为亨利·大卫·梭罗。

1838　接管康科德学院，发表题为"社会"的演讲，并被选为任期两年的图书馆馆长。

1839　7月，十七岁少女爱伦·西华尔到康科德拜访梭罗一家，梭罗兄弟二人均对其一见钟情。8月31日，梭罗和哥哥约翰登上自造的马斯克特奎德号船，开始了在康科德和梅里马科河上为期两周的旅行。

1840　开始大量发表散文和诗歌。爱伦·西华尔先后拒绝约翰和亨利的求爱。与埃勒里·钱宁结识，钱宁成为梭罗的挚友，并于1873年率先为梭罗写传记。

1841　关闭康科德学院。住进爱默生家中，成为这位思想巨人的助手。

1842　1月1日，约翰被剃刀割伤，得了破伤风，1月11日在梭罗怀中死去。夏季认识纳撒尼尔·霍桑。

1843　在《美国杂志和民主评论》上发表批判技术乌托邦思想的《重新获得的天堂》。

1845 提着借来的斧头开始在瓦尔登湖畔自建木屋，自力更生，住了两年两个月。完成康科德和梅里马科河上的乘船游记，以及关于托马斯·卡莱尔的讲稿。

1846 开始写作《瓦尔登湖》，期间因逃避人头税而遭警察关押一夜。发表关于卡莱尔的演说，并积极参加废奴集会。8 月 31 日至 9 月初攀登位于缅因州的克塔登山。

1847 完成《瓦尔登湖》的初稿以及《在康科德河和梅里马科河上一周》后离开瓦尔登湖，在爱默生家住了十个月。

1848 在新英格兰巡回演说。大幅度修改《在康科德河和梅里马科河上一周》，并着手《瓦尔登湖》第二版的工作。

1849 在同意以版税支付出版费用的情况下，詹姆士·芒罗和波士顿公司出版了《在康科德河和梅里马科河上一周》，读者对该书的评论不一，销售不佳。6 月其姐姐海伦死于肺结核，家中的铅笔生意转为主要为电铸版提供铅粉。10 月，和钱宁一道首次去科德角旅游。

1852 《瓦尔登湖》第四版的部分摘录发表于《联合杂志》，但几乎没有引起人们的注意。

1853 从头版的 1000 册《在康科德河和梅里马科河上一周》取出 706 册，存在自己家中的阁楼上。“我的藏书近 900 册之多，其中 700 多册是本人所著。”

1854 几经修订后的《瓦尔登湖》发行 2000 册，读者反映热烈。年底销出 1744 册，一部分还远销英国，受到乔治·艾略特盛赞。

1855 出版《科德角》一书。

1856 梭罗同奥尔科特一起拜访惠特曼，惠特曼赠予亲笔签名的 1856 年版《草叶集》。

1857 拜见正在康科德探望 F. B. 桑伯恩的约翰·布朗，听布朗畅言并捐赠了些许钱财。7 月 2 日至 8 月 7 日横穿缅因。

1859 父亲去世，梭罗担负赡养母亲和供养妹妹的重任。

1860 保护 F. B. 桑伯恩受联邦执法官逮捕，开始写作《约翰·布朗最后的日子》。年底患上支气管炎。

1861 前往明尼苏达州，收集植物标本，了解印第安人生活。7 月初返回康科德，身体状况恶化。修订《在康科德河和梅里马科河上一周》，与妹妹一同安排《缅因森林》和《科德角》出版事宜。9 月，最后一次游览瓦尔登湖。

1862 5 月 6 日，因肺结核逝世。